Bernhard Becker

Nationalökonomische Raketen

Bernhard Becker

Nationalökonomische Raketen

ISBN/EAN: 9783743321229

Hergestellt in Europa, USA, Kanada, Australien, Japan

Cover: Foto ©ninafisch / pixelio.de

Manufactured and distributed by brebook publishing software
(www.brebook.com)

Bernhard Becker

Nationalökonomische Raketen

National-ökonomische
Raketen.

Reinhard Becker.

Schleiz, 1871.

C. Hübscher'sche Buchhandlung

(Hugo Heyn).

Widmung

an

Herrn Professor Wilhelm Roscher.

Geehrter Herr Professor!

Sie gelten für einen der gelehrtesten National-Oekonomen und werden als das Haupt der deutschen historischen Schule betrachtet. Beides mit Recht. Ehre, dem Ehre gebühret. Ihre Herren Kollegen haben Ursache, auf Sie stolz zu sein.

Indessen hat Alles seine Kehrseite. So auch haben Ihre Arbeiten viel Nutzen für die Gegner der heutigen politischen Oekonomie. Hoffentlich wird es Ihnen nicht uninteressant sein, in Kürze zu vernehmen, inwiefern Gegner ebenfalls von Ihren gelehrten Arbeiten beträchtlichen Nutzen ziehen.

Sie tragen, geehrter Herr Professor, fleißig Stoff aus allen erdenklichen Werken für Ihre Doktrin zusammen. Das müssen Ihnen Ihre größten Feinde einräumen. Sie sind in Verrichtung dieser Hamster-Arbeit so eifrig, daß es sogar den Anschein gewinnt, als ob Sie den Text manchmal in das nöthige Gewand kleideten, um eine gelehrte Anmerkung anbringen zu können und auf diese Art einen neuen Beweis Ihrer großen Belesenheit zu liefern. Sie häufen so viel gelehrten Vorrath auf, daß Sie ihn nicht zu bemeistern vermögen. Ihr Vorzug und Verdienst schlägt dadurch in Schwäche und Blöße um. Indem Sie Sich aber mit Sich Selber verwickeln, dienen Sie Ihren Gegnern.

Ferner nöthigt Sie die Gründlichkeit, sogar auch den so=
zialistischen Schriftstellern Ihre Aufmerksamkeit zu schenken. Sie
ziehen dadurch Ansichten ans Tageslicht, die sonst dem Kreise,
vor welchem Sie dozieren, böhmische Dörfer bleiben würden.
Ihre gegen die Sozialisten gerichteten Widerlegungen sind frei=
lich wohl nicht immer ernstlich gemeint, da Sie schon meist die
Darstellung der Systeme derselben so eingerichtet·haben, daß
die Absurdität jener utopistischen Gebäude von selbst in die
Augen springt. Oder glauben Sie ernstlich zu widerlegen,
wenn Sie mit Beispielen roher Völker, mit Anführung von
afrikanischen, amerikanischen und asiatischen wilden Versuchen,
sowie mit dem Hinweis auf türkische Paschah=Wirthschaft Das
bekämpfen, was als Heilmittel für unsere ganz anders geartete
zivilisationskranke Welt ausgedacht und angerathen worden ist?
— Nichts destoweniger haben Sie Recht, wenn Sie sagen, daß
die Stärke der Sozialisten mehr in ihren Kritiken, als in ihren
positiven Aufstellungen zu suchen ist. Geht es doch den ideali=
stischen National=Oekonomen nicht viel besser, als den utopi=
stischen Sozialisten! Die Systeme der letzteren sind gerade deut=
scherseits von den beiden Kommunisten Karl Marx und Frie=
drich Engels schon vor zwanzig Jahren schärfer kritisirt wor=
den, als es noch heutzutage irgend ein Professor einer deut=
schen Hochschule thun könnte. Ich verweise Sie auf das in Lon=
don erschienene „Kommunistische Manifest". Was Lassalle an=
belangt, so hat derselbe, wie es scheint, bei seinem praktischen
Vorschlage hinsichtlich der Errichtung von Produktiv=Assoziatio=
nen gerade auf Ihrem Ausspruche gefußt, daß man einer gut
organisirten Arbeiter=Assoziation auch dann kreditiren könne,
wenn selbige keine eignen Geldmittel zur Disposition habe.

Zu den so eben aufgezählten beiden Vortheilen Ihres
nach J. Ad. Blanqui's Vorgange erschienenen „Systems der
Volkswirthschaft" kommt drittens noch hinzu, daß Sie theils
absichtlich, theils unabsichtlich die große Unsicherheit der heuti=
gen Oekonomie aufdecken, indem Sie aus Gründlichkeit die ein=

ander entgegenstehenden Ansichten Ihrer verehrten Herren Kol=
legen zeigen. Sie liefern hiermit den Gegnern eine kostbare
Sammlung unumstößlicher Belege für die beherzigenswerthe
Wahrheit, daß es keinen einzigen wichtigen Punkt gibt, in wel=
chem die gefeierten Autoritäten der politischen Oekonomie nicht
uneinig wären.

Aus vorstehenden Gründen habe ich Ihrem genannten Werke
hin und wieder eine Aufmerksamkeit zu Theil werden lassen,
welche Sie mir zu Gute halten wollen. Sie ersehen hieraus,
daß auch Gegner Ihre Verdienste zu würdigen wissen.

Inzwischen, geehrter Herr Professor, verharre ich

mit schuldigem Respekt

ergebenst

der Verfasser.

Vorwort.

Als ich im November 1865 freiwillig das Präsidium des Allgemeinen Deutschen Arbeitervereins niederlegte und mich trotz wiederholter Bitte der in Frankfurt am Main damals tagenden Generalversammlung, die mir einstimmig einen in der Augsburger Allgemeinen Zeitung wörtlich veröffentlichten Dank für meine Amtsführung votirte, nicht bewegen ließ, auf dem Präsidenten-Posten nach einhelliger, mir im Voraus zugesagter Neuwahl länger zu bleiben: da hatte ich den Entschluß gefaßt, inskünftig für meine Partei mit der Feder thätig zu sein. Die persönlichen Anfeindungen und gehässigen Lügen, die man auf meine Rechnung verbreitete und die ich so sehr verachtete, daß ich nur höchst selten auf dieselben entgegnete, ekelten mich an. Indeß haben die Feinde der Arbeitersache mich auch seit der Niederlegung der Präsidentur nicht in Ruhe gelassen und namentlich das alberne Mährchen zu verbreiten gesucht, daß ich Mitarbeiter einer österreichischen Kirchenzeitung geworden sei, wobei ihnen der Umstand zu Statten kam, daß in Wien, wo ich über zwei Jahre wohnte, ein gleichnamiger Schriftsteller Bernhard Becker lebte, der für eine Kirchenzeitung schrieb und der unter Anderm ein Buch über die Erziehung in pfäffischem Sinne veröffentlichte. Wenn auf diese Weise eine Verwechselung sehr nahe gelegt war, so hätte doch Jeder, der jemals von mir einige Zeilen gelesen hat, wissen müssen, wie ich von den Pfaffen denke. Ich bin allem Pfaffenthum so abhold, daß ich auch den Sozialismus nicht als Religion aufgefaßt zu sehen wünsche. Wenn indeß die Reaktion gehofft hat, mich durch Aussprengung der erwähnten verleumderischen Lüge

moralisch todt machen zu können, so hat sie sich arg verrech=
net. Denn ich werde, so lange ich lebe, nicht nur treu zu mei=
ner Partei stehen, sondern auch durch meine schriftlichen Ar=
beiten immer aufs Neue den sonnenklaren Beweis liefern, daß
ich derselben fest angehöre und unaufhörlich für sie wirke. Ei=
nen solchen Beweis liefere ich auch durch gegenwärtige Bro=
schüre, welche zum Zweck hat, die theoretische Weiterentwicke=
lung der Arbeiterpartei zu fördern. Sie ist so geschrieben, daß
sie von jedem Arbeiter verstanden werden kann. Ich habe mich
vor Allem an die Regel gehalten, daß die Deutlichkeit das
erste Erforderniß jeder guten Schreibart ist. Meine Schrift, in
der ich mit Ausnahme der verwickelten Details des Arbeits=
lohnes alle Gebiete des Preises behandle, ist also darauf be=
rechnet, nicht bloß von den sogenannten Gebildeten, sondern
auch von den Volksmassen gelesen und verstanden zu werden.
Aus dieser Absicht erklärt sich von selbst die Behandlung mei=
nes Gegenstandes. Ich kritisire und entwickele nicht bloß, son=
dern ich biete meinen Lesern auch, indem ich aus der Vor=
rathskammer der Wissenschaft schöpfe, ein reiches Material zur
Vermehrung ihrer wirthschaftlichen Kenntnisse. Dabei scheue
ich mich nicht, bis zu den äußersten Konsequenzen zu gehen.
Denn wer unter dem Vorwande, daß Etwas zu weit geht,
einen Pflock zurücksteckt, verfällt der Reaktion oder ist doch min=
destens ein sehr zweifelhafter Parteigenosse. Glücklicherweise
haben neuerdings die sozialistischen Streitigkeiten in Deutsch=
land immer entschiedener einen prinzipiellen Charakter ange=
nommen. Meine Schrift wird dazu beitragen, die Arbeiterbe=
wegung auf dieser Bahn zu erhalten; denn je mehr die theo=
retische Erkenntniß um sich greift, desto mehr verlieren die An=
stifter persönlicher Streitigkeiten an Terrain und Macht. Die
Intriganten entlarven sich schließlich selber.

Paris,
ben 1. November 1869.

Bernhard Becker.

Inhalt.

Einleitung.

I. Abschnitt. Der national-ökonomische Staat.

II. Abschnitt. Angebot und Nachfrage.

III. Abschnitt. Das Geld.

IV. Abschnitt. Die Produktions-Kosten.

V. Abschnitt. Die Arbeit.

VI. Abschnitt. Kapital-Zins und Grundrente.

VII. Abschnitt. Die Menschen-Waare.

VIII. Abschnitt. Ursprung und Natur des Arbeitslohnes.

Einleitung.

Jedes moderne Zivilisations-Volk hat seine Epoche der klassischen Dichtkunst. Selbige signalisirt einen geschichtlichen Wendepunkt. Sie ist der Uebergangszustand, in welchem das städtische Handwerk sich schon als wohlbehaglichen Mittelstand fühlt, der Kulminationspunkt spießbürgerlicher Ueberschwänglichkeit, die Blüthe beschränkt sittlicher Weltanschauung. In dieser Zeit sittsam schmächtiger Lust wirft die Schönrednerei einen rosenfarbenen Hauch über die häßlichsten Erscheinungen, und die Aesthetik ordnet Anstand und Anmuth mit künstlerischer Hand in gefällige Regeln. Das Bürgerthum steht an der Schwelle einer neuen Zeit. Indem es unbewußt im Begriff ist, einen ganzen Zeitabschnitt gesellschaftlicher Entwickelung abzuschließen, die seither allein gebietenden oberen Klassen aus ihrer bevorrechteten Stellung zu verdrängen und unter dem Banner der Freiheit und Gleichheit die Herrschaft der Zukunft anzutreten: lassen seine großen Dichter die heroischen Gestalten der alten Welt auf der Bühne noch einmal Revüe passiren, entwerfen mit der Heiterkeit des überwundenen Standpunkts zierliche Bilder in Romanzen und Balladen, verabsäumen aber auch nicht, im Drama, im Epos und in der Lyrik theils die hohl und wackelig gewordenen Prätensionen der überlieferten herrschenden Klassen mit der Geißel der Satire abzufertigen, theils in erhabener Schilderung die Reize republikanischer Freiheit zu entrollen. So sind bei den Hauptträgern europäischer Kultur, bei den Engländern, Franzosen und Deutschen, die großen klassischen Dichter die Vorboten einer neuen Zeit: ahnungsvolle jubelnde Lautenschläger der anbrechenden bürgerlichen Herr-

Becker, national-ökonomische Raketen.   1

schaft. Diese Herrschaft wird voraus empfunden im ästhetischen Genusse, sie spricht sich aus im Liede der Freude, sie tritt hervor als Verherrlichung der Freiheit. So beschaffen ist die sozial-politische Bedeutung jener Reihe klassischer Schriftsteller, die sich in England um einen Shakespeare, in Frankreich um einen Molière und Racine, in Deutschland um einen Lessing, Schiller und Goethe gruppiren.

Doch es verhält sich mit der vorempfundenen gesellschaftlichen Freude, wie mit dem nachempfundenen gesellschaftlichen Schmerze. Sie ist der Genuß der Phantasie, muß sich vor dem Andringen des Realen schließlich ihrer aus Zukunft und Vergangenheit gewobenen Romantik entkleiden und hat die Schönheit ihrer Gebilde dem ewig fliehenden Ideal zu überlassen. Sie weicht der Wirklichkeit, der Zeit der Prosa, der verständigen Berechnung, der rücksichtslosen Gewinnsucht und auch — der bodenlosen Gemeinheit.

„Daß alle Güter," sagt S. 167 Wilhelm Roscher im ersten Bande seines Systems der Volkswirthschaft, „einen genau bestimmten Preis haben, erscheint poetischen, überhaupt feinen Seelen recht lange als widerwärtig. Ich erinnere an das Helena-Bild, welches Zeuris für Geld ausstellte und welches von den Zeitgenossen als eine Art Hure verspottet wurde."

Mit den großen Dichtern erscheinen die großen Philosophen. Würdig zur Seite stehen also den mit überschwänglicher Phantasie ausgerüsteten Idealisten die Meister des reinen Denkens. Auch sie erbauen sich die Welt aus ihrer Phantasie; allein die philosophische Phantasie ist nicht, wie bei den Dichtern, gemüthvoll, sondern nüchtern und trocken, ein Kind des Ueberlegens, Grübelns und Vergleichens. Demgemäß, eine Brücke zwischen Poesie und Prosa bildend, vermitteln die Philosophen zwischen dem Traumreiche und der Wirklichkeit. Wegen der Verwandtschaft der Poeten mit den Denk-Heroen kann, gleich Schiller, ein Dichter zugleich Philosoph, oder auch, wie Pope, ein Philosoph zugleich Dichter sein. Dichtung und Wahrheit können einen Faust erzeugen.

Sowie das Bürgerthum das Bewußtsein seiner gesellschaftlichen Bedeutung erlangt, tauchen in der Literatur die National-

Oekonomen auf. Sie kamen nicht früher, weil sie nicht eher kommen konnten. Denn bis die Gedanken, welche sie vertreten, fix und fertig geworden, mußte der Prozeß bürgerlicher Ausbeutung schon ziemlich ausgegohren sein und sich bis zu einem gewissen Grade geklärt haben. Zwar besitzen auch die National=Oekonomen viel Phantasie, sind aber dennoch das gerade Gegentheil der Dichter. Ihr Pegasus ist ein Stier, der das Feld der Grundrente ackert, ihre humanistischen Studien beschränken sich auf Unternehmergewinn und Arbeitslohn, die Klänge ihrer Lyrik feiern den Kapitalzins, und ihre Aesthetik findet den Gipfelpunkt schöner Harmonie in dem sich selbst regelnden Populations=Gesetz.

Die National=Oekonomen betrachten sich als die legitimen Nachfolger der großen Philosophen, auf deren reines Denken sie doch mit dem pharisäischen Lächeln des Mitleids herabblicken. Ihnen macht es weniger Vergnügen, die Quadratur des Kreises zu entdecken, als die Ursache zu begreifen, warum die Schweine größeren Preisschwankungen ausgesetzt sind, als das Rindvieh. „Wie fast null" erscheinen ihnen doch alle „ganz reinen Phantasie=Erzeugnisse", welche sie darum auch für „leer" erklären! Ihr Urprincip spiegelt sich ab im bekannten Sprüchwort: A bird in the hand is worth two in the bush — Ein Sperling in der Hand ist besser, als die Taube auf dem Dache!

Von den alten Disziplinen der Universitäten lassen sie höchstens noch die Arzneikunst in voller Geltung. Mit Ausnahme der Medizin sind alle andern Fächer nur national=ökonomische Hülfswissenschaften. Wer zum Beispiel glaubt heutzutage noch an Naturrecht! Darum soll der Jurist vor allen Dingen einen Kursus in der National=Oekonomie durchmachen. Selbst die Philologie gehört zu den „sieben Sachen", welche der vollendete National=Oekonom gründlich kennen muß. Was aber die Theologie anbelangt, so hat diese den Eigennutz, welcher bloß als sündhafter Egoismus verwerflich ist, durch jene „Zentripetalkraft", die in der theologischen Sprache die „Liebe Gottes" heißt, zu heiligen und zu ergänzen. Denn „wie im Weltgebäude die scheinbar entgegengesetzten Bestrebungen die Har-

monie der Sphären bewirken, so im gesellschaftlichen Leben des
Menschen der Eigennutz und die Gottesliebe den Gemeinsinn".
In ihrer Weise sind die National=Oekonomen Pfaffen.

Die Aufeinanderfolge der Gegensätze, versinnbildlicht beim
menschlichen Gange durch das abwechselnde Vorsetzen des rech=
ten und linken Beines, bewirkt eben den geschichtlichen Fort=
schritt; denn sie ist mit der Ergänzung die Vervollständigung.
Daher wird die ästhetische Venus der Dichterperiode vervoll=
ständigt durch die gemeine Göttin des feilen Helena=Bildes,
und gleichwie die Gegensätze des Glaubens und Wissens sich
in der Theologie als Wissenschaft aufwerfen, ebenso vereint
sich Glauben und Wissen, Liebe Gottes und Eigennutz gemein=
sinnig in der National=Oekonomie zur höchsten aller Wissen=
schaften.

Die National=Oekonomie dünkt sich allmächtig, allweise und
ewig, theilt aber das Loos alles Irdischen. Sie hat nicht nur ihre
scharf abgegränzte Zeit, sondern ist in Deutschland auch noch so
jung, daß man kaum weiß, welchen Namen das neugeborene
Kind schließlich behalten wird. Als letzteres noch im Mutterleibe
des absolutistischen Staates lag, benannte man den Fötus Ca=
meralia und betrachtete ihn als Schatz= und Rentkammer=, oder
auch als höhere Polizeiwissenschaft. Der Name National=Oekono=
mie kam erst zu Anfang des gegenwärtigen Jahrhunderts auf.
Aber ihm machen die Bezeichnungen Staatswirthschaft und politi=
sche Oekonomie den Rang noch streitig. Ja neuerdings hat das
demokratischer klingende Wort Volkswirthschaft an Ansehen und
Geltung zugenommen, während fast gleichzeitig die Sozial=Oeko=
nomie oder Gesellschafts=Wirthschaft der Italiener und Fran=
zosen sich in Deutschland als Gesellschaftswissenschaft einzubür=
gern suchte. Indeß wird der letzterwähnte Ausdruck, weil er
gewissermaßen sozialistisch anrüchig ist, von den Fachmännern
der Universitäten mit bösem Blick betrachtet. Die Bezeichnung
National=Oekonomie, so viel= und nichtssagend, scheint einst=
weilen der bequemste Ausdruck auch für die historische Schule.
Denn gerade diese muß, insofern sie ihren Namen verdient, um
so behutsamer sein, als sie die Füße Derer, welche die hehre
Wissenschaft zu Grabe tragen sollen, vor der Thüre stehen sieht.

Was war die ökonomische Wissenschaft eines Xenophon? Einfach die Kunst, Haus zu halten. Sie war noch reine Privat-Wirthschaft. So groß ist die Aenderung der Dinge in der Zeit! — Wirthschaft aber heißt, wenn man etwa von der sogenannten „polnischen Wirthschaft", der Geld- und Ehewirthschaft, Soldatenwirthschaft und einigen andern Wirthschaften absieht, „jede fortgesetzte Thätigkeit zur Erwerbung und Benutzung eines Vermögens".*) Ob die Gemeinde- und Stammeswirthschaft früher war, als die Privat-Wirthschaft, mag einstweilen dahingestellt bleiben. Genug, daß die Domänen-, Renten- und Kammerwirthschaft die Kunst, Haus zu halten, polizeiwissenschaftlich auf den Staat überträgt, nachdem dieser das rohe nationale Gebiet durchbrochen hat, um in der Folge seinerseits wieder durch den Weltverkehr durchlöchert und seiner individuellen Selbständigkeit beraubt zu werden. Freilich kommt sowohl der Name, als auch die Wissenschaft „National-Oekonomie" in Deutschland, wenn man England und Frankreich dagegen hält, um eine geraume Spanne Zeit zu spät; weshalb unsere historische Schule hin und wieder mit der Welt-Oekonomie des Marlo kokettirt. Allein bei der gränzenlosen Verwirrung, in der sich die National-Oekonomie befindet, haben sich bei ihr deutlich ausgeprägte Spuren aus allen Wirthschafts-Phasen, aus der Privat-Wirthschaft, Gemeinde- und Stammeswirthschaft, aus der Polizeiwirthschaft, Staatsdomänen-, Renten- und Kammerwirthschaft erhalten, so daß es, namentlich in der Zeit überhandnehmender Weltwirthschaft, für die historische Schule nicht viel verschlägt, ob der eine Name

---

*) Anmerkung. Nach Abelung ist „im gemeinen Leben" zwar Wirthschaft oft die Ausübung eines jeden Geschäfts, aber gemeiniglich nur im „verächtlichen Verstande", „von einer verworrenen, schlechten Handhabung desselben." — Demgemäß bleibt die Definition, die der Meister der historischen Schule zum Besten gegeben hat, immerhin hinkend, sintemal in guter Sprache sich das Wort Wirthschaft nicht auf jede Thätigkeit zur Erwerbung und Benutzung eines Vermögens, sondern auf naturellen Betrieb oder selbständiges Verfahren bezieht und außerdem weder auf Handwerke, Lohnarbeit und freie Künste, noch auf die sogenannten persönlichen Dienste angewandt wird.

der neuen Wissenschaft, die sich ihres staatlichen und nationalen Inhalts, um mit der Zeitentwickelung gleichen Schritt zu halten, immer mehr zu entkleiden gezwungen wird, etwas altfränkischer klingt, als der andere.

Das Gesicht der historischen Schule ist der Vergangenheit zugewandt; denn da sie so aufrichtig ist, sich den herrschenden Wirrwarr bezüglich der Gegenwart und Zukunft wenigstens einigermaßen einzugestehen, so hat sie sich in die heiligen Hallen der Vorzeit geflüchtet, um in behaglicher Beschaulichkeit das Gewordene und Werdende in der Gegenwart von dessen hinterer Seite anzublicken. Sie hält diese Seite für ungefährlich und unverfänglich. Ihr Führer legt mit Grauen folgendes Geständniß ab:

„Wer eine längere Reihe von solchen Ideal-Schriften durchmustert, wie die Volkswirthschaft (der Staat, das Recht 2c.) sein solle: dem wird gewiß Nichts mehr darin auffallen, als die ungeheuren Verschiedenheiten, ja Widersprüche in Dem, was die Theoretiker als wünschenswerth und nothwendig bezeichnen. Fast kein erheblicher Punkt, wo sich nicht die gewichtigsten Autoritäten für und wider anführen ließen! Man hat diesen Umstand wohl zu verdecken gesucht; man hat namentlich **den Sozialisten gegenüber** wohl gemeint, in den Hauptfragen sei die National-Oekonomie doch ebenso einig, wie etwa die Naturwissenschaft. So gern ich dies in Bezug auf Fragen nach dem Sein der Dinge zugebe, so entschieden stelle ich es in Abrede, wo es sich um das Seinsollen handelt. Wir dürfen darüber unser Auge nicht verschließen."

Vorstehendes Bekenntniß würde noch aufrichtiger und dankenswerther sein, wenn es, anstatt auf halbem Wege stehen zu bleiben, einräumte, daß auch in Hauptfragen, welche das „Sein der Dinge" betreffen, die National-Oekonomen auseinandergehen und einander widersprechen. Es sei nur an die Lehren von der Grundrente, von den persönlichen Diensten und von der Entstehung aller Güter aus der Arbeit erinnert. Und will etwa gerade die historische Schule den Streit der Merkantilisten und Physiokraten als ganz abgethan betrachten? Wohl ist der Zwiespalt zwischen Staat und nationaler Urwüchsigkeit, zwischen Staatswirthschaft und National-Oekonomie, der sich in jenem Streite abspiegelt, bis zu einem gewissen Grade beseitigt, weil beide streitende Parteien durch die Welt-Oekonomie überholt worden sind. Aber wie wäre es um die heilige Dreifaltigkeit des Geldes bestellt, wenn nach Hildebrands Orakelspruche „sich die National-Oekonomie der Zukunft in derselben Weise als Kredit-Wirthschaft charakterisiren ließe, wie die der Gegenwart als Geldwirthschaft und die der Vergangenheit als Natural-Wirthschaft?" Wenn demnach die Ansichten der Merkantilisten nicht so ganz unrichtig gewesen zu sein scheinen, werden sie wohl auch zu Guterletzt „nicht so ganz Recht" behalten haben. Die Unsicherheit der National-Oekonomie dauert eben fort.

Dieser Unsicherheit wird keineswegs sicher dadurch abgeholfen, daß man dem Sein der Dinge, indem man die historische Methode einschlägt, von Hinten beizukommen sucht. Denn einestheils muß man, weil die National-Oekonomie der neuen und neuesten Geschichte angehört, sich nolens volens hauptsächlich mit unmittelbarer Gegenwart und mittelbarer Zukunft befassen, und anderntheils wird der historische Weg, insofern er wegen Quellenmangels hundert- und tausendjährige Lücken enthält, in mancher Beziehung viel unsicherer, als der theoretisch-systematisirende und explikatorische. Die Geschichte des Geldes, obschon sie zu den weniger schwierigen Sachen gehören könnte, zeigt diese Lückenhaftigkeit hinlänglich. Nimmt doch die zuverlässige Geschichtskenntniß einen sehr beschränkten Zeitraum ein, welchen beim besten Willen die Hypothesen-Phantasie der gelehrtesten Geographen, Geschichts- und Naturforscher nur wenig zu erweitern im Stande ist.

Nichtsdestoweniger bildet das Entstehen einer historischen Schule innerhalb der National-Oekonomie ein erfreuliches Zeichen. Denn es enthält das Anerkenntniß, daß mit der seitherigen theoretischen Methode nicht auszukommen ist. Die National-Oekonomie scheint wesentlich historisch, da ihre Hauptaufgabe darin besteht, den von ihr unabhängigen und bereits

fertigen Prozeß gesellschaftlicher Arbeit zu beschreiben, zu syste=
matisiren und zu generalisiren, während sie, wenn sie, darüber
hinausgehend, sich zur Aufstellung von Idealen versteigt, in
die schreiendsten Widersprüche verfällt. Die historische Methode
müßte konsequenterweise die Auflösung der ganzen National=
Oekonomie in sich schließen und sich als die Hinüberleitung
bezopfter Ueberlieferung in die allseitige und vorurtheilslose Ge=
sellschafts=Wissenschaft entfalten. Sie könnte viel Erkenntniß ver=
breiten, wenn sie, anstatt von furchtsamen Universitätsprofesso=
ren, vielmehr von unabhängigen, vorurtheilslosen und kühnen
Denkern gehandhabt würde. Diese würden, weit davon ent=
fernt, durch heuchlerisches Herauskehren eines unnatürlichen
Hasses gegen die Demokratie und durch Mitleid erregende
Scheinwiderlegungen des Sozialismus sich in der Gunst der
Gewalthaber insinuiren zu wollen, die vernünftige Herausbil=
dung des gegenwärtigen gesellschaftlichen Ausbeutungsverfah=
rens an der Hand der Geschichte aufzeigen und somit öko=
nomische Geschichtsphilosophie schreiben, nicht aber ihre ge=
schichtliche Methode in gelehrten Exzerpten bestehen lassen durch
Anführung von Zitaten aus einer unübersehbaren Menge von
Werken, welche alle gewissenhaft durchzustudiren Methusalems
Alter überdauert haben würde. Allerdings hat, was gelehrte
Zitate anbetrifft, schon der Verfasser des Don Quixotte den
Kunstgriff mitgetheilt, wie man sie zum Zeichen großer Gelehr=
samkeit gebrauchen kann. Unabhängige Denker würden nicht
nur die vorhandenen grellen Kontraste zwischen Staat und
Gesellschaft aufdecken, sondern sie würden überhaupt darthun,
wie die Staaten und alles Recht auf sozialer Grundlage er=
richtet worden sind, und wie selbst die Religionen politisch=
sozialen Gründen ihren Ursprung verdanken. Alsdann würde
aber auch offenbar werden, daß unsere National=Oekonomie
im Grunde nichts Anderes ist, als die Lehre vom bürgerlichen
Erwerb, von der Verwendung und von der Verwerthung des
Eigenthums zu Gunsten der großen Eigenthümer.

Der national-ökonomische Staat.

Wie die National=Oekonomie die Lehre von der Gewin=
nung und Vertheilung des bürgerlichen Eigenthums ist, so ist
das Recht die Lehre vom Schutze der Person und des Eigen=
thums. Der Staat spricht durch das Gesetz das Eigenthum
heilig; ohne ihn würde es auf bloßer Okkupation beruhen, der
Gewaltthätigkeit, der es häufig entstammt, wieder zum Raube
fallen und unsicher sein. Gleichwohl tritt der Staat zur Na=
tional=Oekonomie vielfach in Widerspruch.

Erstens schließt er sich nach Außen ab, so daß die Freiheit
des Verkehrs, des Erwerbs und der Eigenthumsschutz an sei=
ner Peripherie eine mehr oder minder große Schranke findet.
Er bildet also eine gewisse Hemmung gegen den Weltverkehr.
Mit dieser Abschließung hängt zusammen, daß er, weil er die
konzentrirte Macht der sich nach Unten und Außen deckenden
bevorrechteten Klassen ist, nach Außen das Recht des Stärkern
geltend macht und namentlich bei seinen Kriegen die gewaltsame
Wegnahme fremder Länder oder die Okkupation durch Erobe=
rung als legitimen Eigenthums=Titel zur Anwendung bringt,
gleichwie er auch im Kriege eine Menge Eigenthum zerstört,
und Produkte und Arbeitskräfte, die nützlich in der Produktion
hätten verwandt werden können, zu unproduktiven, ja destruk=
tiven Zwecken gebraucht. Auf der andern Seite sieht sich frei=
lich der Staat in Folge des Weltverkehrs genöthigt, die Aus=
wanderung zu gestatten und Handelsverträge, sowie interna=
tionale Verträge zum Schutze des Eigenthums und der Person
(bezüglich Auslieferung „gemeiner" Verbrecher 2c.) abzuschlie=

ßen; allein ein Hemmniß für den flotten Weltverkehr bleibt er nichtsdestoweniger, weshalb er letzteren, wenn nicht positiv, so doch negativ beeinflußt. Aber der Staat greift auch, trotz der hiermit nicht ganz einverstandenen Ansicht des National-Oekonomen Lotz, positiv in den Weltverkehr ein, wenn er Entdeckungs-Expeditionen ausrüstet, in fernen Ländern Kolonien gründet, Konsuln zum Schutze seiner Nationalen anstellt, Kriegsschiffe als Obhut seiner Handelsflotte unterhält, neue Märkte durch diplomatische Unterhandlung oder durch die Macht der Waffen erschließt, edle Metalle importirt und prägt, internationale Eisenbahnen anlegt, telegraphische und postale Verbindung mit dem Auslande fördert, den Kommerziellen und Industriellen wichtige Mittheilungen macht, Weltausstellungen veranstaltet und überhaupt Handel und Verkehr für Aus- und Inländer erleichtert. Kann sich also der Staat nach Außen nicht völlig abschließen und auf die Dauer dem Andringen des Weltverkehrs widerstehen, so bleiben doch seine Angehörigen, die auf diesen Verkehr angewiesen sind, von der Haltung, welche der Staat nach Außen einnimmt, im hohen Grade abhängig.

Zweitens faßt sich der Staat nach Innen zusammen und steht dann meist in gewisser Hinsicht der Gesellschaft, die er schützt, gegenüber. Entweder bevorzugt er einen kleinen Gesellschaftskreis und giebt diesem die Vortheile der großen Mehrheit seiner Angehörigen preis, in welchem Falle er offenbar mit der Mehrzahl der Gesellschaft, indem er das große Eigenthum bevorzugt, einen Kontrast bildet, oder er fördert immer mehr die Interessen der unaufhaltsam zur Gleichberechtigung und Ebenbürtigkeit vorrückenden Mehrheit, in welchem Falle er der National-Oekonomie direkt entgegenwirkt. Diese unliebsame Tendenz des Staates hat Wilhelm Roscher scharf hervorgehoben, wenn er schreibt:

„Ueberall erweitert sich beim Fortschreiten der Kultur das Gebiet der Staatszwecke. Während die Regierung ursprünglich nur nach Außen zu für die Sicherheit ihrer Angehörigen einstehen mußte, sorgt sie allmählich durch Einführung des Landfriedens, Abstellung der Blutrache rc. auch für die innere

Rechtssicherheit; weiterhin für den Wohlstand, die Bildung, ja die Bequemlichkeit des Volkes. In demselben Verhältniß aber, wie die Leistungen, müssen auch die Ansprüche des Staats wachsen. ... Zu gleicher Zeit wird es immer üblicher, durch sogenannte Expropriationen die wohlerworbenen (?) Privatrechte dem Gemeinbesten aufzuopfern. Man denke ferner an die Konskription der neuern Zeiten, die Landwehrpflicht, den Volksunterricht so vieler Länder; an die große Menge der Vereine, Aktien-Gesellschaften, Volksfeste, ganz besonders auch der Assekuranzen gegen jederlei Gefahr. So läßt sich in der That behaupten, daß wir **der Gütergemeinschaft** (!) näher gerückt sind, als man vor 100 Jahren sich hätte träumen lassen. Und zwar sind dies lauter Institute, in welchen die eigenthümliche Kraft und Tüchtigkeit unseres Zeitalters hervorleuchtet. Wer die Macht zweier Völker mit einander vergleichen will, der muß nicht allein ihre Elemente geistiger und körperlicher Stärke, sondern ganz vornehmlich auch ihre Geneigtheit beachten, jene Elemente zu öffentlichen Zwecken zusammenwirken zu lassen."

In der National-Oekonomie gilt das Eigenthum Alles und der Mensch an sich Nichts. Im Staate dagegen hat häufig der Mensch einige Geltung; denn der Schutz der Person ist dem des Eigenthums beigegeben. Ja was noch mehr, der Staat bevorzugt bei Konflikten zwischen Mensch und Sache, je mehr die Kultur sich hebt, den Menschen vor dem Eigenthum. Daher sind die Gesindeordnungen und Armengesetze, welche vor hundert Jahren die Besitzlosen herzlos behandelten, viel humaner geworden, in vielen Ländern ist die Schuldhaft aufgehoben, in Hungers-, Feuers- und anderer Noth schreitet gegenwärtig der Staat manchmal zu Gunsten der Unglücklichen ein und legt dem Eigenthume Opfer auf, er beschäftigt in Zeiten industrieller Stockung die Arbeiter mit Staatsarbeiten, hat die auf Eigenthumsverletzungen gesetzten Todesstrafen abgeschafft*)

---

*) Bis zum Anfange des gegenwärtigen Jahrhunderts wurde ein Schaf-, Pferde- u. s. w. Dieb in England mit dem Tode bestraft. Die Todesstrafe stand dort auf mehr als 200 Verbrechen. Anderwärts war es ähnlich.

und überhaupt das Strafgesetzbuch gemildert, er hebt die Koalitions-Gesetze auf u. dergl. mehr. Kein Wunder, wenn unter solchen Umständen die Enterbten der Gesellschaft, für welche — um mit Malthus zu reden — am großen Tische der Natur nicht gedeckt ist, ihre Rettung bisweilen im Staate suchen zu müssen geglaubt haben! Freilich kommt die Erkenntniß, daß sie selber der Staat werden müssen, gewöhnlich erst spät nach vielen Mißgriffen und Täuschungen.

Während die National-Oekonomen über das nach Malthus benannte Populations-Gesetz jubeln, demzufolge sich die Ernährung der Menschen von selbst regelt, oder mit andern Worten, demzufolge die Armen, wenn ihrer zu viele geworden, aus Nahrungsmangel durch den Schnitter Tod hinweggeräumt werden: erklärt der Staat formell wenigstens und im Frieden, wenn nicht ungeschminkte Sklaverei stattfindet, jedes Menschenleben für heilig, erleichtert bei fortschreitender Kultur die Ehen der Armen und hat selbst in Zeiten einseitiger Begünstigung der Wohlhabenden die Kinderzeugung der Proletarier, die dem Staate gegenwärtig die höchste Blut- und Geldsteuer entrichten, zu befördern gesucht.

Die Gesellschaft wird von Sonder-Interessen beherrscht und ist in feindliche Theile zersplittert. Jeder Tausch, jeder Kauf und Verkauf ist ein kriegerischer Akt der Gesellschaft, jede Konkurrenz birgt in sich feindselige Gesinnung und Handlung gegen die Nächsten, namentlich gegen die Kollegen, jeder Eigennutz ist im günstigsten Falle Selbstwehr, in ungünstigeren herzlose Uebervortheilung, Betrug und Unterdrückung, jede Vermehrung des Reichthums in einzelnen Händen trägt zur Vermehrung der Massenarmuth bei. Das Raub- und Ritterwesen, das Faustrecht des Mittelalters ist zwar verschwunden, doch erscheint es in neuer Gestalt als gesellschaftliche Anarchie, als national-ökonomische Fehdezeit. Diesem Kriege der Gesellschaft gegenüber steht der Staat als Versöhner und Vermittler da. Während sich die Faktoren der Gesellschaft unabläßig bekämpfen, wahrt er für Alle die Gemeinsamkeit und bietet ihnen den Frieden seines Rechts. Wäre nur dieses Recht stets billig!

Wohl ist es leicht, phantastische Kommunisten=Systeme zu widerlegen und lächerlich zu machen; aber nichtsdestoweniger ringt die Geschichte nach Herstellung eines Gemeinwesens, in welchem dadurch, daß endlich Staat und Gesellschaft sich decken und das gleiche Recht auch materiell für Alle herrscht, die völlige Unschädlichmachung der sozialen Gegensätze eingetreten ist. Wir streben nach der Gleichberechtigungs=Herrschaft der Menschen über die Sachen. Jetzt unterliegt der Mensch dem Besitz.

Früher war die Gemeinde, die Korporation und der Stamm Träger und Wahrer des Gemeinwesens. An ihre Stelle trat der Staat, indem er mehr und mehr sich als den Gedanken der Gemeinsamkeit realisirte. Daher hat die Zentralisation, auch wenn Despoten sie mißbrauchen, große unerkannte Tragweite und schließlich unerwartet gute Wirkungen.

Als im alten Rom nach der Eroberung Spaniens, Karthago's, Griechenlands und Kleinasiens die große Kluft zwischen Arm und Reich entstanden war, da unterdrückten die Wohlhabenden zwar die sozialen Reformbestrebungen der Gracchen, entledigten sich der Pläne des Rullus, verwandelten den Catilinarischen Aufstand in einen moralischen Räuber=Roman und schlugen die Sklavenerhebungen nieder: allein, was sie als freie Männer nicht hatten thun wollen, das mußten sie, wenigstens großentheils, als Unterdrückte thun und zulassen. Der Cäsarismus erschien als nothwendige Folge der gesellschaftlichen Kluft und verwandelte die bisherigen Freien in Unterthanen, die bisherigen Sklaven aber hob er aus der Sklaverei zur Hörigkeit empor. Es ist nicht zufällig, wenn in unsern Tagen der St. Simonismus an den starken Staat appellirte, und wenn Louis Napoleon in Bezug auf die soziale Frage ein wenig den römischen Cäsar spielte. Auch Lassalle wandte sich, indem er den St. Simonismus auf deutschen Boden verpflanzte, an den Staat. Der Lassalleanismus ist mehr St. Simonismus, als man glaubt.

Will man sich den Kontrast zwischen National=Oekonomie und Staat völlig klar machen, so darf man nicht außer Acht lassen, daß die national=ökonomischen Regeln bezüglich des Preises, des Geldes, des Arbeitslohns, des Kapitalzinses und der Grundrente im Staate als solchem lange keine Anwendung fanden. Die Staatsbesoldungen der Beamten und selbst jene der Universitäts-Professoren ordnen sich nicht nach dem gewöhnlichen ökonomischen Gesetz des Arbeitslohnes oder Unternehmergewinns. Der Staat behauptet seine Regalien, überläßt die wichtigen Zweige der Verwaltung nicht unbedingt der allgemeinen Konkurrenz, richtet sich in der Regel bei Besetzung seiner Stellen nicht nach dem größten Geldbeutel oder Spekulationstalente, sondern prüft auch die persönliche Befähigung; er setzt im Papiergelde seinen Kredit an die Stelle des allgemeinen metallenen Tauschwerkzeuges, und kümmert sich, wenn er Schulden kontrahirt, nicht um den Stand des National-Vermögens, noch scheut er sich, wenn er Geld braucht, es nöthigenfalls da zu nehmen, wo er es findet. Kurz, die Staats-Raison setzt sich in vieler Hinsicht über die national-ökonomische Raison hinweg.

Ueber die Eingriffe des Staates in die sich selbst regelnde oder vielmehr die Anarchie zur Regel erhebende Volkswirthschaft bemerkt neuerdings ein bekannter französischer Schriftsteller:

„Man räumt sehr gern ein, daß die Regierung das Gewicht und den Gehalt der Münzen bestimmt; ja man geht noch weiter und giebt auch zu, daß sie den Brotpreis, das Briefporto und selbst den Preis für die Reisenden und Waaren auf den Eisenbahnen, den Preis der Tabake, der Spielkarten und des Schießpulvers feststellt, daß sie ihren Stempel, um den Werth des Stoffes zu konstatiren, auf allen aus Gold und Silber gefertigten Gegenständen anbringt. Die Fabrikanten der Gewebe von Guinea in Indien haben sogar verlangt und bewilligt erhalten, daß die Regierung eine Marke auf ihre Produkte drückt. Andere Fabrikanten in Frankreich fordern Tag für Tag das Anbringen einer Marke auf ihre Shawles behufs der Feststellung der Beschaffenheit der zu ihrer Fabrikation verwertheten Stoffe. Die Weinbergseigenthümer wollen, daß die Regierung die Getränkesteuer, wenn letztere nun doch nicht abgeschafft wird, nach dem Werthe der Weine proportioniren soll: was die amtliche Festsetzung der Produkten-Werthe sein würde. Die einzuschlagende Richtung findet sich also schon deutlich angezeigt: die Gesellschaft darf Niemandem das Recht einräumen, den Werth seiner Produkte festzusetzen. Müssen die Bäcker nicht schon in manchen Städten ihre Waare nach der Taxe liefern? Warum sollte es mit den Fleischern, den Weinhändlern, den Speck=, Wurst= und Fleischwaarenhändlern (charcutiers), den Milchhändlern und Gewürzkrämern nicht gleich gehalten werden? Dienen die Waaren, welche diese Gewerbtreibenden verkaufen, nicht ebenso gut, wie das Brot, zur Ernährung des Menschen? Hat die Regierung nicht schon Vorsorge getroffen, um die Leute vor den Fälschungen sicher zu stellen? Hat sie nicht Beamte mit der Sorge beauftragt, daß das Fleisch gesund, die Weine unverfälscht, die Eßwaaren nicht aus krankmachenden Stoffen gefertigt sein, die Kaufleute nicht mit falschem Gewicht verkaufen sollen? Alle diese Anordnungen, welche den Betrügereien der Kaufleute und dem Vertrieb ungesunder Waaren nur unvollkommen vorbeugen, sind nichtsdestoweniger eine wirkliche Beglaubigung der Qualität oder des Werthes der Dinge. Somit bleibt bloß noch übrig, den Preis dieser Waaren so zu fixiren, wie den des Brotes, wenn man mit dem wahrhaften Handel merklich vorwärts kommen will. Was die Mittel zur sichern Feststellung der Taxe für das Fleisch, für die Talge, die Leder, die Weine, die Branntweine, die Seifen und im Allgemeinen für alle Waaren betrifft, so stehen sie der Regierung zu Gebote; es ist ebenso wenig schwer, den Preis dieser Waaren festzustellen, wie die Brottaxe; doch rathen wir der Regierung nicht, daß sie sich, wie gegenwärtig, nach dem Waarenkurse der Pariser und der anderweitigen Börsen richten soll, weil diese amtlichen Kurse nicht aus sicher gegebenen Verhältnissen hervorgehen und meistens trügerisch sind. Die Taxe müßte nicht einzig und allein für die Nahrungsmittel, sondern gleichermaßen für alle andern Güter, für alle Arbeiten in jeder Gewerbsthätigkeit, für alle Dienste Angestellter, zu welcher Kategorie sie auch gehören mögen, für Staats= und Privatbeamte, aufgestellt werden. Ohne eine solche, auf diese Grundsätze gebaute und nach diesen Mitteln eingerichtete Organisation wird der Handel eine Schule der Verschmitztheit bleiben."

Der Staat hat in seinen Schooß Elemente von tausend= jährigem Alter aufgenommen, die wohl mit der Zeit werden durch bessere und passendere ersetzt werden, aber bis dato noch nicht durch solche ersetzt worden sind. Er geht noch nicht im allgemeinen shop-keeping, manufacturing, business-making und stock-jobbing auf. Somit tritt in ihm noch nicht das Bewußtsein seiner allgemein menschlichen Kultur=Aufgabe ganz zurück. Daher haben in der neuern Zeit auch Rechtsphiloso= phen den der National=Oekonomie unwillkommenen Grundsatz vertreten, daß jeder Mensch auf ein seinem Bedürfniß entspre= chendes Eigenthum ein Recht besitze und also Anspruch auf die Erhaltung seines Lebens habe. Je mehr sich die Erkennt= niß Bahn bricht, daß die meisten Verbrechen und Vergehen dem Elend und der Rohheit zuzuschreiben sind, zu welchem sich gleich bei ihrem Eintritte ins Leben, in Folge nicht der natür= lichen, sondern der künstlichen Ungleichheit der Menschen, die große Mehrheit verdammt sieht: um so mehr lernt man die Gesetzesüberschreitungen als Ausbrüche sozialer Krankheiten auffassen, die nur durch gründliche soziale Heilmittel gehoben werden können. Deßhalb scheint die Zeit nicht mehr fern, in welcher der individuellen Vererbung gesteuert werden wird. Die künstliche Enterbung der großen Mehrheit muß aufhören.

Das Erbrecht beruhte ursprünglich auf der Zweckmäßigkeit, der Familie das besessene Vermögen, welches von deren Ober= haupte nur lebenslänglich verwaltet wurde, zu erhalten. Die Familie aber war wiederum integrirender Theil ihrer Gemeinde oder ihres Stammes, und somit war alles Familienvermögen nur Gemeinde= oder Stammesvermögen. Im Grunde war es also Gemeingut. Wurde der Familie nach dem Tode ihres Oberhauptes das seither besessene Vermögen belassen, so ge= schah es nur aus Gründen der Zweckmäßigkeit, weil keine neue gemeinheitliche Vermögensausgleichung nöthig schien. So stand es um das Erbrecht in der Zeit der Natural=Wirthschaft oder der vorwiegenden Boden=Industrie. Ja in der ältesten ge= schichtlich bekannten Zeit behielten bei den Deutschen nicht ein= mal die Gemeinden und Verwandtschaftsstämme ein Stück Land länger als ein Jahr, wie Cäsar ausdrücklich beschreibt:

„Niemand hat einen bestimmten und begränzten Landbesitz
eigenthümlich, sondern die Obrigkeiten und Vornehmen weisen
auf je ein Jahr den zusammenwohnenden Stämmen und Bluts=
verwandtschaften, so viel und wo es gut scheint, Land an und
nöthigen sie im folgenden Jahre zum Weiterziehen." — Die
späteren Markgenossenschaften bildeten Gütergemeinschaften mit
Gemeindewaldung, Gemeindetrift, Gemeindeanger, Gemeinde=
land, wobei nur der einzelnen Familie derjenige freie Spiel=
raum gelassen wurde, der mit dem Gemeinbesten verträglich
schien. Nach und nach ist die Autorität der Gemeinde, des
Stammes, der Korporation auf den Staat übergegangen, wo=
durch dieser die Idee des Gemeinwesens, das Recht und die
Pflicht, Ordner der individuellen Eigenthumsverhältnisse zu
sein, in sich aufgenommen hat. Das Expropriations=Recht des
Staates ist somit uralten Ursprungs. Wenn nun theilweise
dadurch, daß das bewegliche Eigenthum über das unbewegliche
die Oberhand gewonnen hat, das Erbrecht in ein Instrument
individueller Willkür und in das Gegentheil seiner ursprüng=
lichen Bestimmung verkehrt worden ist, so liegt dem Staate,
wofern er Träger des Gemeinwesens sein will, die Pflicht ob,
gegen die Massenenterbungen einzuschreiten und somit den ver=
heerenden Folgen, welche das Erbrecht durch die wachsende
und dauernde Aufhäufung erdrückender Reichthümer in einzel=
ner Hand anrichtet, entgegenzutreten.

Den Staat hat eine geraume Zeit hindurch der Gegensatz
von Stadt und Land beschäftigt. Sowie sich dieser Gegensatz
allmählich verwischt, absorbirt seine Thätigkeit ein neuer Ge=
gensatz. Letzterer heißt: Kapital und Arbeit, oder: Waare
und Mensch. Wir meinen hier keinen bestimmten Staat, son=
dern den modernen Staat im Allgemeinen.

An dem Tage, an welchem die Staaten unseres Erdtheils
der National=Oekonomie völlig zur Beute fallen, werden sie im
Getümmel des Weltverkehrs verschwinden, und über ihren
Ruinen wird sich ein neues Gemeinwesen erheben. Die Staa=
ten lebten bisher von der Vermittlung der bekannten gesell=
schaftlichen Gegensätze oder der großen Klassenkämpfe, mit be=

ren Wegfall sie selber aufhören. So lebte die alte römische Republik vom Gegensatze der Patrizier und Plebejer, das römische Kaiserreich vom Gegensatze der Herren und Sklaven*), die Staaten des Mittelalters bis auf die neue Zeit herab vom Gegensatze zwischen Weltlichem und Geistlichem, zwischen Stadt und Land, zwischen beweglichem und unbeweglichem Eigenthume. Die National-Oekonomie, hervorgewachsen aus einem dieser Gegensätze, bildet eine Uebergangswissenschaft, und ihr Triumph wird darin bestehen, daß sie einen geschichtlichen Abschnitt zum Abschluß bringt.

II. Abschnitt.

Angebot und Nachfrage.

Ohne Preis ist für die National-Oekonomie der Werth etwas Unbestimmtes und Leeres. Eine Sache erhält erst dann einen ökonomischen Werth, wenn sie sich durch Okkupation zum Eigenthum machen, meist auch individualisiren und gegen eine andere Sache austauschen läßt. Von diesem Standpunkte aus muß die Grübelei der altklassischen Welt über die Frage: was das

---

*) Wenn ein Kaiser als die dreierlei Feinde, welche dem Reiche den Untergang drohten, die Sklaven, die Christen und die Barbaren bezeichnet hat, so müssen wir bedenken, daß die Einnistung des Christenthums im römischen Reiche mit den Emanzipations-Bestrebungen der Sklaven zusammenhängt. Das Christenthum, die Lehre von der Gleichheit aller Menschen, wurde der Glaube des Pöbels, die Religion der Sklaven. Der Kreuzestod ist die infame Strafe, welche allein die Sklaven traf. Die Gütergemeinschaft der ersten Christen bildete zum ausgeprägten Eigenthumsbegriffe der römischen Welt den schärfsten Kontrast, und hierzu kam in der Erwartung des tausendjährigen Gottesreiches auf Erden noch ein höchst wühlerisches Element.

höchste Gut sei? als Narrheit erscheinen. Denn ökonomisch be=
trachtet giebt es keine andern Güter, als wirthschaftliche. Nur
insofern, als geistige Güter preiswürdig sind, sind sie etwas
werth. Daher ist es selten, wenn ein Nationalökonom, wie
Storch, den sogenannten innern Gütern einige Aufmerksamkeit
schenkt. Unter den wirthschaftlichen Gütern aber herrscht völ=
lige Demokratie; denn beim Tausch gilt die Regel, daß alle
gegebenen Werthe mit den empfangenen völlig gleich sind.
Der allgemeine Gleichmacher (leveller) ist das Geld. Eine ge=
wisse Quantität Mist ist gerade so viel werth, wie eine gewisse
Quantität Perlen, und der verwerthbare Ruf eines Advokaten
oder Arztes muß sich durch eine gewisse Quantität Lumpen
aufwiegen lassen. Ehe der Kommunismus unter den Menschen
eingeführt wird, führt die National=Oekonomie denselben einst=
weilen unter den wirthschaftlichen Gütern ein.

Ob und wann aber eine Sache zum wirthschaftlichen Gute
wird, läßt sich in den einzelnen Fällen nicht vorausbestimmen.
Wenngleich das Tageslicht einen großen wirthschaftlichen Werth
hat, gehört es, da es sich nicht als Eigenthum in Beschlag
nehmen und austauschen läßt, doch nicht unter die wirthschaft=
lichen Güter. Aus gleichem Grunde ist die Luft, obschon sie
Windmühlen treibt, kein wirthschaftliches Gut. Das Land,
der Wald, die Flüsse sind keine wirthschaftlichen Güter, so
lange sie nicht als Eigenthum in Beschlag genommen sind.
Das Meer läßt sich wegen seiner unabsehbaren Ausdehnung
gewöhnlich bloß längs der Küsten in Beschlag nehmen. Auch
das süße Wasser ist in solcher Menge vorhanden, daß die An=
eignung desselben behufs Austausches vergebens sein würde,
und selbst die Brunnen gehören, gleich den Straßen, zu den
kommunistischen Gütern. Dagegen wird das Trinkwasser zum
wirthschaftlichen Gute, wo es als Kurwasser austauschbar wird,
oder wo, wie in Amsterdam und Paris, an gutem Trinkwas=
ser überhaupt Mangel ist. Ebenso hat lange Zeit hindurch das
Eis keinen wirthschaftlichen Werth gehabt, bis es unversehens
zum Handelsartikel geworden ist. Auch die Elektrizität hat sich
lange nicht aneignen und austauschen lassen. Lumpen und
alte Knochen vermoderten geraume Zeit nutzlos. Sowie eine

Sache unter die wirthschaftlichen Güter aufgenommen wird, ist entweder eine besondere Erfindung oder Entdeckung gemacht worden, oder eine neue Mode oder Methode aufgekommen. Der Eintritt einer solchen Eventualität läßt sich nicht vorher sehen. Kurz, in dieser Beziehung ist die National-Oekonomie höchst mangelhaft, und der Werth läuft dem Preise immer vor den Beinen herum!

Umgekehrt kann die National-Oekonomie nicht bestimmen, ob und wie lange eine Sache wirthschaftliches Gut bleiben wird. Die Heiligenzähne und sonstige schmucklose Reliquien hören auf, wirthschaftliche Güter zu sein, sobald sie, weil der Glaube an sie wegfällt, von Niemandem mehr begehrt werden. Gegenstände werden werthlos, wenn sie aus der Mode kommen. Die Mode aber ist, wie sich aus dem Ab- und Wiederaufkommen derselben ersehen läßt, sehr launisch. Ihr kann die National-Oekonomie keine Regeln vorschreiben, sondern muß sich zu ihr deskriptiv verhalten. Aehnlich geht es mit den Erfindungen. Kommt ein vortheilhafteres wirthschaftliches Verfahren auf, mag das Werkzeug und der Stoff, welcher seither in der Produktion benutzt wurde, ganz werthlos werden. So sind Spinnrad und Weise in die Familien-Rumpelkammer gewandert; der Bratspieß, der Wehrspieß, die Zunderfeuerzeuge außer Brauch gekommen. Würden nicht die seit der ersten französischen Revolution im Preise gesunkenen Edelsteine so billig, wie Brombeeren werden, wenn sich auf allgemein zugängliche Weise Diamanten aus Kohle herstellen ließen? — Also auch in Bezug auf die Frage, wie lange eine Sache wirthschaftliches Gut bleibt, kann sich die National-Oekonomie nur an das „Sein der Dinge" halten. Der Werth ist ihr ein unbequemer Gesell.

Selbst wenn man den Werth in Gebrauchswerth und Tauschwerth scheidet, läßt sich mit ihm nicht fertig werden. Es ist noch nichts damit gewonnen, daß man sagt: eine Sache habe Tauschwerth, wenn sie Gebrauchswerth habe. Denn die Luft, das Tageslicht, das Wasser, die Landstraßen haben doch sicher einen Gebrauchswerth, und zwar nicht bloß einen individuellen, sondern einen allgemein gesellschaftlichen, ohne deßhalb einen Tauschwerth zu besitzen. Der Urwald und die auf nicht in Beschlag genommenem Boden wildwachsenden nützlichen Pflanzen und Früchte haben Gebrauchswerth, und sie werden theilweise von Menschen benutzt, ohne deshalb nothwendig einen Tauschwerth zu erhalten. Ebenso haben Raum und Zeit für den Menschen immer Gebrauchswerth, aber nicht immer Tauschwerth. Eine Erfindung kann sehr nützlich sein und also viel Gebrauchswerth in sich schließen, aber doch lange warten müssen, ehe sie ihren Tauschwerth erhält. Sie kann einen gewissen Gebrauchswerth behalten, aber dennoch den Tauschwerth verlieren. Ja verschiedene Maschinen sind, gerade weil sie zu viel Gebrauchswerth enthielten, in vergangener Zeit, als noch andere ökonomische Anschauungen gang und gäbe waren, nicht als Tauschwerth zugelassen worden. Dazu halten sich auch Gebrauchswerth und Tauschwerth nicht gleichen Schritt. So z. B. mag sich der Gebrauchswerth einer gewissen Quantität Getreide, indem sie den gleichen Nahrungsstoff enthält, ganz gleich bleiben, während sich der Tauschwerth derselben ohne allen triftigen Grund ändert. Die unmotivirten Schwankungen der Getreidepreise werden von den National-Oekonomen selbst eingestanden! Der Gebrauchswerth entscheidet somit den Tauschwerth nicht. Tauschwerth ist nicht einmal gesellschaftlicher Gebrauchswerth.

Umgekehrt entscheidet auch nicht der Tauschwerth den Gebrauchswerth. Der Diamant und die Platina haben einen sehr hohen Tauschwerth, aber doch einen sehr geringen Gebrauchswerth. Wenn ich ein Manuskript, das für mich ganz und gar keinen Gebrauchswerth hat, an einen Verleger verkaufe, so kann sich sowohl der Fall ereignen, daß dasselbe einen großen Gewinn abwirft, weil es einen großen Gebrauchswerth für das Publikum hat, wie auch der entgegengesetzte Fall, daß die verlegte Schrift gar nicht abgeht. Im letzteren Falle hat mein Manuskript für mich allein einen Tauschwerth gehabt, aber sonst für Niemanden einen Gebrauchswerth. Wenn Perthes nachzuweisen versucht hat, daß die wissenschaftlichen Werke insgesammt, welche in dem ersten Menschenalter unsers Jahrhunderts im deutschen Buchhandel erschienen sind, ben Verlegern Einbuße gebracht haben, so haben wir hier einen Fall im Großen, wo der Tauschwerth mit dem Gebrauchswerth lange nicht im Einklange stand. Bei jeder mißlungenen Handels-Spekulation ist der Gebrauchswerth nicht im Einklang mit dem Tauschwerth und bei jeder gut einschlagenden tritt ebenfalls ein Mißverhältniß zwischen Gebrauchs- und Tauschwerth ein.

Der National-Oekonom Rau scheint die Sache sehr vereinfacht zu haben, wenn er jeden Verkäufer zugleich Käufer sein läßt. Denn nun scheint der Gebrauchswerth immer mit dem Tauschwerth identisch zu sein. Indem man sagt: Jeder Verkäufer kauft zugleich, da er einen Tauschwerth für einen Gebrauchswerth hingiebt, und jeder Käufer ist ein Verkäufer, weil er einen Gebrauchswerth mit einem Tauschwerthe bezahlt, scheint die völlige Ausgleichung zwischen Gebrauchs- und Tauschwerth hergestellt zu sein. Allein diese Identität beruht auf einer Verwechslung der tauschenden Person mit den aus- und eingetauschten Sachen. Gleichwie in der deutschen Sprache das Wort Geld sehr bezeichnend ist, ebenso das Wort Tausch, welches nicht nur mit dem Worte „täuschen" eng verwandt ist, sondern obendrein durch das Sprüchwort: „Wer Lust zu tauschen hat, hat Lust zu betrügen", treffend erläutert wird. Nehmen wir, indem wir übrigens uns über den Sprachgebrauch hinwegsetzen, an, daß jeder Verkäufer, weil er für einen Tauschwerth einen Gebrauchswerth einhandelt, zugleich Käufer ist, so ist dadurch doch noch nicht die Möglichkeit ausgeschlossen, daß der gegen den hingegebenen Tauschwerth eingehandelte Gebrauchswerth geringer oder vorzüglicher ist, als dessen vorausgesetztes Aequivalent. Denn die feilbietende Person kann sich täuschen und getäuscht werden. Der ihr beim Tausch gegenüberstehenden Person kann das Nämliche passiren. Selbst wenn beide einen Tausch abschließenden Personen von dem redlichen Willen geleitet würden, gerade so viel hinzugeben als sie empfangen, könnten sie sich beide in der Abschätzung irren und der wirkliche Werth in der Folge als dem Preise keineswegs entsprechend sich herausstellen. Gesetzt ein Pferd hat, ohne daß Käufer und Verkäufer dies ahnen, die Anlage zum schwarzen

Staar, so wird es als ein völlig gesundes Thier verhandelt und gilt als solches, bis vielleicht nach einem Jahre der Krankheitskeim sich zur Evidenz entwickelt hat. Wenn dieses Pferd, ehe es blind wird, mittlerweile auf ein paar Roßmärkten die Hände der Besitzer gewechselt hat, kann es sogar vorkommen, daß der ursprüngliche Verkäufer nie von der Krankheit Etwas erfährt und nicht mehr auszumitteln ist, während ein unschuldiger Zwischenhändler für den Fehler des Thieres zu büßen hat. Analoge Fälle bezüglich der verschiedensten Güter ereignen sich häufig. Es ist daher komisch, wenn für die National-Oekonomie der Satz gilt, daß beim Tausch alle empfangenen Werthe mit den gegebenen völlig gleich sind. Sie sind gleich in der Theorie; in der Wirklichkeit sind sie es nicht. Folglich schwebt die Theorie in der Luft.

Trifft die Gleichheit zwischen Gebrauchswerth und Tauschwerth schon nicht zu, wenn die beiden einander beim Tausche gegenüberstehenden Personen von redlichem Willen beseelt sind, gerade so viel hinzugeben, wie sie empfangen: so trifft sie noch viel weniger zu, wenn dieser redliche Wille nicht vorhanden ist. Die Abwesenheit des redlichen Willens aber bildet die Regel. Denn es ist allbekannte Sache, daß bei jedem Tausche beide kontrahirende Theile, ganz abgesehen von der menschlichen Selbstüberschätzung und unbewußten Eigenliebe, so viel als möglich gewinnen wollen. Der Tausch ist der Abschluß eines Vertrages, bei welchem der eine kontrahirende Theil den andern zu übervortheilen bestrebt ist. Darum hat man ihn einen feindseligen Akt auf friedlichem Wege genannt.

Ehe einer von beiden Theilen — glaubt Galiani, — sein Bedürfniß, zu kaufen oder zu verkaufen, ausgesprochen hätte, ständen zwar die beiden Wagschalen gleich, doch neigte sich alsbald die eine Wagschale von Seite Dessen, der zuerst, indem er spräche, gleichsam auf sie bliese. Gesetzt, dies wäre richtig: was würde es anders beweisen, als daß die Wagschalen nur vor dem Tausche, nicht aber während und nach dem Tausche noch gleich sind? Da indeß die Bedürfnisse, welche dem Kauf und Verkauf zu Grunde liegen, auf beiden Seiten verschieden sind, so stehen die beiden Wagschalen nicht einmal

vor dem Abschlusse des Tausches gleich, sondern das Züngel=
chen neigt sich, wenn auch unbemerkt, schon vorher auf die eine
Seite. Die Gleichheit vor dem Tausche ist bloß scheinbar,
weil die vorhandene Ungleichheit, ehe sie sich im Tausche of=
fenbart und realisirt, verborgen bleibt.

Jeder sucht, wofern er ein guter „Wirth" oder „Haushäl=
ter", resp. „Geschäftsmann", ist, nicht bloß zwischen seinen
Ausgaben und Einnahmen · das Gleichgewicht herzustellen und
zu erhalten, sondern auch für die Zeit möglicher Geschäftssto=
ckung und unvorhergesehener Verluste einen Ueberschuß, der
als Reserve=Fond dienen kann, zu erzielen. Ferner sucht ein
Jeder sein Geschäft, damit es Bestand habe, zu vervollkomm=
nen und — car l'appétit vient en mangeant — zu vergrö=
ßern. Hiermit hängt zusammen, daß die meisten Menschen
reich sein möchten. Denn da sie die gesellschaftliche Macht des
Reichthums jeden Tag empfinden und da sie häufig vor die
Alternative gestellt werden, entweder Hammer oder Ambos zu
sein: müssen sie schon, um sich ihrer Haut zu wehren, eine ge=
sellschaftliche Stellung zu erklimmen suchen, in welcher sie sich
so viel wie möglich selbst genügen und Andere mehr von sich
abhängig machen, als sie von diesen abhängig sind. So kommt
es denn, daß wir allerdings in einem fortwährenden Zustande
des Sauve qui peut leben, wo Jeder auf Kosten der Freiheit
seiner Mitmenschen sich eigne Freiheit zu erwerben trachtet.
Das Streben nach Reichthum, dessen Gipfel immer höher auf=
rückt, je höher der Einzelne emporsteigt, bildet sowohl das Nor=
mal=Streben jedes industriellen Volkes, als auch findet die
National=Oekonomie den hierdurch erzeugten regen Wetteifer
sehr heilsam und lobenswerth. Dieses Streben bringt ihr zu=
folge vorzüglich die Blüthe der Nation zu Stande. Aus den
Einzelnen aber setzt sich das ganze Volk zusammen, das Ver=
mögen der Einzelnen summirt ist das Volksvermögen, die ge=
sammte Industrie aller Einzelnen macht die National=Industrie,
die vielen Privat=Reichthümer den National=Reichthum aus.
Nun kann in der Regel der Einzelne mit bloßer individueller
Thätigkeit seine persönliche Lage nur wenig verbessern. Erst
beim Austausch, bei welchem er die Balanz zwischen Gebrauchs=

und Tauschwerth zieht, realisirt er seinen Gewinn. Folglich muß er jeden Tausch in seinen Vortheil zu verkehren beabsichtigen. Darum ist die Uebervortheilung bis zu einem gewissen Grade durch die Sitte geheiligt, es gibt einen anständigen und ehrenhaften Betrug, und wer sich in die günstige Lage emporschwingt, daß er beim Austausch nicht sofort sein Aequivalent losschlagen muß, sondern recht vielen die Tauschbedingungen diktiren kann: der gilt sowohl für einen angesehenen Mann, als auch vermag er sich, zumal wenn er nach Art des Geizhalses seinen Eigennutz durch frommes Augenverdrehen zu verdecken versteht, in den Ruf der Gemeinnützigkeit, Unentbehrlichkeit und der Wohlthätigkeit bringen. Er darf nur die große Glocke nicht vergessen!

Sowie der eine kontrahirende Theil merkt, daß der andere Theil ein dringendes Bedürfniß nach seinem — des ersteren — Artikel hat, und, so zu sagen, Noth an den Mann geht, setzt er dem Geschäftsfreunde das Messer an die Kehle. Die National-Oekonomen wissen alsdann die Fabel vom ausnahmsweisen Nothpreise zu erzählen, als ob Nothpreise nicht fast immer und überall in größerem oder geringerem Maße vorhanden wären. Nur der Buchhandel scheint hiervon eine Ausnahme zu machen, insofern hier das Honorar häufig noch sich nach einem herkömmlichen Preise regelt, und auch der große Absatz eines Buches noch nicht dessen Vertheuerung, sondern neue Auflagen mit gleichem Preise zur Folge hat. Indeß kann sich auch hier, wo bereits der Fabrikbetrieb einzubringen beginnt, der Nothpreis der National-Oekonomen, d. h. die Tauschregel, geltend machen, wie an einem Beispiele gezeigt werden soll. Ein armer Schriftsteller versetzte einst seine Uhr, um mit dem Erlös so lange zu reichen, bis er eine kleine Broschüre im Manuskript fertig hätte. Nachdem er die Arbeit vollendet hatte, bot er sie einem ihm bis dahin unbekannten Verleger an. Der Tauschvertrag war schnell abgeschlossen, und ihm zufolge hatte der Schriftsteller für sein Manuskript vierzig Thaler zu erhalten. Da er nun auf der Stelle Geld brauchte, bat er sich die abgemachten vierzig Thaler sogleich aus. Da nahm der Verleger seinen Vortheil wahr, indem er sagte: Gut, dann zahle ich Ihnen fünf und dreißig Thaler auf der Stelle, und hiermit ist die ganze Sache erledigt. Im Buchhandel bildete allerdings dieser Nothpreis eine Ausnahme!

Greifen wir zu einem andern Beispiel, welches regelmäßig vorkommt.

Ich beziehe regelmäßig jeden Winter eine gewisse Quantität Kohlen. Vom ersten Oktober an wird mein Zimmer geheizt bis zum letzten April. Ich entnehme die Kohlen von einem in meiner Nähe wohnenden Kohlenverschleißer und zwar beziehe ich, mag nun der Winter streng oder mild sein, jede Woche ein feststehendes Quantum, nicht mehr, nicht weniger. Mein Kohlenbedürfniß steigt also nicht, meine Nachfrage nach Kohlen ändert sich nicht.

Mein Kohlenhändler hat sich einen gewissen Vorrath Kohlen angeschafft, von dem er annimmt, daß er mit demselben den Winter hindurch seine Kunden befriedigen kann, und er hat sich die Kohlen zu einer Zeit gekauft, in welcher sie verhältnißmäßig billig waren. Bei seinen Verkäufen stellt er ursprünglich den Preis so, daß er, wenn er seinen Kohlenvorrath ganz oder größtentheils verkauft, einen seine Mühe hinreichend kompensirenden Gewinn hat. Er läuft keine Gefahr, daß er zu dem angesetzten Preise seine Kohlen nicht mit einem ansehnlichen Gewinn verkauft. Da er höflich und pünktlich mit seinen Kunden verfährt und gute Waare liefert, darf er voraussetzen, daß er die Kundschaft nicht verliert. Je festere Kunden er besitzt, desto sicherer ist er seiner Spekulation. Auch ist er froh, jeden einzelnen seiner Kunden zu haben, da nicht weit von ihm ein Geschäfts-Konkurrent sein Lager aufgeschlagen hat. Mein Kohlenhändler hat jedoch Nichts zu riskiren, selbst wenn der Winter mild verläuft. Anfangs bleibt sich auch der Preis der Kohlen gleich. Doch da plötzlich eine strenge Kälte eintritt, schlägt mein Lieferant schon am zweiten kalten Tage mit seinem Kohlenpreise auf und steigert den Preis nun von Woche zu Woche, so lange als die strenge Kälte dauert. Je mehr er also seines Profits sicher ist, desto mehr Profit sucht er zu machen, und obschon weder ich, noch viele Andere unsern Bedarf an Kohlen merklich ändern und die Nachfrage erhöhen, müssen wir doch höhere Preise zahlen. Nach drei Wochen läßt die Kälte nach, die Temperatur wird gerade wieder so gelind, wie früher vor dem Einsetzen der Kälte; gleichwohl dauert es lange, ehe der Kohlenpreis wieder auf sein ursprüngliches Niveau sinkt. Hier war kein Risiko, keine Erhöhung der Produktions-Kosten, keine nennenswerthe Vermehrung der Nachfrage bei der Erhöhung des Preises im Spiele. Auch hatten die drei Wochen Kälte keinen beachtenswerthen Einfluß auf den Engros-Handel ausgeübt. Der freundliche Kohlenhändler setzte aber, weil er sich unentbehrlich dünkte, seinen Kunden willkürliche Preise, und sein feindlicher Konkurrent in seiner Nähe, sowie alle seine Kollegen in der Nachbarschaft rings herum, wirkten hierbei im herzlichen Einverständnisse. Wenn in diesem Falle die National-Oekonomie von einem Nothpreise oder von erhöhter Nachfrage, oder von Kompensation des Risiko's redet, so redet sie Unsinn. Genau genommen, ist eine solche Preiserhöhung nichts Anderes, als Gaunerei, und die Alten hatten Recht, wenn bei ihnen Merkur zugleich der Gott der Diebe war. Aus dergleichen einzelnen Täuschen setzt sich der Gesammttausch zusammen. Er ist Gesammttäuschung. Die große Masse des Volks wird bei jeder günstigen Gelegenheit gepreßt. Daher erhöht die vermehrte Nachfrage auch dann den Preis, wenn sich die Produktions-Kosten in Folge derselben nicht geändert haben, sondern sich nur schon geändert haben könnten oder noch ändern möchten.

Man nimmt gewöhnlich an, daß hierbei die Konkurrenz Abhülfe schaffe. Allein die Feindschaft des Uebervortheilens seitens des Verkäufers gegen die Konsumenten ist stärker, als diejenige unter den Konkurrenten. Trotz allen Brotneides sind diese letztern durch die Sympathie Gleichgesinnter gleichsam in einem geheimen Bunde vereinigt. Sie sind aufeinander bloß neidisch, weil der eine den andern verhindert, Alles allein zu schlucken. Sowie daher eine günstige Konjunktur eintritt, welche ihnen einen plausibeln Vorwand an die Hand gibt, die Preise emporzuschrauben, so hört augenblicklich die Konkurrenz auf, feindselig sich gegen die Kollegen zu kehren, und sie macht dem süßen Gefühle der Fraternität Platz. Mit andern Worten ist die Konkurrenz nur in schlechter Zeit, in welcher niedrige Preise wenig Gewinn zulassen, feindselig. Sowie jeder Konkurrent fette Bissen verzehren kann, knurrt er nicht mehr zähnefletschend gegen den kollegialischen Nachbar. Die Konkurrenz gewährt somit dem Publikum, i. e. den Konsumenten, keinen hinreichenden Schutz gegen Uebervortheilung. Daß selbst in schlechter Zeit die Konkurrenten sich gegen das Publikum, indem sie „Nothpreise" ansetzen, einigen können, erhellt nicht allein aus der kollegialischen Zeit der Zünfte, sondern wird ersichtlich werden, wenn wir die Regelung der Preise durch die Produktions-Kosten betrachten. Hierüber weiter unten.

Ehe wir die Produktionskosten=Theorie behandeln, wollen wir einstweilen die unerwiesene Behauptung als richtig voraussetzen, daß die Produktionskosten den Preis regeln. Dieser Theorie zufolge ist der Preis in dem fortwährenden Streben begriffen, auf das Niveau der Produktionskosten hinabzusinken, oder vielmehr ist der Preis mit den Produktionskosten identisch, indem er nichts Anderes als eine Vergütung derselben ist. Demnach nehmen wir einstweilen an, daß der Satz falsch ist oder falsch sein kann, demgemäß das Verhältniß zwischen Angebot und Nachfrage im Ganzen den Preis normirt. Der Preis wäre also ursprünglich nichts Anderes, als eine gerechte Kompensation für den Aufwand, welcher zur Erzeugung eines Guts gemacht werden mußte.

Hiermit rücken wir hart an die Stelle vor, an welcher ein Gut liegt, wenn die Produzenten es fertig gemacht haben. Um der Einfachheit willen halten wir uns an die Engros-Anfertigung einer Fabrik. Die Erfahrung lehrt, daß Derjenige, welcher en gros einkaufen kann, billiger erkauft, als ein Solcher, welcher Güter im Kleinen eintauscht. Was beweist diese Erscheinung? Was für eine Wahrheit geht aus ihr hervor?

Daß der Preis derselben Qualität Waare zu einer und derselben Zeit verschieden ist und daß es also keinen festen Marktpreis gibt. Kaufe ich also viele Zentner Seife einer und derselben Qualität zu gleicher Zeit oder mit Einem Male, so erhalte ich das einzelne Pfund, mag ihr Gebrauchswerth sein, welcher er will, viel billiger, als wenn ich die nämliche Sorte nur pfundweise oder stückchenweise in einzelnen squares kaufen würde. Die National-Oekonomen überpflastern diese Preis= unregelmäßigkeit mit dem Satze, daß der Preis von der Zah= lungsfähigkeit des Käufers mit abhänge. Wer arm ist, muß theurer zahlen, als der Reiche, trotzdem daß das Bedürfniß des Reichen stärker hervortritt, als das des Armen, und trotz= dem daß die Nachfrage des Reichen größer ist. Hier stoßen wir also auf einen national-ökonomischen Widerspruch. Je stärker die Nachfrage des Reichen ist, desto billiger kauft er ein. Je stärker dagegen die Nachfrage des Armen wird oder werden könnte, desto theurer muß er, wie schon oben mein Kohlenhändler bewies, für seine Bedürfnißbefriedigung zahlen. Und gerade um so unentbehrlicher ein Gut ist, desto krasser äußert sich diese Abnormität des Preises.

Der Fabrikant, der seine Waare in großen Quantitäten an Großhändler abläßt, bedient diese seine Geschäftsfreunde, um sich ihre Kundschaft zu erhalten, ziemlich billig. Denn da sie ihm große Quantitäten Güter abnehmen, sagt er sich, daß ihm die große Menge des Absatzes den Gewinn bringen muß. Je größere Quantitäten sie kaufen, desto williger läßt er bis zu einer gewissen Gränze, die wir, wie oben bemerkt, einstweilen als die durch die Produktionskosten gezogene Gränze annehmen wollen, die Preise sinken. Für diese Preisermäßigung lassen sich verschiedene Gründe anführen, nämlich: die Sicherheit und Regelmäßigkeit des Absatzes, die geringere Mühewaltung beim Versenden und Verpacken, die Raschheit des Austausches, vor= züglich aber der aus der Menge der an die alten Kunden ab= gesetzten Güter ersprießende Gewinn. We like old faces („Wir sehen alte bekannte Gesichter gern"), sagen die Englän= der bezüglich ihrer Kunden. An der Absatzquelle, wo die Gü= ter in Masse vorhanden sind und immer neu aus der Produk= tion hervorsprudeln, sind sie verhältnißmäßig am billigsten. Hier muß den Gewinn die Menge der abgesetzten Güter brin= gen. Die Kundschaft ist Geschäftsfreundschaft, und bei ihr ist die Treue und Solidität etwas werth. So lautet die Han= dels=Moral.

Das ursprüngliche Verhältniß verändert sich, sowie die Güter in Umlauf kommen und in verschiedenen Kanälen ihren Weg ins große Publikum suchen. Denn je weiter sie sich von der Produktionsquelle entfernen, desto mehr zersplittern sie sich in kleine Quantitäten. In dieser Zersplitterung kann natürlich nicht mehr der Gewinn durch massenhafte Einzelverkäufe, bei denen ein großes Güter-Quantum auf Einmal und mit Einem Schlage ausgetauscht wird, herausgeschlagen werden. Der erste Großhändler, der seinen Vorrath (stock) direkt von der Produktionsquelle bezieht, macht vielleicht bloß in einem einzigen Artikel, versorgt aber seinerseits wieder mehrere Großhändler, von denen jeder mehrere Artikel zugleich auf Lager hält. Diese mehreren Artikel enthalten schon je ein geringeres Quantum, als das einfache Lager des ersterwähnten Großhändlers. Zersplittern und vertheilen sich nun die Güter weiter, indem sie in die Hände von Händlern gerathen, welche noch Engros-Verkauf mit Detail-Verkauf verbinden, so wird die Güterreihe durch die Mannichfaltigkeit der neben einander auf Lager liegenden Gegenstände schon bunter. Die große Mannichfaltigkeit tritt an die Stelle der großen Quantität. Endlich heißt es bei den Krämern: Von Allem Etwas, von Keinem Vieles. Jetzt muß folglich ein anderes Preisgesetz den Austausch beherrschen, als bei dem Fabrikanten und seinen nächsten Geschäftsfreunden, den ersten Großhändlern. Machen wir daher jetzt Halt, um die Preisveränderung in Muße zu betrachten.

Wir bemerkten schon, daß an der Produktionsquelle, wo der Absatz in großen Bombenladungen abgeprotzt wird, die Güter am billigsten sind. Der Fabrikant versichert seinen Geschäftsfreunden, daß er ihnen dieselben zum Produktionspreise überläßt. Auch der erste Großhändler, in dessen Hand sie gelangen, betheuert seinen Abnehmern, daß er, nach Abzug der Spesen und einer geringen Schadloshaltung für seine Mühe, noch den Produktionspreis ansetze. Auch bei ihm entscheidet den Gewinn noch der Absatz großer Massen auf Einmal. In der dritten Hand, wo sich das Güterquantum einer und derselben Qualität schon gemindert hat, um dem Quantum verschiedener Qualität Platz zu machen, vertheuern sich die Güter noch mehr durch neu hinzugekommene Spesen und neue Mühe= entschädigung. In der vierten Hand verdrängt die Mannich= faltigkeit der Qualität fast gänzlich das entscheidende Prinzip der großen Quantität, bis endlich in der fünften Hand beim Krämer das Güterlager grell buntscheckig aussieht. Nichts fällt den Eingeborenen deutscher Städte an den Londoner shops mehr auf, als der Umstand, daß solche shop-keepers, welche in Deutschland noch unter die Kaufleute gerechnet werden, dort in England schon zu den Krämern gehören, daß in diesen shops eine viel geringere Mannichfaltigkeit der Güter herrscht, als im deutschen Kaufladen, und daß die einzelnen Artikel, um das Publikum vor Wucher sicher zu machen, viel häufiger als in Deutschland, mit Etiketten fester Preise bezeichnet sind. Der merchant Englands ist Engros=Händler, der deutsche Kauf= mann gewöhnlich Krämer (shop-keeper). Ja bei uns trägt selbst der Hausirer noch oft den Schmucknamen Kaufmann. Die Krämer sind die eigentlichen Vermittler zwischen dem Groß= händler und dem kaufenden Publikum, dem Volke. Ehe an dieses die Güter herantreten, haben sich dieselben auf doppelte Weise vertheuert: erstens durch den langen Weg der Spesen, den sie durchlaufen mußten, bis sie dem großen Publikum feil geboten werden konnten, und zweitens durch die Mühewaltung der Hände, durch die sie auf ihrer Reise bis zu den Krämern zu passiren hatten. Zwar versichert eine jede solche Hand, daß sie mit Ausnahme der Spesen und geringen Mühentschädigung, die Güter wieder zum ursprünglichen Einkaufspreise, das ist: zum Preise der Produktionskosten, an die Kunden abläßt; al= lein in jeder bleibt in der Regel etwas kleben, was weder auf Rechnung der Fracht und Spesen, noch auf die der Mühewal= tung und sonstigen Auslagen geschrieben werden kann. Ein jeder Zwischenhändler will bei seinem Geschäft reich werden und sucht im Geheimen einen Gewinn zu erzielen, den er als ehrenhaften, wirklich verdienten Profit vor dem Stigma der Uebervortheilung seines nächsten Abnehmers zu bewahren be= strebt ist. So glaubt jeder Händler oder gibt doch zu glauben vor, bis hinab zu dem Krämer, daß die Produktionskosten den

Preis regeln. Je besser der Zwischenhändler es zu verbrämen weiß, wenn er seinen nächsten Abnehmer übers Ohr haut, ein desto gewandterer Geschäftsmann ist er, desto coulanter, desto anständiger ist er, desto gescheidter hat er die günstige Konjunktur benutzt. Die günstige Konjunktur besteht aber darin, daß das Preisgesetz an der Produkten-Quelle ein anderes ist, als im Detail-Verkauf. Mit andern Worten läßt sich in jener Sphäre, wo die Massenhaftigkeit der Quantität in die Mannichfaltigkeit der Qualität umschlägt, manche Mogelei treiben. Wären in jeder großen Stadt Magazine vorhanden, welche die Waaren aus erster Hand bezögen, Magazine, wo jeder Artikel seinen festen Preis hätte, der sich wirklich nach den Produktionskosten, den Uebergangsspesen und der Mühewaltung regelte, und wo das Volk seine Einzeleinkäufe machen könnte: dann wäre der Uebervortheilung, welche aus dem ungeregelten Güterumlauf entspringt, wirksam vorgebeugt. Die Schulze-Delitz'chen Konsum-Vereine gehen zwar in dieser Richtung; doch sind ihre Kräfte zu schwach. Die Schmarotzer des Handels lassen sich nur durch den Staat beseitigen. Jene Magazine müßten, gestützt auf die Verbrauchs-Statistik, Staatsanstalten sein und in den kleineren Städten wieder ihre Zweiglager haben. Weil die National-Oekonomie nicht weiß, was sie mit den Schmarotzern des Zwischenhandels anfangen soll: deßhalb erklärt sie dieselben als zur Produktion gehörig und betrachtet jeden Mittelsmann, den das Publikum willig annimmt, für nützlich und nothwendig. Dergestalt kann sie freilich sagen, daß bis zum letzten Abnehmer der Produktionskostenpreis bleibt, da ja nun die Zwischenhändler, die das Gut vertheuert haben, selber Produzenten scheinen, lächerlicherweise für Produzenten ausgegeben werden! Sie hat Recht, so lange die „sich selbst regelnde Anarchie" der Gesellschaft für nützlich und nothwendig gelten wird. Doch wir müssen uns nun den Kleinhandel der Krämerwelt ansehen.

Nachdem die Güter in Theilchen zersplittert worden sind, und sich folglich mit dem einzelnen Massengute kein Gewinn im Großen herausschlagen läßt, muß derselbe aus jenen Theilchen erzielt werden. Damit aber jedes Theilchen nutzbar werde, muß bei jedem eine Preiserhöhung eintreten. Je kleiner das Theilchen, desto theurer muß es sein. In den ärmlichen Krämer= und Hökerläden wird daher die Makulatur, in welche das kleine Gut eingepackt wird, sogar mitgewogen, die Waarenfälschungen sind hier nichts Seltenes, die Verkleinerung von Maß und Gewicht häufig. Weil aber hier die Menge der Einzelverkäufe oder die Menge der Käufer den Gewinn abwerfen muß, deßhalb muß hier die Mannichfaltigkeit der Waaren die Häufigkeit der Tauschakte ermöglichen. Je öfter der Einzelne im Kleinen kauft, desto öfter wird er übervortheilt. Die große Masse des Volks muß daher, weil sie arm ist, für ihre Waare sehr theuer zahlen. Jetzt wirft nicht die Gütermassenhaftigkeit, sondern die Volksmenge, die Menge der Einzelkäufe den Profit ab. Hier wird also das Gut insofern wirklich durch vervielfältigte Nachfrage theurer.

Die Zersplitterung und Zertheilung machen die Güter immer theurer. Der Krämer kann bei jedem seiner Artikel das Ende desselben heranwachsen sehen: weßhalb er viel sparsamer damit umgeht, als der Großhändler, bei welchem Ueberfluß herrscht. Auch die Apotheker, die in den kleinsten Dosen Waaren verschleißen, gelten nicht für billig; da man annimmt, daß sie neun und neunzig Prozent Gewinn einsäckeln. Selbst mit der Theilung und Zersplitterung des Geldes stehen die theuren Preise in Verbindung. Denn man kann für sicher annehmen, daß das Geld immer in den Ländern theuer ist, wo es noch Kreuzer, halbe Kreuzer, Pfennige und Heller gibt, und wo die Bezahlung in diesen geringen Münzsorten nicht gesetzlich beschränkt ist. Den Farthing nimmt in England kein Bettler als Almosen an, und der Penny ist dort so gering geachtet, daß er nicht mehr aus Kupfer, sondern nur noch aus Bronze geprägt wird. Bald wird dort die Zeit eintreten, wo das Three-penny-piece die kleinste Münzsorte ist.

Je mehr die Güter zersplittert werden, desto größeren Preisschwankungen sind sie unterworfen, und desto mehr vertheuert bei ihnen die Nachfrage den Preis. Wir haben oben an dem Beispiele des Kohlenverschleißers gesehen, wie schnell die Detaillisten die Gelegenheit benutzen, um eine Preiserhöhung ein-

treten zu lassen. Ist Aussicht vorhanden, daß wegen mangeln=
den Viehfutters die Butter theurer werden kann, so wird in
den Kramläden nicht nur alsbald der Butterpreis in die Höhe
geschraubt, sondern sofort steigt auch der Preis für Schmalz,
Fett, Speck und verwandte Güter. Man kann sagen, daß die
Krämer die nach dem Volke ausgestreckten Fühlhörner des
Handels bilden. Sowie sie die bei jedem kleinen Anlaß er=
höhten Preise längere Zeit zu behaupten vermögen, ändern
auch die in der Mitte zwischen den zwei Preisgesetzen, zwischen
Groß= und Kleinhandel, stehenden Zwischenhändler angeblich
wegen erhöhter Nachfrage ihren Preistarif, und wird nun die
Theurung des Artikels beständig, dann ändert sich auch der
Produktionskosten=Preis. Der in den großen Volksschichten
erhöhte Preis wirkt alsdann auf die Produktions=Quelle zurück,
und beide Preisgesetze, das Preisgesetz der Aristokratie und das
der Demokratie, gleichen sich durch allgemeine Vertheuerung
mit einander aus. Die Händler kommen dann, wie Rau sagt,
den Fabrikanten bei der Preiserhöhung „auf halbem Wege"
entgegen.

Die Krämer bilden auch die Fühlhörner des Handels für
den Fall, daß sich die Nachfrage nach einem Gute verringert.
Nimmt die Bestellung bei den über ihnen stehenden Zwischen=
händlern ab, so schließen diese auf verringerten allgemeinen
Absatz und richten ihre Spekulationen darnach ein. Oft kann
durch unbegründete Vermuthung ein blinder Schrecken entste=
hen. Gar Vieles hängt vom bloßen Meinen, vom Hoffen und
Befürchten, ab. Wäre man dagegen durch die Statistik in den
Stand gesetzt, genau zu bestimmen, wie viele Güter auf den
Markt kommen und wie viele konsumirt werden, dann könnte
man Ordnung herstellen, den Preis vernünftig regeln und ihn
beständiger machen. Da heutzutage die Unternehmer ynab=
hängig von einander produziren, ohne den Marktbedarf genau
vorherzusehen, und da es vorkommt, daß Güter massenhaft sich
auf einen Markt werfen, wo, weil dort die Spekulation einen
günstigen Absatz vermuthet, die Konkurrenz die Preise rasch
hinunterschnellt, so kann Ueberproduktion und Handelskrisis
eintreten: in welchem Falle dann der Preis durch den grassi=

renden Schrecken tiefer fällt, als er zu thun gebraucht hätte, hätten sich die Güter verhältnißmäßig über die verschiedenen Märkte vertheilt. Umgekehrt können die Preise durch sanguini= sche Hoffnung der Händler einige Zeit über Gebühr empor= geschnellt werden. Das ist der Betrug des gesellschaftlichen Marktpreises. Der Marktpreis aber ist nie ganz regelmäßig.

Dieser Marktbetrug tritt besonders häufig bei dem Ge= treidepreise ein. Die bloße Aussicht auf Getreidemangel erhöht vorzeitig die Getreidepreise. Wenn in England die Aernte nur um ein Sechstel bis ein Drittel unter dem Durchschnitte aus= fiel, stiegen die Kornpreise von Weizen und Roggen häufig um 100 bis 200 Prozent. Wenn dagegen die Aernte reichlich aus= fiel, sank der Getreidepreis nicht im entsprechenden Verhältniß. Die große Masse des Volks hat von dergleichen unbegründe= ten Preisschwankungen unendlich zu leiden. Sie ist es, welche von ihrem Arbeitslohne den Spekulanten den Ueberpreis zu zahlen hat. Auch hier muß die Menge den Profit erzeugen. Auch hier entspricht der Tauschwerth nicht dem Gebrauchs= werthe. Die Anarchie bildet den Normal=Zustand bei den Preisen. Je mehr aber ein Gut Massenbedürfniß des Volkes ist, desto länger dauert es, ehe die Rückkehr vom theuren Zu= stande zum billigen erfolgt. Ist der Konsumtions=Kreis da= gegen klein und deßhalb besser übersehbar, so kann man sagen, daß in diesem Falle allerdings die Preise sich leicht ausglei= chen, daß der Preis aus dem Verhältniß des Angebots zur Nachfrage sich bestimmt, und daß die sogenannten Produktions= kosten, die wir noch näher betrachten werden, einen bestimmen= den Einfluß haben. Im kleinen Konsumtions=Kreise läßt sich der Markt besser überschauen, gleichwie hier die Konsumenten verhältnißmäßig gebildeter und wohlhabender sind, so daß sie den Verkäufern Rücksicht abnöthigen. Indeß hat der kleine Konsumtions=Kreis nicht mit dringenden Lebensbedürfnissen zu thun. Zwar sind zu einer Geschichte der Preise nur dürftige Bruchstücke vorhanden; doch lassen diese, so weit sie zuverlässig sind, ersehen, daß die Preise der gemeinen Arbeitslöhne nicht in demselben Verhältniß gestiegen sind, wie die Preise der nothwendigsten Lebensbdürfnisse. Dieß gilt in den letzten vier

Jahrhunderten nicht bloß bezüglich des Getreides, sondern ganz vorzüglich auch in Betreff der Fleischspeisen, die z. B. in England, wo sie vor 500 und 600 Jahren äußerst billig und regelmäßige Volkskost waren, von 1550 bis 1795 für Schaffleisch auf das Neunfache und für Rind- und Schweinefleisch auf das Zwanzigfache gestiegen sind. Während der nämlichen Zeit stieg der Lohn gemeiner Arbeit etwa um das Dreifache. Wenn das Lebensalter der Menschen, wie sich schwerlich nachweisen läßt, während dieser Zeit zugenommen hätte, so hätte doch das Lebensalter der Leute aus dem Volke nicht in dem Maße zugenommen, wie das Lebensalter der Wohlhabenden. Somit würde nur für diese letztern, wenn überhaupt, eine Lebensverlängerung eingetreten sein.

III. Abschnitt.

Das Geld.

Es ist nicht nöthig, daß ein Gegenstand für Den, der sich seiner im Tausche entäußert, ein Gebrauchswerth sei. Auch ist es wahrscheinlich, daß ursprünglich besonders solche Gegenstände ausgetauscht wurden, von denen ihr jeweiliger Besitzer keinen Gebrauch machen konnte. Nur für den Empfänger bildet alsdann der dem seitherigen Besitzer unnütze, überflüssige oder unbequem gewordene Gegenstand einen Gebrauchswerth. Weil aber dem Empfänger mit dem betreffenden Gegenstande gedient ist, leistet er dem seitherigen Besitzer eine Gegengefälligkeit. So entwickelt sich der Tausch aus gegenseitigen Gefälligkeiten und ist ursprünglich kein feindseliger Akt. Er wird es erst dann, wenn die Gegenstände, die ausgetauscht werden, für ihre seitherigen Besitzer Gebrauchswerthe sind, oder wenn ihre Herstellung Arbeit erfordert hat, und ihre Entäußerung als Opfer erscheint. Die ursprünglich unschuldige und freundschaftliche Natur des Tausches findet man hin und wieder noch heutzutage.

So zum Beispiel besitzt A auf dem Boden, welchen er oder seine Vorfahren okkupirt haben, zufällig eine Sandgrube, ohne

daß er den in ihr enthaltenen Sand irgendwie nützlich ver=
wenden kann. B seinerseits braucht Sand, hat aber auf sei=
nem Boden nur eine Lehmgrube, von deren Inhalt er eben=
falls keinen Gebrauch macht. B wendet sich nun an A und
erhält von diesem den gebrauchten Sand, wofür er dem A,
falls dieser Lehm nöthig haben sollte, wieder gefällig ist. In
diesem Falle hat weder für A, noch für B der hingegebene
Gegenstand einen Gebrauchswerth, wohl aber der Gegenstand,
den sie beim Erweisen der Gegengefälligkeit dafür zurückerhal=
ten. Wird der Tausch regelmäßig, so erhält der hingegebene
Gegenstand erst Gebrauchswerth dadurch, daß sich durch ihn
ein Gebrauchswerthgegenstand erlangen läßt. Somit können
beim Tausch folgende Fälle vorkommen:

1) A gibt keinen Gebrauchswerth (von seinem subjektiven
   Standpunkte aus) hin; B ebenfalls nicht.
2) A gibt einen Gebrauchswerth, dagegen B keinen.
3) A gibt keinen Gebrauchswerth, wohl aber B.
4) A gibt (subjektiv genommen) Gebrauchswerth, und B
   ebenfalls.

Gibt weder A, noch B beim Tausche einen ihm nützlichen Ge=
genstand hin, so steht die Sache einfach. Denn jetzt kann kei=
ner von Beiden beim Tausche Etwas verlieren. Beide können
bloß gewinnen, und sie gewinnen, wenn der eingetauschte Ge=
genstand dem Erwarten entspricht, in der That, wenn auch
der Nutzen des Eintausches sehr verschieden ausfallen kann.
Gibt A keinen Gebrauchswerth hin, empfängt dagegen aber
von B. der den Gegenstand des A gern haben möchte, weil er
ihn braucht, eine Sache, die auch schon dem B nützlich und
brauchbar war, so hat A bei dem Tausche nicht nur Nichts
zu verlieren, sondern höchst wahrscheinlich wird er, wofern nur
in seiner Hand der von B empfangene Gegenstand nützlich ge=
braucht werden kann, einen Gewinn erzielen. Für B dagegen
ist der Tausch schon mißlicher; denn B befindet sich nicht in
dem glücklichen Falle des A, schlimmstens Nichts verloren zu
haben. Da B einen ihm selber nützlichen Gegenstand hingibt,
aber nicht ganz sicher sein kann, daß der empfangene Gegen=
stand ihm den Nutzen, den er sich aus dem Tausche verspricht,

wirklich abwerfen wird, so läuft er beim Tausche eine gewisse Gefahr, die sein Kontrahent A nicht hat. Zwar kann B einen entsprechenden Gegenwerth erhalten und kann sogar durch den Tausch gewinnen, muß es aber nicht, und er wird es in der That nicht, wenn sich seine Berechnung, die er vorm Zustandekommen des Tausches angestellt hat, nicht bestätigen sollte. — Im gleichen Falle befindet sich A, wenn er subjektiv einen Gebrauchswerth hingibt, während B nur sich einer Sache, die allein in A's Hand Werth bekommen kann, entäußert.

Tritt dagegen der oben aufgezählte vierte Fall ein, daß sowohl A, wie auch B, Sachen austauschen, die schon vor dem Tausche für ihre beiderseitigen Besitzer subjektiven Gebrauchswerth hatten, so wird das Tauschverhältniß verwickelter. Denn jetzt tritt der vom National-Oekonomen Rau bezeichnete Fall ein, daß jeder der beiden Tausch-Kontrahenten zugleich Käufer und Verkäufer ist, wodurch der scheinbar einfache Tausch sich in einen Doppeltausch verwandelt. Beide Kontrahenten haben jetzt beim Tausche Etwas zu verlieren; beide müssen von ihrem Standpunkte aus den Nutzen des hinzugebenden und des zu empfangenden Gegenstandes vergleichen; beide wollen nicht bloß Aequivalente, sondern möglichsten Gewinn; beide sehen sich veranlaßt, den Nutzen, den der ihnen im Tausche gegenüberstehende Besitzer zu erzielen gedenkt, zu überschlagen; beide erblicken in einander Gegner, die sich gegenseitig zu übervortheilen suchen. Zwar kann auch hier der Tausch ein völlig gerechter, d. h. auf beiden Seiten gleich nützlicher, werden, doch wird er es nur in seltenen Fällen: wie denn überhaupt in allen vier aufgezählten Fällen der Tausch mehr oder minder unbillig werden kann.

Weil jedoch der Tausch den Vergleich erzeugt, so macht sich schon auf sehr primitiven Stufen der Kultur das Bedürfniß nach einem allgemein gültigen Tauschmesser fühlbar. Haben die auszutauschenden Gegenstände zu ihrer Herbeischaffung oder Herstellung (Zurichtung) Arbeit erfordert, so ist der natürlichste Preismesser die Zeit, welche durch die betreffende Arbeit verbraucht worden ist. Die Abwechselung von Tag und Nacht, von Sommer und Winter, der Jahres= und Mondeswechsel,

sowie der Wechsel der Witterung überhaupt liefern auch sol=
chen Völkern, welche es in der Kultur nicht weit gebracht
haben, eine von selbst gegebene und erfahrungsmäßige Zeit=
eintheilung an die Hand. Wenn ein Jüngling, um ein Mäd=
chen zur Frau zu erhalten, dem zukünftigen Schwiegervater
eine gewisse Zeit hindurch dienen muß, so bildet in diesem
Falle die Zeit den Tauschmesser. Der Tauschmesser der Zeit
aber hat sich bis auf die neueste Zeit, nachdem durch die re=
ligiöse Gesetzgebung die Wocheneintheilung und durch die Er=
findung der Uhren (Uhr = heure = hora) die Stunden= und
Minuteneintheilung eingeführt ist, nicht bloß im Tage= und
Wochenlohn forterhalten, sondern sie bildet auch beim Stück=
lohn und allem andern Lohn den Untergrund.

Indeß reicht die Zeit als Tauschmesser nicht aus. Schon
weil die Mühe, Geschicklichkeitsaufwendung und Gefahr, welche
der Besitzer eines Tauschgegenstandes vielleicht hatte, um den=
selben anzufertigen und herbeizuschaffen, oder überhaupt zu er=
langen und zu bewahren, ebenfalls in Anschlag gebracht wer=
den müssen, wenn ein billiger Tausch vor sich gehen soll, so
kann es vorkommen, daß die beiden Tausch=Kontrahenten eine
als unparteiisch vorausgesetzte dritte Person zum Schiedsrichter
oder Taxator wählen. Zum Schiedsrichteramt über bedeutende
Täusche und zu gleicher Zeit zur Zeugen= und Gewährschaft
können daher in zweifelhaften Fällen die Verwandten, die Ge=
meinde und der Stamm zugezogen werden. Indem die Tausch=
Kontrahenten solche Mittelsleute, Schiedsrichter und Zeugen,
zuziehen, unterwerfen sie ihr eignes Urtheil freiwillig einer
fremden Autorität. Je häufiger eine solche Autorität gebraucht
wird, um so mehr bilden sich für den Tausch feststehende Re=
geln aus. Der Tausch, welcher bisher privat war, wird nun
gesellschaftlich; aus einem willkürlichen verwandelt er sich in
einen regelrechten. Der Verkehr stellt sich her und wird Sache
des Gemeinwesens. So geschieht es dann, daß ein festes Maß
und Gewicht entsteht. Alsbann setzen gesellschaftliche Autori=
täten, wie seiner Zeit z. B. die gesetzgebende Versammlung
von Maryland gethan hat, nicht bloß fest, wie das Werth=
verhältniß von Schweinefleisch, Weizen, Mais, Tabak u. s. w

zu einander sein soll, sondern sie setzen auch bestimmte Dinge behufs der Verkehrserleichterung als allgemeine Tauschmesser an. Es versteht sich von selbst, daß solche Dinge, welche als Tauschmesser der übrigen Güter dienen sollen, allgemeine Verbreitung haben, eine gewiße Gleichmäßigkeit und Dauerhaftigkeit besitzen, als werth- und verwerthbar geachtet, sowie transportabel und umlaufsfähig sein müssen. Kurzum, diese Dinge müssen allgemein gültig sein, allgemein gern besessen und durch die Gesellschaftsentwicklung selber schon in Brauch gesetzt und empfohlen werden. Auf diese Weise entsteht das Geld.

Dasselbe ist allgemein gültiger Tauschmesser, Zeitmesser, Verkehrsförderer und zugleich Gebrauchswerth. Es setzt aber auch das Bestehen einer gesellschaftlichen Autorität voraus.

Wie Schlözer sagt, wird jetzt der dunkle Tauschwerth zum bewußten Preise. Auch wird der Tauschwerth jetzt zu einem Gebrauchswerth gemacht, wenn er nicht schon vorher Gebrauchswerth für den ursprünglichen Besitzer war.

Es liegt bei der Verschiedenartigkeit menschlicher Entwickelung auf der Hand, daß sehr verschiedenartige Dinge Geld sein können. Bei den Nomadenvölkern bildet Vieh, bei den Jägervölkern Pelzwerk, bei den Fischervölkern Fisch das allgemeine Tauschwerkzeug. Die Germanen zu des Tacitus Zeit nahmen lieber Silber als Gold. Bei den alten Deutschen waren noch im siebenten, achten und neunten Jahrhunderte Pferde, Falken und Hunde Geld, im alten Rügen Leinwand. Ja Jakob Grimm führt in seinen „Deutschen Rechtsalterthümern" (I. Buch, Capitel 4, E) einen Fall an, in welchem ein Pferd, ein Schild und eine Lanze mit einer Magd (oder Leibeigenen) bezahlt wurden, wie denn Sklaven in Deutschland lange als Geld betrachtet wurden, und er hebt wiederholt hervor, daß das ganze Mittelalter hindurch, wie die Hörigkeits-Zinsen beweisen, Früchte und Vieh als Geld in Deutschland galten. Das Natural-Geld dauerte bei uns demnach bis zur Ablösung der Feudallasten im Jahre 1848. Auch einzelne in Vieh zu entrichtende Strafen, besonders bei sogenannten Jagdfreveln, erhielten sich in Deutschland sehr lange. Die alten Gallier hatten Ledergeld. In Hochasien und Sibirien wurden Thonziegel als Geld ge-

braucht, in der Oaſe von Siwah Datteln, am obern Amazo-
nenſtrome Wachskuchen, Zucker im engliſchen Weſtindien, Tabak mit Zwangskurs in Virginien und Maryland, ebenſo Salz-
barren im innern Afrika und an der birmaniſch-chineſiſchen
Gränze. Livingſtone und andere Reiſende theilen mit, daß bei
manchen afrikaniſchen Völkern die Elephantenzähne als Geld
benutzt werden. Die kleine weiße Muſchel, welche Kauris heißt,
dient als Geld im Sudan, in Guinea, auf dem Plateau von
Senegambien, an den Ufern des Ganges, im obern Thibet,
im Kabul, auf dem maldiviſchen Archipel und im ſüdlichen
China.

Schon Homer nennt Ochſen als Geld, die ja bis auf un-
ſere Zeit auch bei den Tſcherkeſſen als Zahlungsmittel galten.
Je größer und werthvoller der als Geld gebrauchte Gegenſtand
iſt, deſto mehr macht er, wenn er nicht leicht theilbar iſt, er-
gänzende Scheidemünze nöthig. Dieſe aber entſteht öfters durch
den Verkehr ganz von ſelbſt. Denn wenn z. B. der Biber die
Geldſtandarte bildet und zwei Biber gleich einem weißen Fuchs,
vier Biber gleich einem Bär oder ſchwarzen Fuchs ſind, ſo
werden die kleineren Pelzthiere die Scheidemünze abgeben und
etwa drei Marder gleich einem Biber ſein. Ebenſo ſtellt ſich bei
den Kirgiſen, wo Pferde und Schafe das große Geld ſind, in
den Wolf- und Lammfellen die Scheidemünze her. So kommt
es denn, daß bei einem und demſelben Volke verſchiedene Geld-
ſorten zugleich ſind. Die Kaffern benutzen Wurfſpeere, Mat-
ten, Glaskorallen, Ringe und Kauris als Geld.

Das Geld ſoll den Tauſch vereinfachen. Daſſelbe iſt nun
Zahlungsmittel — ein medium — auch für den Fall, daß für
einen Gegenſtand kein anderer unmittelbar eingetauſcht wird.
Aus ſeiner Exiſtenz gehen Handel und Kredit hervor.
Es erſpart viele Arbeit, weil nunmehr ein Gegenſtand nicht
unmittelbar an ſeinen Liebhaber, den vorausgeſetzten Käufer,
herantreten muß, um ſofort gegen einen Gebrauchswerth eingetauſcht zu werden. Wenn alſo jetzt Jemand z. B. Getreide
in Holz oder Felle umſetzen will, braucht er das Getreide
nicht bis zu dem Orte zu transportiren, wo er mit demſelben
Holz und Felle eintauſchen kann, ſondern es genügt einſtwei-

len, daß er das Getreide in Geld umsetzt, worauf er — nur muß dieses Geld dauerhaft und leicht transportfähig sein — sich zu seinen nothwendigen Einkäufen die geeignete Zeit erspähen, die günstige Gelegenheit wählen kann. Das Geld erspart somit viele Arbeit und Mühe. Ferner können jetzt Gegenstände, die leicht verderben, frisch in Geld umgewandelt und somit rechtzeitig verwerthet werden. Viele Sachen, die sich nicht lange halten, werden jetzt verwerthbar und können vermittelst des Geldes noch lange, nachdem sie konsumirt worden sind, gegen Gebrauchswerthe umgetauscht werden. Das Geld, in das ein Gegenstand auf diese Art sich verwandelt, erspart somit viele Werthe und speichert sie wohlbehalten für spätere Zeiten auf.

Damit der soeben erwähnte Nutzen der Einführung des Geldes erzielt werde, ist es ebenfalls zweckdienlich, wenn mehrere Geldsorten zugleich oder neben einander gelten. Daher hatten die alten Mexikaner als Geld Baumwollenzeug, Goldstaub in Federkielen, kleine Kupferstücke und Säckchen mit je 24,000 Stück Kakao-Bohnen. Ueberhaupt wird wegen der wünschenswerthen Theilbarkeit des Geldes, damit man auch kleine Sachen für dasselbe kaufen könne, das Rechnungsgeld nöthig. Die Kakao-Bohnensäckchen der Mexikaner enthielten solches Rechnungsgeld; denn das Säckchen kann nun leicht in 12,000 Stück Bohnen halbirt, in 8,000 Stück gedritttheilt, in 6,000 Stück geviertheilt, in 4,000 Stück gesechstheilt, in 3,000 geachttheilt, in 2,000 gezwölftheilt, sowie in 4,800 Stück gefünftheilt und in 2,400 Stück gezehntheilt werden. Analog steht es um die Ringgürtel der Kaffern, um die indischen Kauris, deren 1,280 in Calcutta einen englischen Six-pence (fünf Silbergroschen) kosten, um das Makutengeld der Mandingo-Neger, um die Lacks Rupie, ingleichen ursprünglich um die portugiesischen Reis und die englischen, resp. schottischen Sterling-Pfunde.

Nach und nach stellt die Erfahrung heraus, daß in Bezug auf Dauerhaftigkeit, Transportfähigkeit, Theilbarkeit (Formbarkeit) die Metalle das beste Geld ausmachen. Ihr hoher Gebrauchswerth qualifizirt sie, wie man mit der Zeit herausfindet, ohnehin hierzu. Während man also in Italien und Griechenland in der ältesten Zeit Viehgeld hatte, galt doch neben demselben eine Zeitlang auch schon Metallgeld, bis letzteres wegen seiner vorzüglichen Eigenschaften sich ganz und voll an Geldesstelle setzte. Aehnlich auch bei den alten Deutschen. Das älteste Metallgeld Griechenlands war, wenn Plutarch uns recht berichtet, das über alle Maßen nützliche Eisenmetall, und das Eisengeld behauptete sich fort und fort in Sparta's Gemeinwesen, als das übrige Griechenland schon längst über die Periode des Schwertes, der Axt und der Pflugschaar hinausgerückt war. Im alten Italien trat dem Viehgelde sehr frühzeitig das Bronze- und Kupfergeld zur Seite, und als in Rom aus Kupfer die ersten Münzen geprägt wurden, trugen sie, gleichsam zum Zeichen, daß sie an die Stelle des Viehgeldes traten, Viehköpfe als Wappen. Aehnlich erschienen im persischen Dattellande die kleinen Silbermünzen in Gestalt eines Dattelkernes. In jener Zeit, in welcher sich in Italien das Kupfer die Tauschherrschaft eroberte, mußte es durch die Werkzeuge, die aus ihm verfertigt wurden, bereits bedeutende Proben seines Werthes bestanden und sich allmählich die allgemeine Anerkennung erworben haben. Es mußte aber auch nicht so häufig gefunden werden, daß es durch die Leichtigkeit des Auffindens und durch seine übergroße Menge werthlos werden konnte.

Während das Kupfergeld vorherrschend war, gehörten Silber und Gold noch zu den Seltenheiten. Aus ihnen wurden Luxusgegenstände gefertigt, die sich durch ihre Schönheit, Kostbarkeit und ihren Kunstwerth immer mehr als Tauschmittel empfahlen, je mehr das Kupfer durch seine wachsende Menge im Werthe abnahm. Das Silber, seltener als Kupfer, konzentrirte sich durch die Eroberung Italiens in Rom und empfahl sich zu Münzprägungen, als die Römer im Begriff standen, ihre Eroberungen über Italien hinaus zu erstrecken und Karthago die Macht streitig zu machen. Silbermünzen wurden also kurz vor dem ersten punischen Kriege, im Jahre 269 vor der christlichen Zeitrechnung, zum ersten Male geprägt. Die ersten Konsular-Medaillen bestanden aus ganz reinem Silber.

Mit Kupfer verschlechterte erst Septimus Severus die Mün=
zen. Bei den Römern bildete die Münzeinheit der Denar, wel=
cher zehn As galt und mit X (X = 10) bezeichnet war. Die
ältesten silbernen Denare trugen einen Kopf von Rom oder
die Bilder von Kastor und Pollux, auf der Rückseite aber einen
Wagen mit 2 oder 4 Pferden, einen Schiffsschnabel oder auch ei=
nen Sieg. Als das Silber seinerseits sowohl durch die Eroberung
und Ausplünderung Karthago's und seiner Kolonien, namentlich
des silberreichen Spaniens, in großer Menge nach Rom kam, da
sank es verhältnißmäßig im Werthe, und das Bedürfniß nach
Goldmünzen machte sich fühlbar. Selbige wurden kurz vor
Beendigung des zweiten punischen Krieges, im Jahre 207 vor
der christlichen Zeitrechnung, zuerst geschlagen. Doch wurde das
Gold erst gegen das Ende der Republik und zu Anfang des
Kaiserreiches ganz allgemeines Verkehrsmittel. Die Kaiser ver=
schlechterten die Silbermünzen dann derartig, daß diese unter
Alexander Severus kaum noch aus einem Drittel Silber be=
standen und unter Gallienus gar kein Silber mehr enthielten
(gefütterte und eingetunkte Medaillen). Als sich das Gold
die Tauscheinheit oder Verkehrsherrschaft erringt, ist Rom
bereits im Begriff, die Weltherrschaft anzutreten. Die Grie=
chen gelangen als selbständige Republik nie so weit; daher bei
ihnen ein Tyrann von Argos das Silbergeld einführt, und
der nämliche König Philipp, dessen Sohn Alexander die Welt=
herrschaft zu erringen trachtete, der Bedroher der griechischen
Unabhängigkeit, die ersten Goldmünzen prägt*). Auch in Aegyp=
ten bildet das Gold die Tauscheinheit, als dieses Land in sei=
ner höchsten Blüthe steht. Gleichermaßen ist Gold der Tausch=
maßstab im blühenden Karnatik und unter der glänzenden
Herrschaft des Arabers Harun al Raschid. Ebenso macht Eng=
land das Gold zu seiner Münzstandarte, als es sich anschickt,

---

*) Wir sprechen hier von dem eigentlichen Hellas, von den Grie=
chen des europäischen Festlandes. Es sollen die ersten griechischen
Münzen aus Silber um 894 vor der christlichen Aera auf der Insel
Aegina gefertigt worden sein. Die Silber=Drachme bildete dann die
Münzeinheit. Die griechischen Goldstücke hießen Tetra=Drachmen oder
Stateren.

den Weltverkehr unbestritten zu beherrschen. Waren in England die Goldmünzen auch schon unter Heinrich II. zuerst erschienen, und hatten sie sich endlich unter Eduard III. (ein Jahrhundert später) eingebürgert, so wurden sie doch erst unter George III. und dessen klugem Minister Pitt*), der den französischen Revolutionskampf und die Reaktion der europäischen Tyrannen dazu benutzte, um England zum Herren des Weltverkehrs zu machen, in großer Menge geprägt. Die Vernichtung der spanischen, niederländischen und französischen Flotte bahnte die englische Goldherrschaft an. Die englische „Nation“ hat die Schätze der ganzen Welt nicht nur zusammengehandelt, sondern auch zusammengeraubt. An ihnen klebt Blut und Schweiß der verschiedensten Völker; doch pecunia non olet. Die Goldherrschaft ist der Gipfel der Herrschaft. Auf diesen Gipfelpunkt folgte aber schon bei den alten Römern, den Arabern, den Aegyptern ein Wendepunkt, der Anfang einer Weltwende.

Es ist also keineswegs zufällig, was für Geld bei einem Volke gefunden wird. Auf den untern Stufen der Zivilisation liefern Thiere, Früchte, auch rohe Producte der Menschenhand, (wie Holz und Stroh bei den unterworfenen nogaischen Tartaren) das Geld. Auf einer höhern Kulturstufe stehen schon jene Völker, bei welchen das Eisen, Kupfer, Zinn und Blei als Tauschmaß und Verkehrswerkzeug dient. Diese Völker bebauen schon den Boden und sind in die Erde eingedrungen. Sowie das silberne Zeitalter erfolgt, ist die gesellschaftliche Ungleichheit unter den Menschen gewachsen; denn das Silber bildet den Vorläufer des Goldes und der Luxus = Periode. Wo endlich das goldene Zeitalter herrscht, ragt nicht bloß das be-

---

*) Ohne Zweifel war der von Person ganz unansehnliche Minister Pitt in der Zeit der ersten französischen Revolution der einzige große Staatsmann Englands. Sein dickbäuchiger Rival Fox war ein konfuser liberaler Schwätzer. Hätte England nicht seinen Pitt hervorgebracht gehabt, so würde das revolutionäre Frankreich nicht bloß den europäischen Kontinent dauernd erobert, sondern auch die Seeherrschaft errungen haben. Wie einst Rom und Karthago, so kämpften Frankreich und England um die Weltherrschaft; doch siegten dieses Mal die Punier.

treffende Volk weit über seine Nachbarn empor, sondern in seinem eignen Schooße gibt es auch eine schrecklich weit gähnende Kluft zwischen Reich und Arm.

Hiermit im engsten Zusammenhange steht die Sittlichkeit. Theoretisch betrachtet ist sie die jeweilige Pflichtenlehre einer Gesellschafts=Periode, in praktischer Hinsicht aber der idealisirte Zusammenhalt eines Güter=Organismus. Die christliche Sittlichkeit lassen wir in ökonomischen Dingen, wo die Gemüthlichkeit aufhört, aus dem Spiele. Daher ändern sich im Laufe der Zeit die sittlichen Anschauungen und darum sind selbige bei verschiedenen Völkern verschieden. So gilt unter Umständen der Diebstahl als ein todeswürdiges Verbrechen, während er unter andern Umständen, wie z. B. im alten Sparta und Aegypten, für tugendhaft und standesgemäß angesehen wird. Die Päderastie, in einer gewissen Periode als schändlich betrachtet, kann bei einer gewissen Gesellschaftsentwicklung, wie seiner Zeit in Kreta, sogar obrigkeitlich als gemeinnützlich angeordnet werden. Ebenso hat es für tugendhaft gegolten, wenn sich die Mädchen eines Landes dem ersten besten Ankömmlinge preisgeben, während unter andern wirthschaftlichen Verhältnissen die Prostitution mit Abscheu betrachtet wird. Die National=Oekonomie, bei der alle Dinge ihren Preis haben, kann ohnehin nicht viel dagegen einzuwenden haben, wenn eine gewisse Art Freizügigkeit und freie Konkurrenz auch die Reize des weiblichen Körpers Vielen zugänglich macht und selbige dem allgemeinen Bedürfniß, dem Marktpreise, dem Ausgleiche des Angebots und der Nachfrage, unterwirft. So hält die National=Oekonomie es für selbstverständlich, wenn gegenwärtig jeder Beruf für Geld ausgeübt wird, während bei den Griechen in der klassischen Zeit alle berufsmäßige Lohndienerei, selbst die der Aerzte, für unehrenhaft und schändlich galt. Unser Wort „Frauenzimmer" erinnert uns jetzt noch an die Frauenstuben der vielgerühmten altdeutschen Keuschheit und des reinen Minnedienstes. Selbst Menschenmord, wenn er an Sklaven, Frauen und Kindern verübt wurde, zog für den Mörder zu einer gewissen Zeit keine Ahndung nach sich. — Manche Religionen häuten sich, indem sich

ihre Moral den veränderten gesellschaftlichen Zuständen an=
paßt. — In der Zeit, in welcher bei einem Volke das
Viehgeld dominirt, oder Früchte, Fische, Felle, Datteln und
sonstige rohe Naturprodukte die Verkehrswerkzeuge bilden, sind
die Menschen noch viel gastlicher, herzlicher, aufrichtiger und
überhaupt natürlicher, als in Zeiten des künstlichen Geldes.
Sowie sich in der Eisen= und Kupferperiode das Metallgeld
einführt, nimmt die Gewaltthätigkeit, der Eigennutz, die Strenge
und Grausamkeit, das Mißtrauen und der Haß gegen Fremde,
der Geiz und die Habgier überhand. Jetzt werden viele Kriege
geführt, und die Kriegsgefangenen in gezwungene Arbeiter,
in Sklaven, verwandelt. In der Silber=Periode geht die Mo=
ral fast ganz im Trachten nach Aufhäufung des Eigenthums,
in häuslicher Strenge, in Sparsamkeit und wirthschaftlicher
Befleißigung, auf. Dagegen ist die Gold=Periode die Zeit des
Stolzes, der Prachtentfaltung, der Doppelzüngigkeit und Heu=
chelei, der Spekulations=Wuth und des Massenelends. Das
Silber begründet die individuelle Freiheit, wie unter Anderm
die europäischen Reformations=Kämpfe lehren, das Gold macht
die Freiheit der mittlerweile eingetretenen massenhaften Bet=
telarmuth illusorisch. Was bleibt aber von der Sittlichkeit noch
übrig, wenn die Massen in flugsandgleiche Atome zersplittern?
Nunmehr muß die Massen=Solidarität sich an die Stelle der
auf individueller Freiheit beruhenden Sittlichkeit zu setzen su=
chen. Somit hat eine jede Geldperiode ihre besondere Sitt=
lichkeit, jede ist von ihrem eigenen Standpunkte aus nicht min=
der sittlich als ihre Vorgängerin und Nachfolgerin. Der Ur=
quell und Ausfluß dieser Sittlichkeit aber heißt Eigenthum.

Schon Boileau hat spöttisch gesungen:

L'argent, l'argent, dit-on, sans lui tout est stérile;
La vertu sans argent est un meuble inutile;
L'argent seul au palais peut faire un magistrat;
L'argent en honnête homme érige un scélerat.

Zu Deutsch:

Man sagt, daß ohne Geld ist jede Sache leer,
Daß Tugend ohne Geld auch gänzlich nutzlos wär';
Mit Geld nur im Palast man Aemter holen kann;
Mit Geld gilt jeder Schuft für einen Ehrenmann.

Weil wir Europäer jetzt in der silbernen, ja theilweise schon in der goldnen Periode leben, und weil eine solche Zeit gemeiniglich für die höchste Blüthezeit der Völker gehalten wird: darum verdienen die Eigenschaften des Goldes und Silbers, durch welche diese Metalle geadelt werden, eine eingehendere Betrachtung. Hierbei darf nicht unerwähnt bleiben, daß man sich in Frankreich des Wortes Silber (argent) für Geld im Allgemeinen bedient, und zwar nicht bloß zur Bezeichnung des baaren Geldes, des metallenen Tauschwerkzeuges oder Repräsentations-Zeichens für den Werth der Handelsgegenstände, also des Goldes und Kupfers im geprägten Zustande, sondern auch zur Bezeichnung von Bankbillets und von jedem sonstigen Konventions-Zeichen oder Stoffe, welcher laut Gesetz bei Zahlungen an Geldes Statt angenommen werden muß. In England und Schweden scheint das Kupfergeld viel später erschienen zu sein, als das Silbergeld. Bei isolirten Völkern mag es vorkommen, daß Silber oder Gold, wenn sie ziemlich häufig gefunden werden, sich schon auf niedrigen Stufen der Kultur im Verkehr Bahn brechen. Die folgende Auseinandersetzung gilt von den Bewohnern unsers Erdtheils im Allgemeinen seit der geschichtlich-germanischen Zeit.

Ehe sich Silber und Gold bei den Germanen als Geld festsetzten, kamen sie beide noch so selten vor, daß höchstens die Vornehmen und ganz Reichen aus ihnen gefertigte Geräthschaften besaßen. Weil beide Metalle noch selten waren, unterschieden sich beide von einander nicht stark im Werthe. Noch ums Jahr 980 mußte sich der Vatermörder in Pommern mit so viel Golde als er schwer war, und mit so viel Silber, als ihn zweimal aufwiegen konnte, lösen: also verhielt sich Silber zu Gold im Werthe von 1 zu 2. Man legte aber ihnen beiden einen hohen Werth bei, insofern die Personen, welche sie besaßen, eine hohe Stellung einnahmen und die aus ihnen gefertigten Dinge besonders schön aussahen. Bald entdeckte man auch ihre Unverwüstlichkeit. Denn weder das Wasser und die Luft, noch das Feuer vertilgten oder beschädigten sie. Sie rosteten nicht, und das Silber verdampfte in der Glühhitze nur wenig, wenn es einem starken Luftzuge ausgesetzt war, während das Gold, da man die galvanischen Säulen und elektrischen Batterien noch nicht kannte, auch mit Königswasser, Chlor und Brom unbekannt war, geradezu für unzerstörbar galt. In beiden Metallen entdeckte man darum Elemente, die sich zur Schatzbildung und Aufhorchung ausnehmend eigneten, zumal selbige auch sehr leicht transportabel waren. Beide waren aber noch nicht hinlänglich unter dem Volke bekannt und verbreitet, um als Geld ausschließlich dienen zu können. Sie waren daher anfangs meist Kostbarkeiten, Schmucksachen und Schatzwerthe. (Auf die ethymologische Verwandtschaft von Gold, Weizen und Feuer in sagenhafter Zeit können wir hier nicht eingehen.)

Diejenigen Germanen, welche Stücke vom Römerreiche eroberten, wurden durch die Römer mit dem geprägten Metallgelde zuerst bekannt: so z. B. die Westfranken. Im Innern Deutschlands, sowie oben im europäischen Norden dagegen, wohin die römische Eroberung nicht vorgedrungen war, arbeitete sich das Metallgeld neben dem Vieh- und Fruchtgelde nur mühsam empor.

Nach und nach jedoch wird das Silber häufiger. Die aus ihm gefertigten Gegenstände brechen sich, wenn auch in geringem Maße, durch das ganze Volk Bahn, und dieses edle Metall erfreut sich dann der allgemeinen Anerkennung und Werthschätzung. Nun tritt es als Zahlungsmittel und allgemeiner Tauschwerth ein; von den obern Schichten der Gesellschaft gelangt es in die niedern. Anfangs wurde es gewogen, jetzt wird es als Münze geprägt. Die Produktions-Plätze, wo es aus der Erde ans Tageslicht gezogen und ausgeschmolzen wird, werden jetzt von den Mächtigen in Beschlag genommen, die sich das ausschließliche Recht beilegen, es zu münzen und seinen Werth zu bestimmen. In Deutschland wurde der Bergbau zum Regale, zum Zeichen der Oberhoheit, durch die goldene Bulle Karl's IV. Die salischen Kaiser schlugen wegen der Silberbergwerke, die 869 entdeckt worden sein sollen, aber erst im folgenden Jahrhunderte beträchtlich ausgebeutet wurden, bei Goslar ihren Sitz auf.

Was Frankreich anbetrifft, so bedienten sich die Franken, neben dem in den Zinsen und Zehenten bis 1789 fortdauern

den Naturalgelbe zuerst der römischen Münzen. Als diese letz=
teren jedoch wegen ihrer Verschlechterung nicht mehr gern ge=
nommen wurden, schlugen die fränkischen Könige selber eine
große Menge Münzen mit einem hohen Silbergehalt, der erst
unter den Königen dritter Race nachließ. Der Silbergehalt
fiel darauf immer tiefer, weßhalb Philipp der Schöne und
Philipp von Valois einfach beim Volke Falschmünzer titulirt
wurden. Nachdem alsdann Ludwig XII. den ursprünglichen
Gehalt der Münzen wieder hergestellt hatte, erhielt sich von da
an bis zur Gegenwart der nämliche Gehalt fast unverändert
fort, indem während dieser ganzen Zeit das Silbergeld bloß
ein Zehntel Zusatz erhielt. Der jetzige französische Franc wiegt
gerade 5 Grammes und bildet die Münzeinheit des Dezimal=
Systems. Das seine Schwere bestimmende Gramme erhält
man durch eine Quantität destillirten Wassers, welches die Tem=
peratur des aufthauenden Schnees hat und gleich $\frac{1}{1000}$ Kubik=
Metre ist. Dagegen wog der alte Franc oder das alte livre
tournois ein Gros und ein Gran, bestand aus Gold und wurde
zuerst 1360 unter Johann II. (dem Gültigen) geprägt. Der
Name Franc kommt daher, daß diese Münze zwanzig Sous
galt, die Rechnung nach Zwanzigen oder alten Schocken aber
den Franken eigenthümlich gewesen war. Die endlich unter
Heinrich III. aus Silber geprägten Francs, welche die testons
verdrängten, erschienen zugleich mit halben und Viertelsfran=
ken, wurden aber ihrerseits 1640 durch die blanken Thaler und
deren Unterabtheilungen beseitigt, bis sie durch die erste fran=
zösische Revolution, die auch unter dem Namen Assignats und
Bons territoriaux eine neue Papiermünze schuf, wieder ans
Tageslicht gezogen und dem Dezimal=System angepaßt wur=
den. Während in früheren Jahrhunderten der Goldeinfluß
unbedeutend gewesen war, kämpft gegenwärtig das Gold in
Frankreich mit dem Silber um die Herrschaft.

Wegen der großen Formbarkeit des Silbers sind die Prä=
gungskosten gering, und wegen der großen Ausdehnungsfähig=
keit, die es besitzt, lassen sich Silberblättchen und Silberdraht
aufs Aeußerste verdünnen, so daß sie auch als sehr kleine Ge=
brauchswerthe unter den Unbemittelten sich Freunde erwerben

können. Dagegen ist anfangs das Gold, obwohl es viel aus=
ausdehnungsfähiger als das Silber ist, noch zu selten, um re=
gelmäßig als Geld gebraucht zu werden. Sowie das Silber
sich aufschwingt, sinkt das Eisen und Kupfer im Werthe. In=
deß behauptet sich das zwar dem Roste ausgesetzte und im
Feuer abnehmende, aber doch sehr formfähige und im neuge=
arbeiteten Produktions=Zustande schön aussehende Kupfer als
Scheidemünze. Zu der Dauerhaftigkeit des Silbers gehört noch,
daß es sich als Münze, zumal wenn die Münzstücke eine runde
Form haben, wenig abnutzt, und diese Tugend desselben be=
währt sich vorzüglich in jener Zeit, wo der Umlauf der ein=
zelnen Geldstücke noch langsam ist.

In der Silberzeit erscheinen schon früh eine geringe Zahl
Goldmünzen. Indeß können diese wegen ihrer geringen Zahl,
und wegen des hohen Werthes, den sie repräsentiren, kein re=
gelmäßiges Zahlungsmittel werden, wenngleich sie gesucht und
allgemein beliebt sind. Man entdeckt, daß das Gold fast über=
all, aber nur in sehr winziger Quantität vorkommt: ein Um=
stand, der es mehr zur Weltherrschaft als zur National=Herr=
schaft qualifizirt.

Während man beim Golde lieber der Natur das Geschäft
überläßt, die winzigen Goldtheilchen zu affiniren, gewinnt man
das Silber mit der größten Mühe und auf viel künstlicherem
Wege, als das Gold. Schon dieser Umstand dürfte darauf
hindeuten, daß die Silberperiode vor Allem die Periode des
Fleißes, der Sparsamkeit und der emsigen Arbeit ist. Indeß
ist hierdurch nicht ausgeschlossen, daß in goldarmen Ländern,
wie z. B. in Deutschland bei Goslar, dem Golde noch nachge=
stellt wird, wenn 5,200,000 Theilchen Erz bloß ein Theilchen
Gold liefern, und daß man in Europa überhaupt Gruben noch
für bauwürdig hält, wenn sie $\frac{1}{100}$ Promille Gold abwerfen.
In diesem Falle entscheidet der Metallwerth, wie denn auch
Eisensteine in der Regel nur dann bearbeitet werden, wenn
sie 30 Prozent Eisengehalt haben, dahingegen man beim Ku=
pfer schon bis zu einem Prozent Kupfergehalt und beim Sil=
ber sogar gewöhnlich bis 0,17 Prozent hinuntersteigt. Für den
europäischen Kontinent bildet eben die Silberausbeute die Re=

4*

gel, weil hier, wenn man Rußland bei Seite läßt, sechs mal so viel Silber wie Gold jährlich gewonnen wird. Hier dominirt also noch, bis der Welthandel das Verhältniß umkehrt, das Silber, nicht das Gold.

Die für Gewinnung des Metallgeldes ausgebeuteten Silberarten sind: das natürliche Silber, das schwefelhaltige Silber, das kalkhaltige Silber und das rothe Silber. In Europa liefern die Bergwerke Ungarns eine beträchtliche Ausbeute. In Amerika bietet Mexico für sich allein über dreitausend Silbererzbaue. Die Bergwerke Peru's, darunter vorzüglich das von Potosi, haben mitunter jährlich schon gegen 3 Millionen Thaler abgeworfen. Im Beginne unsers Jahrhunderts erzeugten die spanischen Kolonien jährlich 846,662 Kilogramme (1 Kilogramm = 2 Pfunde) Silber, wozu Mexico allein 572,598 Kilogramme beitrug. Seit den Unabhängigkeitskriegen dieser Kolonien geht aber der Ertrag nicht mehr über 205,268 Kilogramme. Es ist angenommen worden, daß Amerika seit drei Jahrhunderten 125,457,690 Kilogramme Silber geliefert hat: eine Masse, welche nach Humboldt eine Kugel von 28 Metres im Durchmesser bilden würde. Der Werth von einem Kilogramm reinen Silbers beträgt gegenwärtig 222 Francs 22 Centimes. Das Werthverhältniß vom Kilogramm Silber zum Kilogramm Gold ist jetzt wie 1:15,5.

Die Münz-Hotels Frankreichs sind im Laufe der Jahrhunderte folgende gewesen:

Paris,	auf den Münzen mit A bezeichnet;
Rouen,	= = = = B =
Saint-Lô, Caen,	= = = = C =
Lyon,	= = = = D =
Tours,	= = = = E =
Angers,	= = = = F =
Poitiers,	= = = = G =
La Rochelle,	= = = = H =
Limoges,	= = = = I =
Bordeaux,	= = = = K =
Bayonne,	= = = = L =
Toulouse,	= = = = M =

Montpellier,	auf den Münzen mit			N	bezeichnet;
Riom,	=	=	=	= O	=
Dijou,	=	=	=	=. P	=
Perpignan	=	=	=	= Q	=
Villeneuve-lez-Avignon,	=	=	=	= R	=
Reims,	=	=	=	= S	=
Nantes,	=	=	=	= T	=
Troyes,	=	=	=	= V	=
Lille,	=	=	=	= W	=
Amiens oder Air,	=	=	=	= X	=
Bourges,	=	=	=	= Y	=
Grenoble,	=	=	=	= Z	=
Metz,	=	=	=	= AA	=
Straßburg,	=	=	=	= BB	=
Marseille,	=	=	=	= MM	= ˙

Während in Frankreich die Geldmünzen nur $\frac{1}{10}$ Kupfer ent=
halten dürfen, sollen die Gegenstände der groben Goldschmied=
kunst, wie Bestecke und Tischgeschirr, nur $\frac{1}{20}$, die Juwelen $\frac{2}{10}$
und die Scheidemünze $\frac{7}{10}$ Kupfer nach gesetzlicher Vorschrift
enthalten dürfen. Französische Silberbergwerke befinden sich
allein zu Allemont in der Isère und zu Sainte=Marie=aur=
Mines.

Jn der Silberperiode sind die Ansichten über das Geld je
nach der geschichtlichen Entwickelung eines Volkes sehr verschie=
den. Denn diese Periode zerfällt (wir denken hierbei nur an
die neuere europäische Geschichte) in drei Unterabtheilungen,
nämlich: 1) in die Zeit, wo die Bodenbewirthschaftung noch
vorwiegt; 2) in die Zeit, wo sich der Staat, emporgehoben
vom Städtethum, in den Vordergrund drängt, um die Natur=
wüchsigkeit in den Hintergrund zu schieben, und 3) in die Zeit,
in welcher das bewegliche Eigenthum das unbewegliche schon
überflügelt hat, den Staat völlig zu beherrschen sucht und die
Stadt im Gegensatz zum Lande, welches seine Stabilität im=
mer mehr verliert, den Ton angiebt.

Jn der ersten der drei Unterabtheilungen betrachtet man
das Geld vom Standpunkte des Schatzbergers aus. Da man
jetzt noch glaubt, daß das Jdeal jeder Nation darin bestehe,

sich in allen Dingen selbst zu genügen, so ist die Volkswirth=
schaft im Allgemeinen noch Privatwirthschaft. Ganz natürlich
bringt diese Anschauungsweise es mit sich, daß man darauf
hält, das Geld solle im Lande bleiben, und daß man meint,
der Reichthum einer Nation beruhe auf der Menge der von
ihr besessenen edlen Metalle. Das Geld soll, wie der Grund=
besitz, stationär gemacht werden, und weil es als bewegliches
Element einen grellen Gegensatz zum unbeweglichen Vermögen
bildet, so urtheilt man, daß die Summe aller edlen Metalle,
indem sie die des Grundbesitzes balancire, der Summe aller
andern Güter gleich sei. Vom privatwirthschaftlichen Stand=
punkte aus hat dieses soeben erwähnte Urtheil allerdings darin
seine Berechtigung, daß das Geld, weil der Preis aller an=
dern Güter mit ihm gemessen wird, in einem völlig abgeschlos=
senen Gemeinwesen allerdings das Aequivalent aller übrigen
Güter abgibt. In einer solchen Anschauung, die ja, wie aus
Locke erhellt, lange sich selbst bei erleuchteten Geistern erhielt,
„lebte und webte und war" man am Ende des funfzehnten
und am Anfange des sechzehnten Jahrhunderts. Wenn man
sich völlig in sie hineinversetzt, begreift man den Schrecken
und die Verwirrung, welche durch die wie eine Bombe plötz=
lich hereinplatzende Entdeckung Amerika's gestiftet werden muß=
ten. Zwar haben nach Humboldt's Berechnung *) die von Ame=
rika eingeströmten Schätze die schon vorhandenen edlen Metalle
Europa's nur etwa um den zwölften Theil, also jedenfalls
nicht beträchtlich, vermehrt; allein die Gerüchte vom unermeß=
lichen Gold= und Silberreichthum der neuentdeckten Länder,
die Ungewißheit, in der man sich hinsichtlich der dort vorhan=
denen Schätze befand, und endlich der große Kontrast, den der
nun sich entwickelnde Weltverkehr bei seinem ersten ungewohnten
Erscheinen hervorrufen mußte, trieben die Bestürzung aufs
Aeußerste. Niemand konnte die Gefahr ermessen. Die dunkle
Furcht vor dem Unbekannten wirkte viel mehr, als das von
Amerika wirklich kommende edle Metall. Hieraus erklärt sich

---

*) Humboldt sagt dieß in seinem großen französischen Werke über
seine amerikanischen Reisen.

die große Preisrevolution, welche damals hervortrat und durch ihr Zusammentreffen mit schon aufgehäuftem schrecklichen Massenelend, indem sie sich auf religiösem und politischen Gebiete einen Ausweg suchte, die Reformation zuwege brachte. Wie wenig die National=Oekonomen jene unerhörte Preisrevolution, bei welcher manche Artikel plötzlich um 400 Prozent stiegen, zu begreifen vermögen, geht daraus hervor, daß sie, angesteckt von Tengoborski, befürchtet haben, die große Einströmung des Goldes unserer Tage könne im neunzehnten Jahrhunderte, wo doch ganz andere Ansichten hinsichtlich des Geldes herrschen, eine ähnliche Preisrevolution gebären. Doch einstweilen genug hiervon.

In der zweiten geschichtlichen Unterabtheilung der Silber= periode waltet überall die Idee des Staates vor, die die Re= formation bemeistert und ausgebeutet hat. Man hat sich jetzt völlig von dem durch die Entdeckung Amerika's erzeugten Schrecken erholt und ernüchtert. Ja man spottet jetzt gleichsam über denselben, indem man nicht begreifen kann, wie dem Gelde ein solcher weltbezwingender Einfluß zugeschrieben wer= den mochte. Daher scheint nunmehr das Geld seinen Werth nur durch die Autorität des Staates zu erhalten. Der Staat ist allmächtig und folglich, wenn er will, im Stande, jedes Ding in Geld zu verwandeln. Er ordnet durch Taxen die Preise und bestimmt den Zinsfuß des in Kapital übergegan= genen oder heckfähig gewordenen Geldes. Einzig verdankt jetzt das Geld seine Gültigkeit menschlicher Uebereinkunft, ist etwas Eingebildetes und verdient die Bezeichnung λῆρος, welche schon Aristoteles ihm gegeben hat. Im Gegensatz zu den wirklichen enthält es die repräsentativen Reichthümer, gleicht Zahlpfen= nigen und ist der Diener des Handels, ein übertragbares Macht=Billet, ein Verkehrsmaß, künstlicher und phantastischer Reichthum. Gleichwie der Staat schon Marderschnauzen und sonstige Lederstückchen durch Stempelung zu Geld gemacht hat, ebenso kann er kraft seiner Autorität, wenn er will, beliebig Papiergeld schaffen. Der absolutistische Staat hält sich deß= halb sogar für berechtigt, die Silbermünzen mit einem beträcht= lichen Theile Kupfer, und die Kupfermünzen mit einem be=

trächtlichen Theile Eisen zu versetzen. Hierher gehören die ge=
sund aussehenden Backen des preußischen Königs Friedrichs II.
auf den Achtgroschenstücken, und jene preußischen Friedrichs=
d'or, deren Prägungsjahr noch heute bei den Geldleuten in
frischem Andenken steht. Die Schriftsteller Montonari, Da=
vanzati, Berkeley, Dutot, Davenant, Forbonnais, Schlözer
und Andere, die solchen Ansichten über das Geld Ausdruck ge=
geben haben, sind somit bloß getreue Recorders einer gewissen
geschichtlichen Entwicklung. Indem jetzt das Geld nicht mehr
als selbständiges Gut mit eigenem innewohnenden Werthe, der
den Werth aller andern Güter aufwiegt, sondern nur als Er=
leichterungsmittel des Verkehrs und Diener des Handels an=
gesehen wird, gelangt man folgerecht zur Frage: in welchem
Verhältniß innerhalb einer Nation die Menge des Geldes zur
Menge der wirthschaftlichen Güter stehen müsse? Die Beant=
wortung dieser Frage ist sehr verschieden ausgefallen; denn
die Einen haben gemeint, daß das Geld gleich $\frac{1}{5}$ oder $\frac{1}{10}$ des
National=Einkommens betragen müsse, während Andere, indem
sie schon die Umlaufsgeschwindigkeit der Geldstücke in Anschlag
brachten, mit $\frac{1}{25}$ und $\frac{1}{30}$ zufrieden waren. Indeß die Ei=
nen behaupteten, das zirkulirende Geld müsse die Hälfte aller
Grundrenten, dem vierten Theil aller Miethzinse und dem
zwei und funfzigsten Theile aller Arbeitslöhne gleichkommen,
schien den Andern schon der vierte Theil des Grundrentenbe=
trags für den Verkehr hinzureichen, aber noch der zwanzigste
Theil der Einnahmen aller Kaufleute, sowie der funfzigste
Theil der sämmtlichen Arbeitslöhne in baarem Geld erforder=
lich zu sein.

Doch auch von diesen Ansichten kam man wieder ab, so=
wie der dritte Zeitraum der Silberperiode sich Eingang ver=
schaffte. Die Umänderung der öffentlichen Meinung wurde
wieder durch den seit der Entdeckung Amerika's immer wach=
senden Weltverkehr bewirkt. Man sah nun ein, daß der Staat
das Geld nur in geringem Maße kontrolliren und von seinem
Ermessen abhängig machen könne. Das Geld wurde an sei=
nen Produktions=Quellen von Privaten als Waare gegen an=
dere Waaren eingetauscht; als Waare wanderte es im inter=

nationationalen Verkehr aus dem einem Staate in den an=
dern. Als Waare war das Geld Preis=Fluktuationen unter=
worfen und zwar hing der Preis der Geldwaare nicht mehr
vom Ermessen des Staates ab, sondern unterlag ziemlich ana=
logen Bedingungen, wie die übrigen Waaren. Die Erfahrung
zeigte, daß weder immer ein allgemeiner Begehr nach Geld=
waare vorhanden war, noch daß sich beim Geld Angebot und
Nachfrage kompensirten. Sowie sich bei andern Waaren nicht
auf Lange mit Gewißheit voraussehen ließ, wie das Bedürf=
niß bezüglich derselben sein werde, so auch beim Gelde.

Ebenso wenig vermochte man genau zu ermessen, wie viel ed=
les Metall in einem einzelnen Lande und in allen Ländern
zusammengenommen vorräthig sei. Das jeweilig zirkulirende
und in Banken liegende Geld, welches sich überschlagen ließ,
war ja nur ein Theil der nicht im Umlauf befindlichen und
nicht ersichtlichen Menge edler Metalle; weßhalb diese letztere,
hervorgelockt durch irgend welche Konjunkturen, jederzeit her=
vorkommen und den Preis des zirkulirenden Geldes verändern
konnte. Vermochte man aber den jeweiligen Werth des Gel=
des nicht vorher zu bestimmen, ihn nicht annähernd zu ermes=
sen und bei ihm nicht das Angebot und die Nachfrage zu re=
geln, so mußte der Staat auch die Wuchergesetze aufheben,
die Preistaxen fallen lassen und den Geldhandel der allgemei=
nen Konkurrenz anheimstellen. Indem das Geld aufhörte, der
unerschütterlich feste Preismesser zu sein, als welchen es lange
gegolten hatte, büßte es viel an seiner Bedeutung ein. Es
war gegenwärtig nicht mehr das unentbehrliche Gut, wie frü=
her. Zwar wurden auch jetzt noch, weil man beim Tauschver=
gleiche ein allgemeines Aequivalent nöthig hatte, die übrigen
Güter mit dem Gelde gemessen; allein man verglich, um sich
nicht zu verspekuliren, auch wieder die nicht aus edlem Metall
gefertigten Güter unter einander. Kurzum, man mußte es
nun den verschiedenen Preisen der sämmtlichen Güter über=
lassen, sich unter einander in's Gleichgewicht zu setzen. Das
war in der That Proudhon's sich selbst regelnde Anarchie.
Mit dem Gelde verlor der Staat einen großen Theil seiner
Autorität; denn das Regal des Münzrechts, seiner Souverä=

nität beraubt, mußte sich fortan Gesetzen anbequemen, die außerhalb seiner Machtsphäre lagen.

Dieser Bewegung zur Seite und sie unterstützend lief eine andere: die Konzentration des Geldes in den Reservoirs der Bankier, in den großen Lagerplätzen, welche Banken heißen und sich in den Hauptstädten befinden*). Zwar konnte der Staat, insoweit er über diese verfügte, seine frühere Autorität, wenn auch mehr dem Scheine nach, einigermaßen behaupten; allein auf der andern Seite hatte die Konzentration des Geldes zur Folge, daß neben den Landesfürsten Geldfürsten emporsprangen, daß die letzteren auf die Preise einen großen Einfluß ausüben konnten, daß sie eine große gesellschaftliche und staatliche Macht erhielten, und daß das Geld an manchen Punkten, indem die Zahlungen gegen einander ohne alle Baarzahlung ausgeglichen wurden, als Verkehrswerkzeug ganz ab-

---

*) Bei den alten Griechen und Römern gab es noch keine Banken in unserm Sinne. Indeß schlug bereits Xenophon den Atheniensern die Errichtung einer Diskonto-Bank vor. Unsere Banken, die in Depôt-, Diskonto- und Zirkulations-Banken zerfallen, haben ihren Ursprung in Italien und Spanien gehabt, wo die Banken von Venedig (von 1171 bis 1797), von Barcelona (gegründet 1349) und von Genua (gegründet 1417) der am 31. Januar 1609 gegründeten Amsterdamer Bank die Richtung angaben. Die Hamburger Bank, welche seit 1790 bloß Depôts empfing, stammt aus dem Jahre 1619, und die vom Schotten William Paterson gestiftete Bank von England, die zugleich Depôt-, Diskonto- und Zirkulations-Bank ist und mehrmals (z. B. 1696, 1745, 1780, 1792, 1797 und 1825) heftige Krisen erlitt, aus dem Jahre 1694. Die Bank von Schottland entstand 1695, die von Irland 1783, beziehungsweise 1825. Die Bank von Frankreich, zu einem Finanz-Werkzeuge Napoleon Bonaparte's bestimmt, setzte sich an die Stelle der alten Kredit-Anstalten (z. B. der caisse des comptes courants und des comptoir commercial) unterm 14. April 1803 und endgültig am 22. April 1806. Ihr wiederholt erneuertes Privileg reicht bis zum Jahre 1897. Ursprünglich durfte die Bank von Frankreich nur für den dreifachen Werth ihres Kapitals Billets ausgeben, ist aber unter dem zweiten Kaiserreiche zu viel beträchtlicheren Emissionen ermächtigt, so daß ihre Billets fast nur eine illusorische Garantie besitzen. Sie diskontirt Wechsel, leiht auf Gold- und Silberbarren, auf fremde Münzen, auf Obligationen und Eisenbahn-Aktien, ist zugleich Depot- und Zirkulations-Bank und hat in allen bedeutenden Städten Frankreichs ihre Filialen.

kam. Die Autorität der Geldfürsten machte sich als Kredit
sehr fühlbar. An die Stelle des Metallgeldes aber traten, in=
dem sich das Kreditwesen immer weiterer Kreise bemächtigte,
eine Menge Surrogate desselben. Kurz, das Geld war nun
nicht mehr die allein allgemein gültige Waare, durch die alle
übrigen Güter bei der Produktion hindurch gejagt werden
mußten, um neue Zeugungskraft zu erhalten; sondern Bank=
noten, verzinsliche Staatsschatzscheine, unverzinsliches Papier=
geld, Depositenscheine von Gütervorräthen, promissorische No=
ten und eine unaufhörlich wachsende Zahl von Wechseln ver=
drängten das Geld aus seiner bevorzugten Position. Der Kre=
dit setzte sich immer mehr an die Stelle des Geldes und wurde
diesem ein um so gefährlicherer Konkurrent, als die Wechsel
dem Metallgelde an Umlaufsschnelligkeit erwiesenermaßen zu=
vorkommen.

Mit dem Eintritt in die Goldperiode neigt sich überhaupt
die Metallgeldherrschaft ihrem Ende zu, weil sie nun in ihr
letztes Stadium getreten ist. Die Kredit=Herrschaft nimmt
mehr und mehr den Platz derselben ein. Wenn Senior gesagt
hat, der Preis des Geldes werde in letzter Instanz durch den
Verbrauch edler Metalle im Luxus entschieden, so hat er nicht
nur den Tauschwerth des Geldes auf den Gebrauchswerth des=
selben zurückzuführen gesucht, sondern er hat auch zeigen wol=
len, daß beim Metallgelde, wie bei den übrigen Waaren, die
auf einem gewissen Bedürfniß beruhende Nachfrage das Preis=
gesetz der Produktionskosten=Theorie berichtige. Was würde
aber der Luxusverbrauch edler Metalle noch zu bedeuten ha=
ben, wenn die mächtigen Silberadern Amerika's, die bis jetzt
noch nicht erschlossen sind, erst in Masse ihren Produktionsfluß
über die Erde ausgössen, und wenn ferner die vielen Fundorte
des Goldes auch dieses Metall massenhaft in Zirkulation bräch=
ten? Silber und Gold müßten alsdann so viel an ihrem Lu=
rus=Werthe verlieren, daß der Kredit sich ganz und gar der
Funktionen der bisherigen Verkehrswerkzeuge bemächtigen würde.
Alsdann glichen sich die Preise, unabhängig vom Medium des
Metallgeldes, unter einander selber aus, das Metallgeld gälte
nicht mehr als Kapital par préférence oder comme produit

préféré, und die Arbeit, gemessen durch die gesellschaftliche Ar=
beitszeit, träte wieder in ihre natürlichen Rechte ein. Somit
steht nicht eine Preisrevolution wie zur Zeit der Reformation zu
erwarten, sondern eine Revolution des modernen Verkehrs der
Produktion und Gütervertheilung, vermittelst welcher die seit=
herigen Verkehrswerkzeuge bei Seite geschoben werden. Der
hierbei unvermeidliche welterschütternde Stoß aber trifft das
Eigenthum mitten ins Herz. Denn selbiges hängt so eng und
fest mit dem Metallgelde zusammen, daß es aufhören müßte,
die Grundlage der Gemeinwesen zu bilden. Die individuelle
Freiheit, unter der Herrschaft des Silbers hervorgerufen, würde
unter der Herrschaft des Kredits völlig der solidarischen Frei=
heit der Volksmassen weichen. Hiermit aber wäre eine neue
Zeit angebrochen, welche sich von der Gegenwart eben so stark
unterscheiden würde, wie letztere sich vom Mittelalter unter=
scheidet.

Die vom National=Oekonomen Hildebrand vorausgesehene
Kredit=Periode steht somit wohl zu erwarten; sie bricht sich
theils unaufhaltsam wühlend, theils gewaltsam=ruckweise Bahn:
aber selbige wird, wenn sie erst überall festen Grund faßt, die
National=Oekonomie aus dem Sattel heben und mit ihr eine
Unmasse anderer Faktoren der alten Welt zu Grabe tragen.

Jeder auf die Spitze getriebene Zustand schlägt in sein
Gegentheil um. Der auf die Spitze getriebene Individualis=
mus macht keine Ausnahme von der Regel. In England, dem
national=ökonomisch am Weitesten vorgeschrittenen Lande, ver=
kündet man im Volkssprüchworte ganz offen, daß Jeder, der
Geld hat, dort frei ist. Nun ist bei der dortigen Kluft zwi=
schen Reich und Arm nur Derjenige eigentlich frei, der vieles
Geld hat. Somit kann man von den großen Massen sagen,
daß sie, wie die Eigenen früherer Zeit, nach den Worten des
Sachsenspiegels nur „leben, um zu dienen, und dienen, um zu
leben“. Denn daß sie selbst den Sonntag, den Ruhetag der
christlichen Zeiteintheilung, keinen Geschmack an der englischen
politischen Freiheit finden, dafür sorgt sehr wirksam, besonders
in Schottland, die strenge Sonntagsfeier, von welcher freilich

die Reichen, wenn sie ihre clubs besuchen, nicht betroffen werden.

Uebrigens bahnt sich die Preisrevolution keineswegs allein durch das Einströmen edler Metalle aus andern Erdtheilen an. Da aber die edlen Metalle das Medium sind, durch die alle übrigen Güter, um gemessen zu werden, fortwährend zu passiren haben, so bewirken allerdings die Preisveränderungen des Geldes, daß von seinen Werthschwankungen alle übrigen Güter betroffen werden, auch wenn bei diesen keine Preisveränderung motivirt ist. Die in der übrigen Güterwelt schon herrschende Anarchie wird also durch die Anarchie des Geldwerthes noch erhöht. Gerade derjenige Faktor, welcher dazu bestimmt war, wenigstens einige feste Ordnung in die Preise zu bringen, vermehrt nun die allgemeine Unordnung.

Von keiner Periode der Vergangenheit läßt sich genau angeben, wie sich die sämmtlichen Preise zu einander verhalten haben, warum die einzelnen Güter gerade den betreffenden und keinen andern Preis hatten, und warum die Preisveränderungen gerade in solchem Maße und Verhältnisse, wie geschehen, vor sich gegangen sind. Man hat in dieser Hinsicht um so geringere Kenntnisse, als die Kommunikationsmittel, je weiter man zurückgeht, sich immer mehr verschlechtern, und als das Mittelalter die Zeit der Besonderheiten war. Außerdem fehlt ja auch der feste Preismaßstab. Denn das Geld ist den vielfachsten Veränderungen unterworfen gewesen, und von keiner einzigen Periode läßt sich mit Bestimmtheit ermitteln, wie groß in ihr der Vorrath edler Metalle und das Verhältniß des geprägten und kursirenden Geldes zu demselben gewesen ist. Die National-Oekonomie tappt also in Bezug auf die Preisgeschichte — von einigen wenigen und spärlichen lichten Stellen abgesehen — völlig im Dunkeln. Sie vermuthet bloß, daß es früher noch größere Preisschwankungen gegeben hat, als heutzutage, und sie glaubt allein ganz unbestimmt, daß die Preise große summarische und spezifische Veränderungen erlitten haben. Hiernach wäre man zur Annahme einer unaufhörlichen geschichtlichen Preis-Anarchie berechtigt. Vom Golde und Silber ist bekannt, daß beide Metalle seit der Entdeckung Amerika's billiger geworden sind; doch kann kein Mensch behaupten, er wisse mit Bestimmtheit anzugeben, in welchem Maße sie billiger geworden sind, ob das Verhältniß ihrer eingetretenen Billigkeit mit der Menge ihrer Importation harmonirt und ob selbiges im Vergleich zu ihren Produktionskosten, sowie zu ihrer Nachfrage ein gerechtes oder entsprechendes genannt werden kann. Indeß weiß man, daß das Silber viel billiger geworden ist, als das Gold, und vermuthet nun, daß das letztere etwa im Verhältniß von 10:13 zu dem ersteren sich vertheuert hat. Kurz, die Preise sind ein völlig dunkles Gebiet, und die National=Oeko= nomie weiß Nichts gerade in einem der wichtigsten Punkte ihrer Glaubenssätze. Aber selbst gesetzt, daß dieses dunkele Gebiet noch etwas aufgehellt würde, so würde man dennoch auch dann nichts Bestimmtes wissen, weil in den hinter uns liegenden Jahrhunderten keine regelmäßigen Volks= zählungen vorgenommen worden sind, so daß man, was bei den Preisen der nothwendigsten Lebensbedürfnisse zu wissen doch unerläßlich ist, über das Verhältniß der Menschenzahl zu den Waarenpreisen ohne die erforderlichen Aufschlüsse bleibt.

Die sämmtlichen religiösen und politischen Revolutionen der Vergangenheit bis herab auf die unserer Tage sind — von Ideen angeregt und befeuert — aus der wirthschaft= lichen Anarchie entsprungen. Weil der Staat das Eigenthum und die sogenannten „wohlerworbenen Rechte" von jeher be= schützt und immerdar die einmal bestehenden Verhältnisse auf= recht zu erhalten gesucht hat: darum haben sich die Auflehnun= gen der Gesellschaft gerade gegen den Staat gekehrt und sich auf das öffentliche — das politische und religiöse — Wesen geworfen. Von der Reformation, wo Papst und Kaiser noch die höchsten gesellschaftlichen Autoritäten waren, ist dieß ganz nachweisbar. So forderte Ulrich von Hutten kurz vor der Reformation den deutschen Kaiser und die Fürsten, um einen Abzug für die gesellschaftliche Gährung zu schaffen, zu einem Türkenkriege auf; darum ist der Bauernkrieg mit der Refor= mations=Zeit verwebt, und darum ziehen die Reformatoren, indem sie Staats=Taxen für die Preise verlangen, gegen den Wucher zu Felde. Sittliche Geschichtschreiber, wie Rotteck, ha=ben bekennen zu müssen bedauert, daß Holland der zehnte Pfennig frei gemacht hat! Unsere sittlichen Historiker sind arge Enthusiasten — oder besser: Illusionäre!

Wenn in der neuesten Zeit, was die europäischen Staaten anbelangt, mehr Licht über die sozialen Zustände verbreitet worden ist, wird doch die neu erlangte Kenntniß häufig deß=halb nutzlos, weil die Staaten selber aus ferner Vergangen=heit überlieferte altehrwürdige Gebilde sind, die theilweise noch auf einem längst verwitterten gesellschaftlichen Boden beruhen: weßhalb ihnen sogar die National=Oekonomie, obschon diese selber durch die Weltgeschichte überholt ist, viel zu radikal er=scheint. Aber die Staaten haben gegenwärtig auch die Rege=lung der wirthschaftlichen Verhältnisse nicht mehr in ihrer Ge=walt, selbst wenn sie mit eiserner Hand durchgreifen wollten. Denn einestheils hat sich über und zwischen ihnen der soge=nannte „internationale" Verkehr gebildet, welcher die sämmt=lichen europäischen Völker wirthschaftlich immer mehr in einen einzigen Staat verwebt, und anderntheils erhebt sich mit sou=veräner, nicht mehr zu bemeisternder Einwirkung über dem internationalen der Weltverkehr. Letzterer hat bereits die den Staaten schon viel zu weit gehende National=Oekonomie anti=quirt. Was den internationalen Verkehr anbetrifft, so beein=flussen die Preise der sämmtlichen europäischen Staaten ein=ander, und das eine Volk reißt, je nachdem seine wirthschaft=liche Thätigkeit energisch ist, das andere mit sich fort. Der Preis der Geldwaare, des allgemeinen Preismessers, entschei=det sich zunächst, indem der eine Stapelplatz des Geldes auf den andern einwirkt, an den Hauptgeldplätzen durch die Bank=Ab = und Zuflüsse und durch das äußerst bewegliche Börsen=Barometer. Vor einem halben Jahrhundert war der interna=tionale Einfluß auf den Geldpreis und auf die übrigen Preise noch verhältnißmäßig gering: weshalb große Veränderungen auf dem englischen Geldmarkte, wie 1819 — 21 die Aufhebung der Bankrestriktion, oder noch vorher das massenhafte Erscheinen der Assignaten in der ersten französischen Revolution, für die übrigen europäischen Staaten wenig fühlbar waren. Ganz anders steht jedoch die Sache heutzutage, wo die Dampfkraft und die Elektrizität die Staaten unter einander verbinden und wo sich wirthschaftliche Kenntnisse in den durch täglich erscheinende Zeitungen benachrichtigten weitesten Kreisen verbreitet haben. Dieser internationale Verkehr wächst mit geometrischer Progression und durchlöchert die gleichsam gesellschaftlich nur noch geduldeten Staaten. Selbst die aus dem staatlichen Bedürfniß der Abwehr hervorgegangenen Kriege scheinen ihn nicht sowohl aufzuhalten, als obendrein noch zu beschleunigen: wie aus den Folgen und Erfolgen der neuesten Kriege wohl mit ziemlicher Sicherheit zu schließen sein dürfte. Denn diese Kriege schwächen nicht die wirthschaftliche Entwicklung ab, sondern vertilgen das bisherige Staatensystem, indem die sich bekriegenden Mächte einander zwingen, wirthschaftliche Verbesserungen vorzunehmen, um die erlittenen Scharten auszuwetzen. Nach jedem Kriege wird die wirthschaftliche Thätigkeit größer. Wilhelm Roscher hat daher ohne Bedenken in seiner Wirthschaftslehre (I. Bd. S. 250) geradezu behauptet:

„Nichts würde z. B., wenn sonst eine Preis-Revolution bevorstände, sie mächtiger befördern, als eine Reihe verwüstender Kriege und Aufstände in Europa."

Der Krieg unserer Tage ist also zufolge der National-Oekonomie die organisirte, wenn auch nicht sofort sich offenbarende gesellschaftliche Revolution!

Der Weltverkehr wirkt noch viel stärker und unheimlicher, als der internationale Verkehr. Selbst wenn letzterer durch die Vereinigung der sämmtlichen europäischen Staaten mit Hülfe der Statistik zu regeln gesucht würde, so wäre doch wenig erreicht, so lange die europäische Zentralmacht nicht zugleich über den Weltmarkt auch in Amerika, Asien und Australien verfügte. Die an Jahren vergleichsweise noch jungen englischen Kolonien sind so schnell gealtert, daß sie jungen Männern mit grauen Haaren ähnlich sehen.

Der Weltverkehr zersplittert und verzettelt sich nicht über die Erde, sondern hat seinen Brennpunkt in Europa, weshalb hier seine Wirkungen mit solcher Kraft auftreten: ähnlich wie die Weltherrschaft des Römerreiches die Wirkungen des damaligen Weltverkehrs in Italien konzentrirte. Würde sich nun die gegenwärtige Einwirkung des Weltverkehrs gleichmäßig über Europa vertheilen, so würden die Folgen desselben gemildert werden. Allein der eigentliche Brennpunkt liegt in England, von wo aus die Rückwirkungen auf den europäischen Kontinent sich unregelmäßig vertheilen. Da der Einfluß der Londoner Börse in einer Weise sich äußert, welche die Regelmäßigkeit dieser Rückwirkungen zu ihrer falschen Voraussetzung hat, so muß das Verderben der unregelmäßigen Vertheilung zunehmen. Die nach England einströmenden edlen Metalle des Weltverkehrs fließen in die Hände weniger reichen Leute. Hier ist das Geld noch billig. Sowie aber diese Metalle von dort in ein anderes europäisches Land, also in die zweiten Hände, kommen, werden sie schon theurer, und wenn sie von da durch den europäischen internationalen Verkehr in ein drittes Land wandern, vertheuern sie sich nochmals, sodaß die Geldleute Englands den größten Gewinn ziehen, während im Uebrigen durch die sonstigen Kommunikationsmittel Europa mehr und mehr ausgeglichen wird. Das Wachsthum der Preise für die nothwendigsten Lebensbedürfnisse wäre mit der Einführung der Eisenbahnen und Dampfschiffe in den europäischen Ländern nicht so hoch gestiegen, wenn Englands Geldleute keine so großen Vortheile von der Geldeinfuhr vor den übrigen Europäern voraus hätten. So wirken diese Handvoll Reiche in England nicht nur im nationalen Verkehr verschlechternd auf die Lage ihrer unmittelbaren Landsleute und der armen Irländer, deren Noth fortwährend größer wird, sondern vermittelst des internationalen Verkehrs drücken sie auch staatenweise die ihnen örtlich ferner stehenden europäischen Völker in eine armseligere Lage hinab. Die unnatürlich vertheuerten Lebensmittelpreise schaffen in denjenigen europäischen Ländern, welche das von Amerika und Australien kommende edle Metall über England aus zweiter und dritter Hand beziehen, ihrerseits wieder in den Preisen der übrigen Güter ein Mißverhältniß, dessen Nachtheile vorzüglich die große Masse des arbeitenden Volkes treffen. Wie eigenthümlich aber sich die

Zustände gestalten können: davon liefert Oesterreich ein spre=
chendes Beispiel, wo jahrelang, mit einziger Ausnahme der
Kupferkreuzer, kein Metallgeld im gemeinen Verkehr zu sehen
war, sondern wo bereits das Papier, kraft der Autorität des
Staates, seine guten Dienste zu leisten hatte, gleich als ob
wir schon mitten in der Zeit der Kredit=Withschaft gelebt hätten.

Aus allem vorstehend übers Geld Gesagten erhellt wohl
hinlänglich, daß die National=Oekonomie mit ihrer Schönheits=
pflaster=Preistheorie einen immer schwierigeren Stand bekömmt
und daß sie zuletzt in die schlimme Lage gerathen wird, an
der Rettung einer ihrer bewundernswürdigsten Lehren zu ver=
zweifeln. Nach ihr gehört immer noch das Geld nur sowohl
zum Privat=Vermögen, als auch zum Volks=Vermögen, und
zwar ist es, privat betrachtet, umlaufendes; hingegen national
betrachtet, feststehendes Kapital!!! Daß das Geld bereits in=
ternationales und sogar in des Wortes vollster Bedeutung
Weltkapital geworden ist, paßt der National=Oekonomie nicht
in den Kram! Dabei scheint es ihr, wie zur Zeit unserer Ur=
großmütter, noch ein so unschuldiges Ding zu sein, daß nach
ihrer Auffassung und Erklärung durch dasselbe der wirthschaft=
lich Schwache vor dem Stärkeren geschützt wird: während doch
in der Gegenwart hiervon das gerade Gegentheil der Fall ist!
Der Geldfürst im Besitze von funfzig Millionen Thalern ist
Weltfürst. Ihm und seinen Lehensträgern gegenüber ist die
individuelle Freiheit des Weltbürgers, dessen ganzes Kapital
in seinen zehn Fingern steckt, durch das Geld so wenig ge=
schützt, wie die Freiheit und Sicherheit des zarten Lämmchens
gegenüber dem hungrigen brüllenden Löwen. Uebrigens scheint
die National=Oekonomie so Etwas zu ahnen, wenn sie bei der
Feststellung der Preise die Zahlungsfähigkeit der Käufer mit
in Anschlag bringt.

Wenn das Metallgeld (Silber und Gold) aus der bevor=
zugten Stellung, welche die edlen Metalle so lange Zeit hin=
durch einnahmen, vertrieben wird, dann müssen die sie empfeh=
lenden besondern Eigenschaften nicht mehr den früheren Werth
haben. Vor allen Dingen schadet es dem Metallgelde, daß
seine Waarennatur so scharf hervorgetreten ist. Hierdurch hat

es zunächst den Anspruch verloren, bei den übrigen Waaren als neutraler Schiedsrichter zu gelten und ein ebenso konstanter, wie gerechter Preismesser zu sein. Weit davon entfernt, die allgemeine individuelle Freiheit zu schützen, gefährdet seine Waarennatur, indem es durch dieselbe zum zeugenden Kapital wird und sich rasch in einzelnen Händen aufhäuft, die Freiheit der Volks-Massen. Von der Seltenheit der edlen Metalle ist auch nicht mehr die Rede, seitdem sie so häufig geworden sind, daß die Goldstücke in den Banken nicht mehr gezählt, sondern mit Schaufeln auf die Wage geworfen werden. Daß sie zu feinen Luxus-Arbeiten verwandt werden, empfiehlt sie in unserer Zeit, wo die Aristokratie nicht mehr den Ton in den entscheidenden Fragen des öffentlichen Lebens angibt, gleichfalls nicht mehr so sehr wie früher. Ferner dient ihnen ihre Dauerhaftigkeit und Unverwüstlichkeit nicht mehr als besondere Empfehlung, da sie jetzt als Waare nicht mehr todt liegen bleiben, nicht mehr in Schätzen Jahrhunderte lang aufgehordet werden, während da, wo Sicherheit nöthig ist, feuerfeste Schränke und ähnliche Mittel auch die Papiere vor Zerstörung sichern. Was aber ihre Transportfähigkeit anbelangt, so wird selbige durch das Papiergeld ebenso sehr übertroffen, wie ihre leichte Formbarkeit und ihre geringen Prägungskosten. Nicht einmal als unersetzlicher Verkehrshebel vermag sich das Metallgeld zu behaupten, weil die Geschwindigkeit seines Umlaufs durch die der Wechsel übertroffen wird.

Somit vereinigen sich viele Ursachen, um der bevorzugten Stellung des Metallgeldes ein Ende zu machen. Indem im Metallgeld die Waarennatur sich wieder hervorkehrt, vollendet und schließt es seinen geschichtlichen Kreislauf.

IV. Abschnitt.

Die Produktions-Kosten.

Nach der neuern Theorie entscheiden die Produktions-Kosten den Preis der Waaren. Diese Theorie findet zunächst ihre
Bestätigung darin, daß jeder Produzent, welcher den Käufer
zum Kaufen zu überreden sucht, zu behaupten pflegt: die betreffende Waare sei ihm bei der Anfertigung selbst so hoch zu
stehen gekommen, wie er sie ihm ausbietet. Nehmen wir die
Aufstellung der Produktions-Kosten-Theorie für richtig an, so
muß die andere Behauptung der National-Oekonomen, wonach
das Angebot und die Nachfrage den Preis bestimmt, deßhalb
falsch sein, weil der Produzent, der seine Kosten im Ansetzen
des Preises zur Richtschnur nimmt, nur das Angebot, nicht
aber die Nachfrage, repräsentirt.

Freilich widerspricht die Vertheuerung der Waaren durch
den Güterumlauf dieser Theorie; aber die National-Oekonomen
wissen sich zu helfen, indem sie die Zwischenhändler, welche die
Waaren an den Käufer bringen, mit zu den Produzenten rechnen. Das Produkt ist nach ihrer Ansicht erst dann ganz fertig, wenn es endlich an Ort und Stelle geschafft ist, wo es
konsumirt wird. Hierbei übersehen sie jedoch den wichtigen
Umstand, daß der Zwischenhändler, wenn er von dem Produzenten die Waare einkauft, selber schon als Konsument erscheint,
und daß er nicht das Angebot, sondern die Nachfrage repräsentirt. Außerdem würden, wenn die erwähnte national-ökonomische Ausflucht statthaft wäre, die Produktions-Kosten etwas
ganz Fiktives. Denn die eine Waare hat durch viele Zwischen-
stadien — durch viele Hände —, die sie regelmäßig vertheuern,
zu laufen, um schließlich konsumirt zu werden, während eine
andere Waare derselben Gattung nur einen kurzen Weg bis
zu ihrem Konsumenten zurückzulegen hat und folglich viel billiger bleibt.

Ferner beruht diese Lehre auf Optimismus und Schönfär=
berei. Auf Optimismus beruht sie, wenn sie voraussetzt, daß
beim Tausch nicht jeder den andern zu täuschen und zu über=
vortheilen sucht; auf Schönfärberei aber, wenn sie Preise, de=
ren Unbilligkeit offenbar ist, vermittelst der Produktions=Kosten
mit der Tünche der Redlichkeit überkleistert. Wäre diese Lehre
richtig: woher käme dann der Unternehmergewinn? Woher der
Reichthum der Zwischenhändler? Wer würde sich wohl noch
mit Güter=Produktion befassen, wenn er nicht mehr nehmen
könnte, als er hingegeben hätte? Und wie könnten die Reich=
thümer in wenigen Händen zusammenströmen, wie könnten sie
das kleine Kapital aufsaugen, wenn Alles mit rechten Dingen
zuginge?

Auf gewissen Märkten sind die Kaufleute nicht zufrieden,
wenn sie nur 400 Prozent Gewinn erzielen. Die Agenten der
Hudsonbai=Gesellschaften liefern, indem sie den Indianern Flin=
ten, Pulver, Blei und Branntwein gegen Pelzwerk verabrei=
chen, doch wohl diese Güter nicht zu den Produktions=Kosten!
Ebenso wenig entscheidet der Preis der Produktions=Kosten,
wenn den sogenannten Wilden Glasperlen, messingene Ringe
und ähnliche Spiel= und Flittersachen gegen edle Metalle ge=
geben werden.

Als der Handel mit afrikanischen Negern in seiner Blüthe
stand, war die Sklavenwaare, jenes geraubte Menschenfleisch,
wegen der Handels=Konkurrenz, verhältnißmäßig noch billig,
gleichwie im alten Rom die zur Vermehrung der grex auf
dem Markte feilgehaltene Menschenwaare billig gewesen war,
so lange unaufhörliche Kriege Sklaven im Ueberfluß geliefert
hatten. Als nun die englischen Kolonien unter dem Namen
der Vereinigten Staaten ihre Unabhängigkeit vom Mutter=
lande erlangt hatten: da empfand eine gewisse Klasse englischer
Fabrikanten die Schwierigkeit, mit den amerikanischen Produ=
zenten, die mit Sklavenarbeit produzirten, erfolgreich zu kon=
kurriren. Daher wurde alsbald im Jahre 1783 im englischen
Hause der Gemeinen gegen Schluß der Parlaments=Session
eine Bill eingebracht, welche die Regulation des Handels der
afrikanischen Kompagnie zum Gegenstande hatte, und die from=

men Quäker, welche immer ihren Profit auf religiös=sittliche Weise zu erringen, ihren Eigennutz durch die Liebe Gottes zu heiligen verstanden, faßten damals auf ihrer jährlichen Versammlung in London eine die betreffende Bill unterstützende Petition ab, worin sie bedauerten, daß „eine den christlichen Glauben bekennende Nation noch länger mit den Grundsätzen der Menschlichkeit und Gerechtigkeit in Widerspruch treten könnte“. Nach einem lebhaften Widerstande der englischen Sklavenhändler, die besonders im Hause der Lords ihre beredten Vertreter fanden, ward endlich vom englischen Parlamente 1806 die allmähliche Abschaffung des Sklavenhandels beschlossen, indem zunächst festgesetzt wurde, daß von keinem Theile der britischen Besitzungen nach dem 1. Mai 1807 irgend ein Schiff nach Sklaven auslaufen, und daß vom 1. März 1808 an kein Sklave mehr in den englischen Kolonien ans Land gesetzt werden sollte. Zwar wurde bis auf die neueste Zeit dieses Abolitions=Gesetz von manchen englischen Kaufleuten zu umgehen gewußt; aber dennoch verminderte sich einestheils im Sklavenhandel die internationale Konkurrenz, und anderntheils wurden nun wegen des Wegfalls der englischen Mitbewerberschaft für diejenigen Sklavenhändler anderer Nationen, bei welchen der Sklavenhandel gesetzlich fortbetrieben werden durfte, die Sklaven=Produktionskosten in sofern billiger, als sie sich nun mit leichterer Mühe an der afrikanischen Küste Sklaven zu verschaffen im Stande waren. Das Produktionskosten-Angebot in Afrika bezüglich der in die Sklaverei zu führenden Neger stellte also seine Preise niedriger, da jetzt mehr Ueberfluß an dieser Waare dort vorhanden war. Dennoch gingen die Sklavenpreise in die Höhe, weil jetzt in der Republik der Vereinigten Staaten die Nachfrage nach Sklaven im Verhältniß zur Verminderung des Sklavenhandels wuchs. Die Sklaven stiegen im Preise, und zwar ging der Sklavenpreis nicht durch eine Vermehrung der Produktionskosten, sondern einzig und allein durch die relative Vermehrung der Nachfrage in die Höhe. In diesem Falle wurde offenbar der Preis nicht durch die Produktions=Kosten, sondern durch die größere Seltenheit der Waare, durch das verminderte Angebot und durch die ver-

hältnißmäßig gewachsene Nachfrage emporgeschnellt. Hierzu
kam außerdem noch die Schadensgefahr, welcher die englischen
Kaufleute sich aussetzten, wenn sie in flagranti bei Verletzung
des Abolitions=Gesetzes ertappt wurden. Nur Sophisten könn=
ten aus dem letzteren Umstande schließen wollen, daß jetzt die
Produktions=Kosten größer geworden seien.

Ferner. Wenn in den Gebirgen Indiens eine verlumpte
und hungrige Menschenrace durch die dortigen Tyrannen dazu
verwandt wird, um einen elenden Lohn nach Diamanten zu
suchen, so entspricht doch sicher nicht der Preis der Diamanten
den Produktions=Kosten. Aehnlich steht es um die Diamanten=
Produktion in Südamerika.

Doch wir wollen, weil uns die national=ökonomische Spitz=
findigkeit antworten könnte, daß der Diamant einen Monopol=
preis habe, nicht so weit gehen. Wir wollen im Lande blei=
ben und uns hier redlich zu nähren suchen. Zu diesem Zwecke
müssen wir uns nach dem Getreidepreise erkundigen. Sollte
das Getreide, das so häufig gebaut wird, ebenfalls einen Mo=
nopol=Preis behaupten, so würde die Produktionskosten=Theorie
nicht bloß sehr abgeschwächt, sondern völlig lächerlich werden.
Nun ist es aber erwiesenermaßen wirklich so, daß beim Ge=
treide, bei dem unentbehrlichsten und häufigsten aller Lebensbe=
dürfnisse, die Produktions=Kosten nicht die Preise reguliren.
Die National=Oekonomen suchen deßhalb ihre Theorie auf jene
Weise zu retten, die Cicero den Vertheidigern unläugbarer Sa=
chen anräth, indem er sagt: „Wenn du Etwas nicht läugnen
kannst, so suche es anders zu deuten, und wenn du es nicht
anders deuten kannst, so vertheidige es mit allen Mitteln."—
Die National=Oekonomen sagen daher, daß beim Getreide nicht
der Durchschnitt der Produktions=Kosten den Preis bestimme,
sondern, weil der Getreide=Artikel so unentbehrlich, so allge=
mein begehrt sei, diejenigen Produktions=Kosten, welche durch
den unter den ungünstigsten Umständen betriebenen Getreide=
bau verursacht würden. Hier entscheide demnach nicht der mitt=
lere Boden, sondern der ungünstigste zum Getreidebau ver=
wandte Boden und die hiermit verknüpften Produktions=Kosten.
Diese Ausflucht ist gewiß nicht übel. Man könnte eine solche

ruse sogar für genial erdacht betrachten, wenn ihr nicht un=
glücklicherweise die Thatsachen auf Schritt und Tritt wider=
sprächen. Denn Tocke hat gezeigt, daß in Folge eines Miß=
jahrs oder nur einer wenig ergiebigen Aernte die Getreidepreise
um 100—200 Prozent stiegen, während sie zufolge der Pro=
duktionskosten=Theorie nur hätten um ⅓ oder ¼ des bisheri=
gen Preises steigen sollen. Ebenso gestehen die National=Oeko=
nomen selbst ein, daß schon aus bloßer Befürchtung einer ge=
ring ausfallenden Aernte, welche vielleicht obendrein sich später
als eine Mittelärnte oder gar als eine gute Aernte herausstellt,
die Getreidepreise unvernünftig in die Höhe gehen, während
umgekehrt eine sehr ergiebige Aernte, bei welcher die Produk=
tions=Kosten auch auf dem ungünstigsten Boden nur gering
sind, die Getreidepreise nicht im gleichen Verhältniß wohlfeiler
macht. Aehnlich müssen die National=Oekonomen zugeben, daß
nach einem Mißjahre die Getreidepreise nicht sofort wieder auf
ihr Niveau zurückkehren, und daß ein Paar Jahre nachher öf=
ters im Kontrast hiermit Getreidepreise eingetreten sind, welche
ohne Grund den größten Getreideüberfluß zu ihrer augenschein=
lichen Voraussetzung haben. Diese Erscheinungen, insofern
doppelt abnorm, als sie nicht bloß der Produktionskosten=Theo=
rie, sondern auch jener Theorie, derzufolge Angebot und Nach=
frage die Preise regeln, geradezu ins Gesicht schlagen, erklären
sich einfach aus dem menschlichen Eigennutz der Großhändler,
aus dem Kontraste des aristokratischen und demokratischen Preis=
Prinzips, von denen abwechselnd einmal das eine, dann das
andere die Tauschwagschalen sich senken und heben läßt, aus
dem Einflusse der Spekulation des großen Kapitals auf die
Preise, aus dem Mißbrauche, den man in vieler Hinsicht mit
der öffentlichen Meinung und Unkenntniß des Volks, sowie
mit dessen Lebensbedürfnisse treibt, endlich aus der fortwähren=
den, der Interessen=Verschiedenartigkeit ewig und überall neu
entstammenden Preis=Anarchie. „So waren in Frankreich ge=
ärntet 1817" (zufolge Cordier) „48 Millionen Hekt.˙ Weizen
zum Werthe von 2046 Millionen Francs, 1820 dagegen 44½
Millionen Hekt. zum Werthe von 895 Millionen Francs. Dieser
große Preisunterschied rührte daher, daß 1817 alle Welt noch

unter dem Eindrucke der Mißärnte von 1816 zitterte, 1820 dagegen die behagliche Sicherheit vorherrschte, welche der Reichthum von 1819 zurückgelassen." Sowohl von den Produktions-Kosten, wie auch von Angebot und Nachfrage war bei der Entstehung dieses enormen Preisunterschiedes nicht die Rede, wohl aber hatte damit die Spekulation des großen Kapitals zu thun. Unter so bewandten Umständen kommt die National-Oekonomie immer noch am Besten weg, wenn sie Werth und Preis für ganz gleichbedeutend nimmt.

Manche National-Oekonomen haben die Gebrauchswerthe, je nachdem selbige einem „Natur-, Anstands- oder Luxus-Bedürfnisse" entspringen, klassifizirt, ohne jedoch aus einer solchen Eintheilung feste Preisregeln herleiten zu können. So läßt Boisguillebert die Bedürfnisse des Nothwendigen, Angenehmen, Feinen, Ueberflüssigen und Prächtigen bei wachsendem Wohlstande nach einander entstehen und bei zunehmendem Mangel in umgekehrter Reihenfolge wieder vergehen. Nach Senior gehören die Schuhe in Schottland für die unterste Volksklasse zu den Luxus-Sachen, für den dortigen Mittelstand aber zu den vom Anstande geforderten Dingen, und während in der Türkei der Tabak dem Anstande und der Wein dem Luxus angehört, gilt in England das Weintrinken für anständig und der Tabakgebrauch für Luxus (— wobei freilich übersehen ist, daß die englischen Arbeiter leidenschaftliche Raucher sind, daß selbst die Obsthökerinnen an den Londoner Straßenecken unglücklich sind, wenn sie nicht aus ihrem kurzen Thonpfeifchen Dampf vor sich hinblasen können, und daß die zahlreiche Klasse der Schiffsleute das Tabakkauen für nothwendig hält). Die englischen Ladies sehen das Rauchen mit gewohnter Heuchelei für shocking an, aber spanische und russische, auch manche emanzipirte deutsche Damen — darunter bei Hannover Bauernweiber — betrachten dasselbe für anständig. Kann man indeß von einer derartigen Klassifikation der Bedürfnisse auch keine festen Preisregeln herleiten, so darf man doch mit Fug und Recht behaupten, daß die Preis-Anarchie um so größer ist und daß sich die Preise um so weiter von der Produktionskosten-Preisregel entfernen, je mehr ein Gut zu den nothwendigen

Bedürfnissen der großen Volksmenge gehört. Das Volk ist ein wirrer Ameisenhaufen, worin die Preis-Regulanten ungestraft herumstören und Eier erhaschen zu können glauben.

Nach Senior hängt, wie wir schon sahen, auch der Preis des Geldes in letzter Instanz von dem Gebrauchswerthe, welchen Gold- und Silber als Luxus-Bedürfnisse hatten, ab. Diese Meinung könnte durch das Wiederverschwinden des Platina-Geldes im Jahre 1846 sogar bestätigt erscheinen, obwohl der Hauptgrund für das Aufgeben des letzterwähnten Geldes in der zu geringen Menge des Platina-Metalls und in der Höhe der Prägungskosten zu suchen ist. Senior klassifizirt also das Geld unter die Luxus-Gegenstände und theilt ihm einen Luxus-Preis zu. Gesetzt, er hätte Recht, so würde beim Gelde den Preis nicht die Höhe der Produktions-Kosten, sondern die Luxus-Nachfrage entscheiden. So ganz Unrecht scheint unsern deutschen National-Oekonomen der Mann nicht zu haben.

Nun hat aber die National-Oekonomie, um in den Geldpreis eine feste Regel zu bringen, die Schlauheit begangen, daß sie auch, ähnlich wie schon beim Getreide, die höchsten Produktions-Kosten des Goldes und Silbers den Geldpreis entscheiden läßt. Weil Gold und Silber nämlich eine so allgemein gesuchte Waare sind, entscheiden bei ihnen nicht die durchschnittlichen Produktions-Kosten, sondern vielmehr die Kosten, welche die Ausbeutung der geringhaltigsten Gruben verursacht!! Das klingt wieder sehr erbaulich. Weil aber auch möglicherweise — denn etwas Gewisses weiß man nicht! — das Luxus-Bedürfniß auf den Geldpreis Einfluß haben könnte, so muß zwischen dieser Luxus-Theorie und jener Produktions-kosten-Theorie ein Kompromiß zu Stande gebracht werden, ein Maulthier, halb Pferd, halb Esel, und seinerseits nicht zeugungsfähig. Dem Kompromiß beider einander widersprechender Theorien zufolge hängt zwar in letzter Instanz der Preis des Geldes vom Luxus-Bedürfnisse des Goldes und Silbers, also vom Gebrauchswerthe und von der Nachfrage, ab, wobei dießmal die gesellschaftliche Aristokratie die demokratische Rolle des Nivellirers spielt: allein der Luxus-Gebrauch edler Metalle wirkt nur in sofern bestimmend auf den Geldpreis ein,

als nun die Produzenten erst bestimmen können, bis zu wel=
cher Gränze sie die Ausbeutung edel=metall=armer Gruben zu
forciren haben. Somit wird in erster Instanz der Geldpreis
bestimmt durch die Produktions=Kosten überhaupt, in letzter
Instanz durch den Luxus=Gebrauch, und in der allerletzten
Instanz — dem ultimatissimum diplomatischer Weisheit —
durch den Aufwand der ungünstigsten Grube. Da es nun be=
kanntermaßen auch Zubußgruben gibt und ein Bau wegen der
Kostspieligkeit seines Anlegens und wegen der Schwerbeweg=
lichkeit der ihn betreibenden Gesellschaften auch dann selten auf=
gegeben wird, wenn er seine Kosten eine Zeitlang nicht deckt:
so kann es hin und wieder vorkommen, daß der Geldpreis auch
für den Luxus=Gebrauch zu hoch wird und daß somit die
süße Harmonie des schönen Kompromisses sich in schrillende
Dissonanzen auflöst!

Entscheidet aber in allerletzter Instanz das Ultimatissimum
der ungünstigsten Grube: wie können dann die National=Oeko=
nomen auch nur eine Minute lang glauben, daß zur Refor=
mations=Zeit durch die plötzliche Vermehrung edler Metalle
eine Preis=Revolution hervorgebracht worden ist? Und wie
konnten sie nur im Traum davon phantasiren, daß möglicher=
weise — denn wer möchte in solchen Bagatell=Sachen etwas
Bestimmtes behaupten! — auch in der zweiten Hälfte des
neunzehnten Jahrhunderts durch das massenhafte Einströmen
edler Metalle aus Amerika und Australien ebenfalls in Eu=
ropa eine Preis=Revolution hervorgerufen werden könnte?
Hat doch das massenweise Anlangen des Goldes und Silbers
auf dem Geldmarkte gar keinen Einfluß, wenn wirklich die
Produktions=Kosten der unergiebigsten Grube einzig den Geld=
preis bestimmen!

Doch vielleicht wirken bei der Feststellung des Geldpreises
noch ganz andere Faktoren, wie z. B. die Menge und Größe
der Verkehrs=Operationen, die Schnelligkeit des Geldumlaufes,
die Menge und Umlaufsgeschwindigkeit der Stellvertreter des
Geldes und dergleichen Bagatelle mehr. Hierher würde denn
auch der Einfluß der Besteuerung auf den Geldpreis, gewisse
staatliche Sperrgesetze und sonstige staatliche, in den ungestör=

ten Lauf des Weltverkehrs eingreifende Maßnahmen zu rech=
nen sein.

Es kann sogar sich ereignen, daß bezüglich des Geldpreises
sich die Produktionskosten=Theorie auf den Kopf stellt und über
die ungünstigen Gruben hinweg lustige Purzelbäume in der
Luft schlägt. Auf den Kopf stellt sie sich, wenn im Welthan=
del diejenigen Ausfuhr=Artikel, mit denen direkt oder indirekt
das edle Metall eingetauscht wird, als die Produktions=Kosten
des letztern selbst gelten. In diesem Falle sagen die National=
Oekonomen, welche ihre Augen vor dem Weltverkehr verschlie=
ßen und überall Schlagbäume sehen, daß nur innerhalb des=
selben Wirthschaftsgebietes die Güter bei gleichen Produktions=
kosten gleichen Tauschwerth haben! Als ob sich das Geld, das
Getreide und alle andern einflußreichen Güter noch an solche
altfränkische sogenannte Wirthschaftsgebiete kehrten!

Lustige Purzelbäume aber schlägt hoch über die unergiebig=
sten Gruben und auch über Seniors Luxus=Bedürfniß=Werth
hinweg der Geldpreis in solchen Fällen wie der folgende:

„Wenn zum Beispiel England" (d. i. ein englischer mer=
chant) „für Zeuge und Stahlwaaren mexikanisches Silber
eintauscht, so können die Produktions=Kosten der beiden (!)
Aequivalente (!) sehr verschieden (!) sein, und der eine Kon=
trahent sogar nachhaltig (!) einen viel größeren Gewinn bei
diesem Handel machen, als der andere. ... Kein Wunder also,
wenn die englischen Waaren in den Silberländern gewöhn=
lich (!) über dem Mittelpreise (zwischen den englischen
Produktions=Kosten und den amerikanischen rc. anderweitigen
Anschaffungskosten) verkauft werden; das Silber dage=
gen in England unter demselben. Dieß erniedrigt aber"
(— wehe der Theorie der unergiebigsten Grube! —) „die
Edelmetall=Preise des letztern überhaupt." (— Auch
die Luxus=Theorie kann sie nicht auf der Höhe erhalten! —)
„Darum kann jede Veränderung in den Kanälen des
internationalen Handels" (— zumal im Channel —)
„welcher für die meisten Völker die einzige Gold= und
Silberquelle ist, den Preis der edlen Metalle hier
theurer, dort wohlfeiler machen, auch wenn die Ver=

hältnisse der eigentlichen Minen-Produktion" (— also der eigentlichen Produktionskosten-Theorie! —) „ganz unverändert bleiben."

Ein solches Preiswunder verrichten die Kanäle des internationalen Handels! Diese Kanäle sind gar merkwürdige Dinger! Denn sie machen den Geldpreis so anarchisch, so ungelehrig, so verschieden, daß selbst ein deutscher Universitäts-Professor, obschon bei uns die Universitäten die allerhöchsten Instanzen bilden, nicht mehr weiß, was er mit ihm anfangen soll. Sie bilden somit den Gegensatz zu jenen ebenfalls merkwürdigen und nicht minder wunderbaren Röhren, welche auf der ganzen Erde den Geldpreis gleich machen. Denn der nämliche Universitäts-National-Oekonom, der den Geldpreis in der unergiebigsten Mine sucht; derselbe Mann, der Senior's Luxus-Preis-Theorie nicht unrichtig findet; der nämliche Transaktionär, der die Maulesel-Theorie des ultimatistischen Kompromisses verkündet, um hierauf wieder sich in die ungünstigste Grube zu verstecken: der hat nicht bloß die Kanal-Wunder des internationalen Handels beschrieben, sondern uns auch die erstaunlichen Wunder der erwähnten merkwürdigen Röhren, die man fast für „Angströhren" zu halten versucht sein könnte, in folgendem lieblichem Bilde anschaulich zu machen getrachtet:

„Wie gleiche Flüssigkeit in kommunizirenden Röhren," sagt er, „so streben die edlen Metalle über den ganzen Erdkreis nach einem Niveau des Preises."

Demnach thun die Röhren das Entgegengesetzte von den Kanälen. Letztere machen den Preis der edlen Metalle hier theurer, dort wohlfeiler, auch wenn das Verhältniß der ungünstigsten Grube sich nicht ändert; letztere dagegen bewirken, daß über den ganzen Erdkreis ein gleicher Geldpreis herrscht. Somit ist der Geldpreis überall verschieden und doch überall gleich! Wie aber sollen wir uns dieses unerhörte Räthsel der Geldnatur erklären? Einfach wohl dadurch, daß wir die kommunizirenden Röhren, welche über die ganze Erde gehen, als überirdisch, die zwischen den einzelnen Nationen vermittelnden Kanäle dagegen als unterirdisch, als eine Art Höllenmaschinen, uns vorstellen! Der gelehrte Professor Roscher, der

Chef der historischen Schule, mag entscheiden, ob wir auf diese Weise das uns von ihm aufgegebene Räthsel richtig gelöst haben!

Indessen, ehe er uns den wünschenswerthen Aufschluß gibt, wollen wir uns mit dem „großen Becken" begnügen, in welches er die von ihm befürchtete Preis-Revolution ableitet. Wir sagen daher: Der Geldpreis ist Weltpreis. Wie es aber mit andern Weltpreisen geht, so geht es auch mit dem Gelde. Die Händler nämlich kaufen ihre Waare da ein, wo sie selbige am Billigsten finden, und sie setzen dieselbe auf demjenigen Markte ab, den sie für den theuersten halten. Sie sind nicht so dumm, das Geld in den unergiebigsten Gruben zu kaufen. Den durchschnittlichen Produktions-Kosten-Preis, sowie den Kostenpreis der unergiebigsten Grube und den Luxus-Preis der edlen Metalle nebst anderm gelehrten Quarke, namentlich aber die Maulesel-Theorie, überlassen wir den deutschen Universitäten, wo die Studenten summen mögen:

> Mir wird von all' dem Zeug so dumm,
> Als ging mir ein Mühlrad im Kopf herum!

Wir haben uns jetzt überzeugt, daß das kostbarste Gut, der Diamant, das nothwendigste Gut, nämlich das Getreide, und das beliebteste Gut, nämlich das Metallgeld, sich nicht nach der Preis-Theorie der Produktions-Kosten richten. Anstatt nun an andern wichtigen Gütern den gleichen Nachweis zu liefern, wollen wir uns begnügen zu sagen, daß, wofern die von der National-Oekonomie ebenfalls verkündete Lehre, wonach die Preise unter einander ein Gleichgewicht herstellen, nicht etwa eine ähnliche Fabel wie die Theorie von der unergiebigsten Grube ist, offenbar die genannten höchsten Güter auf die Preise der minder wichtigen Güter mächtig einwirken und daher auch bei diesen den Produktions-Kosten-Preis, falls selbiger nicht vielleicht dem idealistischen Reiche des Sein-Sollens angehört, in Bezug auf welches sich die wichtigsten Autoritäten der National-Oekonomie eingestandenermaßen widersprechen, sehr beträchtlich verändern und hiermit ganz unregelmäßig machen müssen.

Nur beschleicht uns noch ein leiser Zweifel, wenn wir hören, daß die National-Dekonomen in Einem Athem von der durch die Produktions-Kosten hergestellten Regelmäßigkeit der Preise und zugleich wieder von der Herstellung des Gleichgewichts der Preise unter einander reden. Denn uns will bedünken, daß die Preise entweder durch die Produktions-Kosten fest geregelt sind und daß dann die Herstellung eines Gleichgewichts derselben unter einander gar nicht möglich und denkbar wäre, weil ja das Gleichgewicht in Folge der Produktions-Kosten-Theorie schon bestände; oder aber, daß erst durch einen Ausgleich der Preise unter einander einige Annäherung an so ein Ding, das wie Regelmäßigkeit aussieht und sich immer von selbst umschüttelt, angestrebt werden kann, ein Fall, in welchem die Produktions-Kosten-Regelmäßigkeit wie eitel Schaum und Windbeutelei erscheinen müßte.

Weil wir uns somit bei dem besten Willen nicht ganz beruhigt fühlen können, wollen wir uns bei der National-Dekonomie darnach erkundigen: was sie denn eigentlich unter den Produktions-Kosten versteht.

Wir schlagen deßhalb wieder das berühmte national-ökonomische Werk des gelehrten Professors Wilhelm Roscher auf und erhalten darin nachstehenden Aufschluß: Jede wirthschaftliche Produktion zerfällt in drei große Zweige, nämlich die Grundrente, den Arbeitslohn und den Kapitalzins.

Doch halt! Bald hätten wir den Unternehmergewinn vergessen und daher eine weite Falte, oder vielmehr einen bauschigen Aermel, wohinein sich Vieles stecken läßt, aus purem Versehen übergangen.

Also unter den drei großen Zweigen der erste heißt „Grundrente!" — Was ist die Grundrente?

Die Grundrente ist ein sehr verhaßtes Ding. Denn Professor Roscher meint für sie eine Lanze einlegen zu müssen. Als tapferer Ritter der großen Eigenthümer richtet er seine Stöße und Hiebe gegen die Demokratie, gegen jenen Sozialismus, der die feinsten Genüsse des Lebens niemals kennen gelernt zu haben scheint. Er sagt:

„Man hört die Grundrente so häufig eine Wirkung des

Boden=Monopols, einen unverdienten Tribut des ganzen Vol=
kes an die Grundeigenthümer nennen, daß es wohl an der
Zeit ist, auf eine gemeinnützige Seite derselben aufmerksam zu
machen. Offenbar liegt in dem raschen Wachsthum der Po=
pulation eine gewisse Versuchung, daß sich das Volk im Gan=
zen mehr und mehr auf grobe, handgreifliche Bedürfnisse ein=
schränkt; daß folglich aller edlere Luxus, alle feinere Muße
aufhören, welche das Leben doch erst seiner Mühe recht werth
machen, und für höhere Thätigkeit, nachhaltigen Fortschritt die
unentbehrliche Grundlage schaffen. Hier bietet nun die Grund=
rente eine Art Reserve=Fonds, der immer bedeutender zu wer=
den pflegt, je größer durch das Sinken des Arbeitslohnes und
Kapital=Zinses jene Gefahr geworden."

Es ist vielleicht nicht ganz unnütz zu wissen, daß Roscher
sein Werk dem Minister von Falkenstein gewidmet und daß er
dem Fürsten während der Reaktions=Zeit, die nach 1848 ein=
trat, auch das Festhalten der Staats=Domänen empfohlen hat.
Aus der soeben zitirten Stelle geht hervor, daß nach der An=
sicht Anderer die Grundrente ganz wegfallen sollte, weil sie
für einen unverdienten Tribut des ganzen Volkes an die
Grundeigenthümer angesehen wird, und daß die Grundrente
von dem Produktions=Preise, wenn er bei der Vertheilung in
die Taschen der Einzelnen wandert, denjenigen Theil einsäckelt,
welchen die Arbeiter nicht erhalten, weil selbiger nicht als Ar=
beitslohn gerechnet wird, und den ferner auch die Kapitalisten
nicht erhalten, weil er nicht für Kapital=Zins gilt. Ferner
ergibt sich daraus, daß die Grundrente, weil sie zur Bestrei=
tung der feinsten, höchsten und folglich theuersten Genüsse dient,
und darum nach Roscher beizubehalten ist, keineswegs unbe=
deutend sein kann. Zudem empfängt diesen Antheil des Pro=
duktions=Kosten=Preises fast immer je nur ein Einziger. Die
Grundrente ist eine Abgabe, die der Produzent dem Eigenthü=
mer des Grunds und Bodens, worauf produzirt wird, zu ent=
richten hat, und natürlich bei Ansetzung des Produktions=Kosten=
Preises mit in Rechnung bringt. Gehört dem Produzenten
(oder besser: Produktions=Unternehmer) dieser Grund und Bo=
den selber, so fällt die Grundrente nicht weg, wie man etwa

unschuldigerweise vermuthen könnte, sondern sie bleibt in der Kasse des Produzenten, d. h. des Unternehmers und Chefs einer Wirthschaft. Die Preise werden also durch die Grundrente immer vertheuert. Denn durch dieselbe werden unproduktive Zehrer unterhalten, welche sich vermittelst dieses Theiles des Produktions=Kosten=Preises die feinsten Genüsse des Lebens verschaffen. Die Rentiers sind nach national=ökonomischem Ausspruche gewöhnlich Müßiggänger.

Vorstehendes soll uns einstweilen bezüglich der Grundrente genügen. Wenigstens genügt es vorläufig unserm Zwecke in Betreff des Produktions=Kosten=Preises. Nur sei noch hinzugefügt, daß die Grundrente durch Steuern und andere Staatsmaßnahmen künstlich erhöht werden kann: worauf auch der Preis der Produktions=Kosten, von denen die Grund=Rentiers zehren, unfehlbar künstlich in die Höhe getrieben wird.

Den zweiten Bestandtheil der Produktions=Kosten macht der Arbeitslohn aus. Derselbe zerfällt in zwei Klassen: in denjenigen Arbeitslohn, welchen die bei der Produktion mit ihren Armen, Händen, Füßen, kurz mit den Leibern thätigen Stunden=, Tag= und Wochen=, oder Stücklohnarbeiter erhalten, und in denjenigen Arbeitslohn, welcher für die Anstellung, Aufsicht, Rechnungsführung, Kasseführung, Organisation und das Kommando jener gemeinen Arbeiter gerechnet wird. Der Arbeitslohn der ersten Klasse ist verhältnißmäßig sehr gering. Denn laut der National=Oekonomie erhält jeder gemeine Arbeiter in der Regel nur so viel, als er nothwendig braucht, um sich sowohl selber zur Fortverrichtung der Arbeit am Leben zu erhalten, als auch, weil er doch einmal alt wird und abgeht, eine Frau zu ernähren, mit dieser Kinder zu erzeugen und auf diese Weise einen jungen Nachwuchs von Arbeitskräften heranzuzüchten. Schon die alten Römer sorgten dafür, daß ihre Sklaven nicht ausstarben: weßhalb sie bekanntlich diejenigen Sklavinnen, welche vorzüglich fruchtbar waren, mit Freilassung belohnten. Bei unsern freien Arbeitern verhält es sich mit der Prämie, welche auf besondere Leibesfruchtbarkeit gesetzt ist, etwas anders. Denn die heranwachsenden Kinder werden, sobald sie an der Arbeit theilnehmen können, die Kon=

kurrenten ihrer Väter und Mütter, drücken die Arbeitspreise hinab und machen, daß ihre Aeltern, wenn diese an den alten höhern Preisen festhalten wollen, in jene Freiheit gesetzt werden, welche die freie Luft heißt. Uebrigens wird bei der Regelung der Arbeitslöhne der zeugungsfähige Arbeiter nicht immer so bedacht, daß er eine Frau ernähren und mit ihr junge Arbeiter heranzüchten kann. Denn man baut fest darauf, daß der Geschlechtstrieb ohnehin Arbeiternachkommenschaft ins Leben ruft, worauf sich die jungen Arbeitssprossen, da der Mensch eine Katzennatur hat, schon durchhelfen, bis sie selber Etwas verdienen und ihren Vätern Konkurrenz machen können. Zufolge den angestellten Versuchen tritt wegen Erschöpfung der Tod eines Geschöpfs erst dann ein, wenn sein Körper etwa auf die Hälfte des normalen Gewichts zusammengeschrumpft und eingemagert ist. Nun haben englische National-Oekonomen herausgeklügelt, daß von dem gewöhnlich ausgezahlten gemeinen Arbeitslohne im Nothfalle schon 60 Prozent hinreichen würden, um den Mann nicht an Erschöpfung sterben zu lassen, so daß schon der Ueberschuß von 40 Prozent genügte, die Kinderzeugung, das Kneipenleben und sonstige grobe Arbeitergenüsse zu bestreiten. Außerdem verdienen die Mädchen und Frauen, wenn sie nicht gerade im Kindbett liegen oder den Kleinen die nothdürftigste Pflege spenden, doch ihrerseits durch Arbeit auch einen gewissen Lohn, welcher dann vom Lohne der Männer in Abzug gebracht werden kann. Ferner kommt nach der National-Oekonomie bei der Bestimmung der gemeinen Arbeitslöhne sehr viel auf die Gewohnheit der Arbeiter an; mit andern Worten fragt es sich darum, wie wenig sie sich bieten und wie viel sie sich gefallen zu lassen pflegen. Kartoffelesser zum Beispiel brauchen nicht so viel Arbeitslohn, wie gewohnte Weizenesser; Härings- und Speckesser nicht so viel wie Rindfleischvertilger; Schnaps- und Fuselbrüder nicht so viel wie Biertrinker und Weinliebhaber. „Ein zum Kartoffelessen herabgesunkenes Proletarier-Volk," wird uns obendrein ausdrücklich versichert, „hat viel stärkere Preisschwankungen der Lebensmittel, als ein Volk von Kornessern: weil — Kartoffeln sehr schwer zu transportiren und aufzuspeichern sind. In

England variiren die Weizenpreise selten stärker, als von 1 bis 2; die irischen Kartoffelpreise von 1 bis 6." — (Läßt man die national=ökonomische Schönfärberei aus dem Spiele, so ergibt sich hieraus, daß die Kartoffelpreise der Irländer hauptsächlich so schwanken, weil ein elendes, schwächliches, hungerndes Kar= toffelesser=Volk sich viel gefallen lassen muß, nur Einkäufe im Kleinen machen kann und folglich dem Wucher fast gar nicht zu widerstehen vermag.) Daß man aber den gemeinen Arbeitern oft nur so viel gibt, wie man will: das versichert uns wörtlich Roscher folgendermaßen. Er sagt:

„Ueberhaupt sind völlig besitzlose Arbeiter, die keine Woche lang ohne Arbeitslohn existiren können, den großen Kapita= listen gegenüber gar oft in der Lage, sich Nothpreise gefallen zu lassen."

Also entscheidet auch hier nicht der Produktions=Kosten= Preis, oder mit andern Worten: nicht der Preis, welcher er= forderlich wäre, um junge Arbeitskräfte, frische Hände, neues Menschenfleisch zu produziren!

Da haben es die Empfänger der Grundrente denn doch besser. Denn bei diesen wird dafür gesorgt, daß sie sich jene feinen und ausgesuchten Genüsse verschaffen können, welche das Leben doch erst seiner Mühe recht werth machen und die Lust zu leben erhöhen. Somit bildet die Lage der gemeinen Arbei= ter zu der Lage der Empfänger der Grundrente den diame= tralen Gegensatz. Während der schlesische Weber, der Bewoh= ner des Riesengebirges und der arme Mann des Odenwaldes als Kartoffelesser willkürlicher Preisschwankung ausgesetzt sind, bleiben die Preise für die Nothdurft, an welche der Mann der Grundrente gewohnt ist, ziemlich konstant, und während die völlig besitzlosen Arbeiter, die keine Woche lang ohne Ar= beitslöhne existiren können, jeden beliebigen Arbeitslohn dank= bar hinnehmen müssen, da für sie der Produktions=Kosten=Preis in der Regel der Nothpreis ist, wird dagegen beim Rentier, wenn dieser sich seinen Antheil an dem Produktions=Kosten= Preise ausbittet, zärtlich darauf Rücksicht genommen, daß er den edleren Luxus betreiben und sich einer höheren Thätigkeit befleißigen könne. Der Arbeitslohn verpflichtet den gemeinen

6*

Arbeiter, in Wirklichkeit und mit den Gliedmaßen seines Lei=
bes bei der Produktion der Güter sich anzustrengen, zu schwi=
tzen und an Ort und Stelle der Arbeit gefesselt zu sein, weil
ihm sonst selbst der geringe Lohn nicht ausgezahlt wird; da=
hingegen besteht die ganze Thätigkeit, die der Mann der Grund=
rente bei Erschwingung des Produktions=Kosten=Preises zu ver=
richten hat, nur in der Mühe, seinen erklecklichen Antheil ein=
zustreichen. Der Arbeitslohn gestattet dem gemeinen Arbeiter
nur grobe, sinnliche Genüsse, niedere Proletarier=Freuden,
blaue Montage und blaue Augen; indeß die Grundrente ihren
Verzehrer in den Stand setzt, müßig zu gehen und seines Le=
bens Nothdurft auch, um mit Hermann zu reden, auf die Er=
leichterung des Lebens, die Erheiterung, Heilung, auf die Bil=
dung und selbst auf den Glanz auszudehnen. Insofern bei
dem raschen Wachsthum der Arbeiterbevölkerung die Versuchung
nahe liegt, daß sich das Volk im Ganzen mehr und mehr
auf handgreifliche Genüsse und auf handwerksburschenmäßige
Schwänke einschränkt, muß die Grundrente als heilsame Volks=
arznei erachtet werden; als eine Himmelsgabe, die der Unflä=
thigkeit und Flegelei gegenüber den Anstand und die Bildung,
das attische Salz und die Urbanität aufrecht erhält, dem Ge=
ruche des Knellers den Duft der Habannah's und Manilla's
entgegen bläst, dem niggerhaften chique Zuckerplätzchen vor=
zieht, den Schnaps mit Champagner balancirt, die Tänzerin=
nen und Schauspielerinnen hoch über das garstige Gewühl der
unfortunate girls of the pavement erhebt, den Werktag in
den Feiertag verwandelt, das Schurzfell und die Blouse mit
dem Hosenbandorden und dem Staatsfrack vertauscht, und lie=
ber die diplomatischen Geschäfte als den schmutzigen Hand=
werksplack besorgt. Die Grundrente befähigt zum Herrschen,
der Arbeitslohn erlaubt das Dienen; und schon Aristoteles hat
in seiner hohen Weisheit erkannt, daß es Fälle geben kann,
wo Herr und Knecht wirklich durch ein wechselseitiges Bedürf=
niß zusammengeführt werden, daß jener ausübende Hände für
seinen Kopf, dieser einen leitenden Kopf für seine Hände will,
und daß da, wo der Grad der Abhängigkeit genau dem Un=
terschiede der Fähigkeit entspricht, die Unfreiheit der Arbeiter,

abgesehen von ihrem Mißbrauche, gerecht ist. Nur die Sozia=
listen übersehen, daß in unserer Arbeitstheilung (besser wohl:
Arbeitsertrags=Theilung) selbst der Aermste viel mehr zu ge=
nießen hat, als wenn er noch ein Urwaldsleben im unglückse=
ligen Zustande führen würde, da Diejenigen, die sich in den
Produktions=Kosten=Preis theilen, ja eine große, freie, jeden
Augenblick nach Bedürfniß und Geschmack wechselnde Assozia=
tion bilden! Bei den Sozialisten hat der Ausdruck Bazards:
Ausbeutung des einen Menschen durch den andern (l'exploitation de l'homme par l'homme), großen Anklang gefunden;
doch vergessen sie, daß die Mehrzahl jener Genüsse, von wel=
chen sie die ärmere Klasse durch das Eigenthumsrecht ausge=
schlossen glauben, ohne dieses Recht überall nicht existiren
würde! Wie die Einen für die Andern besitzen, so genießen
auch die Einen für die Andern! Auf diese Weise besitzt und
genießt die ganze Nation! Fast wäre man, wenn man die
Dialektik der National=Oekonomie hört, versucht, mit jenem
Berliner Gassenjungen auszurufen: Es geschieht meinem Vater
ganz recht, wenn ich friere; warum kauft er mir keine Hand=
schuhe!

Wir haben oben den Arbeitslohn in zwei Klassen halbirt.
Die eine Klasse, oder der Lohn, welcher für gemeine Arbeit
gezahlt wird, wird den betreffenden Arbeitern gleich der Arbeit
zugemessen und zersplittert sich, weil viele Hungerleider die
Hände aufhalten, in eine Menge kleiner Raten, von denen jede
ihrem Empfänger höchstens den groben Genuß erlaubt, daß
er, wie die Bilderschrift der Chinesen, sich die Glückseligkeit als
einen Mund voll Reis vorstellt. Die Hälfte des Arbeitslohnes
jedoch, welche der andern Klasse, nämlich der bevorzugten Ar=
beit, zufällt, ist beträchtlicher für die Empfänger, zumal da die
Zahl der Empfangenden so gering ist, daß sie sich häufig nur
auf 1 beläuft (wenn man überhaupt die unbewegliche 1 schon
unter die Zahlen rechnen darf und sie nicht lieber der unend=
lichen Null, mit der sie eine Bruchreihe ohne Anfang und
Ende vermittelt, zugesellen will!). Ferner ist diese Hälfte des
Arbeitslohnes auch deßhalb beträchtlicher, weil sie der Leitung
und Herrschaft, nicht aber der Dienerschaft ausgezahlt wird.

Der oberste Leiter der Produktion mißt sich, seine Arbeit taxi=
rend und seine Bedürfnisse überschlagend, den Arbeitslohn sel=
ber zu. Auch schmeckt dieser Arbeitslohn süßer, insofern man
ihn mit dem stolzen Bewußtsein behält, daß man für sich sel=
ber gearbeitet hat. Und wäre auch dieses „Für=sich=selber=
Arbeiten" nur eine Art sozialistischer Solidarität, so würde
selbige doch schon in hohem Grade mit dem holden Gefühle
der Freiheit und Unabhängigkeit gewürzt sein. Wir sagen
Nichts gegen die Bezahlung des Herrschens, Beaufsichtigens,
Buch= und Kasseführens, Anstellens und Organisirens; denn
diese Funktionen machen auch Mühe, ja was noch mehr, sie
erfordern tüchtige Köpfe, und von ihnen hängt häufig das Ge=
deihen der ganzen Produktions=Arbeit ab. Wir tadeln es da=
her nicht, wenn man meint, daß Derjenige, der durch die Her=
stellung einer ausgezeichneten Arbeits=Organisation zehn oder
hundert Arbeiter erspart, auch so und so viele Arbeitslöhne in
seine Tasche stecken dürfe. Das versteht sich ganz von selbst,
da man die betreffende gute Organisation nicht schaffen würde,
wenn man nicht den heiligen Eigennutz besäße, die ersparten
kleinen Arbeitslöhne sich selber als großen Arbeitslohn anrech=
nen zu wollen. Wer A sagt, der muß auch B sagen, wenn
er sich überhaupt in die Fibel der National=Oekonomie vertie=
fen will. Indeß bemerken wir, daß, wenn wir Nichts gegen
die unter den gegebenen Umständen nothwendigen Folgen der
einmal existirenden Einrichtungen, doch Alles gegen das Or=
ganisations=Prinzip, welches die ganze gegenwärtige Produk=
tion beherrscht, einzuwenden haben.

Nachdem wir konstatirt haben, worin der zweite Faktor des
Produktions=Kosten=Preises, der Arbeitslohn, besteht, wie er
sich halbirt und in welcher Proportion er in verschiedene Ta=
schen wandert, gehen wir zum dritten Faktor, dem Kapital=
Zinse, über.

Obschon die National=Oekonomen den Sozialisten gegenüber
ihre grelle Uneinigkeit in den wichtigsten Fragen bezüglich des
Seins der Dinge zu vertuschen bestrebt gewesen sind, blicken
doch überall Blößen durch und treten Widersprüche zu Tage.
Solche Blößen und Widersprüche fallen uns auch auf, wenn

wir die äußerst wichtigen Faktoren: Grundrente, Arbeitslohn und Kapital-Zins, betrachten. Manche nämlich haben den Grund und Boden ebenfalls unter das Kapital gerechnet; weßhalb genau genommen die Grundrente eine besondere Art des Kapital-Zinses sein würde. Andere haben alle Güter, folglich auch das Kapital, aus der menschlichen Arbeit hergeleitet, sodaß der Kapital-Zins Nichts weiter, als eine Art Arbeitslohn sein müßte. Da nun wieder Andere auch den Unternehmergewinn als bloßen Arbeitslohn betrachten, so würde, wenn man diese kunterbunten Widersprüche durch ein großes Kompromiß euphemistisch bepflastern und logisch verbinden wollte, sich zuletzt Alles, die Grundrente, der Kapitalzins und der Unternehmergewinn, in den schönen Dreiklang des vielsagenden Wortes „Arbeitslohn" verschmelzen lassen.

Der sittlich-ästhetische Schiller, der Dichter aus der anbrechenden Blüthezeit der Silber-Periode, hat gesungen:

> „Das ist der Fluch der bösen That, daß sie fortzeugend Böses muß gebären."

Was ist das Kapital? Die vergegenständlichte, fortzeugende That der Güterwelt. In dieser aber herrscht nicht mehr der Dualismus des Guten und Bösen, sondern sie hat die Eigenthümlichkeit, daß jede Sache und jede That, je nach der sittlichen Anschauung der Arbeits- und Besitzentwicklung, gut und böse zugleich sein kann. So steht es auch in sittlicher Hinsicht um das Kapital und den Kapital-Zins.

Das Kapital wird gebildet aus einem Gütervorrath, der zur Erneuerung und Vermehrung der Produktion bestimmt ist. Gewöhnlich wird das Geld ebenfalls unter die Kapitalien gerechnet, obschon eine so wichtige national-ökonomische Autorität, wie Adam Smith, dasselbe nicht für produktiv gehalten hat. Abgesehen davon, daß alle Güter durch das Geld bisher gemessen werden, daß sie alle eine gewisse Seelenwanderung durch das Geld hindurch machen müssen und daß dieses noch heutzutage der Repräsentant der gesellschaftlichen Freiheit und also gleichsam das summum bonum (höchste Gut) der National-Oekonomie ist, wird ja auch das Geld immer mehr zur Waare, wie es andere Waaren sind, und kann folglich probuktiv angelegt werden. Der Kapitalzins als Geldzins ist das Neu-Produkt der Geldwaare, wenn selbige gebraucht wird, um bei der Neu-Produktion eines andern Waarenvorraths zu helfen. Geld, sagt ein Kritiker, ist allgegenwärtiges Kapital.

Der Unternehmer einer Produktion hat Kapital nöthig, um produziren zu können. Der Grund und Boden, sowie die Baulichkeiten, die für die Produktion unerläßlich sind, sind ein Theil dieses Kapitals, wofern sie nicht unter den Begriff Grundrente geworfen oder gar auf lauter Arbeitslöhne zurückgeführt werden. Die für die Produktion gebrauchten Stoffe und Hülfsmittel, die Heizung, Feuerung, Beleuchtung, Maschinen und Werkzeuge gehören ebenfalls zum Kapital. Ferner sind manche National-Oekonomen, denen jedoch ihre Kollegen widersprechen, geneigt, auch die Arbeitskraft und Geschicklichkeit der Arbeiter dem Kapital zu subsumiren. Die Arbeitslöhne, die, ehe das Neuprodukt selbständigen Werth durch seine Seelenwanderung ins Geld hinein erhalten hat, vorschußweise zu bestreiten sind, gehören nicht minder zum Kapital, das für eine Produktions-Unternehmung erfordert wird. So ist das Kapital im Grunde die Summe aller zur Hervorbringung eines Neuwerthes nöthigen, vom Unternehmer zu bestreitenden Auslagen.

Diejenigen Auslagen oder Vorschüsse, welche der Unternehmer nicht selbst besitzt, muß er von einem andern Kapitalisten entlehnen. Dieser aber leiht ihm das Kapital, welches doch zur Hervorbringung von Ueberschuß oder Gewinn verwandt werden soll, nicht um Gottes willen umsonst; vielmehr bedingt er sich für die bestimmte Zeit, während deren sein Kapital von einem Andern — gleich als ob es dessen Eigenthum geworden wäre — nützlich und profitabel verwandt werden soll, eine gewisse Kapital-Abgabe, eine Steuer, aus und nennt diese seinen Kapital-Zins. Ebenso bringt der Unternehmer von allem Kapital, welches er selber besitzt und bei der Produktion verwendet, die Abgabe, die er bei anderweitiger Anlegung seines Kapitals erlangen könnte, wenn er selbiges ausliehe, in Anrechnung bei Ansetzung der Produktions-Kosten. Der Kapital-Zins spielt also eine wichtige Rolle und kommt, falls der Unternehmer alles nöthige Kapital selbst besitzt, nicht etwa dem Produktions-Kosten-Preise zugute, sondern vertheuert den Preis stets. Ja der Unternehmer zahlt sogar bei der Vertheilung, da er die Leitung hat und Kassenführer ist, möglichst geringen Kapital-Zins an Andere, von denen er Kapital leiht: während er bei Ansetzung des Produktions-Kosten-Preises den Kapital-Zins zu seinen Gunsten möglichst hoch anschlägt. Denn er will möglichst viel gewinnen. Der Eigennutz ist die allmächtige Triebfeder unserer gegenwärtigen Produktion, sowie unseres ganzen Handels und Wandels. Unsere Geld-Religion ist sich ihrer Pflichtenlehre sehr klar. Habgier ist ihr löblich.

Nachdem wir die drei den Produktions-Kosten-Preis hervorbringenden Faktoren im Allgemeinen kennen gelernt haben, wissen wir, was wir von seiner Regelmäßigkeit, Genauigkeit und Vortrefflichkeit zu halten haben. Bei seiner Vertheilung und seiner Erzeugung nehmen die Kontrahenten desselben zu einander eine feindselige Stellung ein; jeder von ihnen möchte aus demselben so viel Gewinn als möglich beziehen. Die Empfänger der Grundrente und des Kapital-Zinses sind als solche bei der Produktion nicht persönlich mit thätig, sondern empfangen ihren Antheil, gestützt auf Eigenthums-Titel. Diejenigen, welche wirklich mit ihren Leibern und mit ihrer Person bei der Produktion einzustehen haben, empfangen verhältnißmäßig den geringsten Antheil vom Ertrage des Produktions-Kosten-Preises, weil für sie dieser Preis ein Nothdurfts-Preis ist. Der Unternehmer, welcher Buch und Kasse führt, sucht den Grundrenten-Empfänger, die gemeinen Produktions-Arbeiter und den Kapitalzins-Empfänger sammt und sonders so niedrig wie thunlich abzufinden, dagegen seine eigene Thätigkeit so hoch als möglich zu verwerthen. Auch den Konsumenten gegenüber rechnet der Unternehmer, der vor ihnen als alleiniger Produzent seiner Waare sich präsentirt, seine Arbeit, seine Auslagen und seine vielleicht gar nicht gehabte Mühe und Sorge so hoch als nur irgend möglich. Auf diese Weise entsteht der Unternehmergewinn, den viele deutsche National-Oekonomen als vierten Faktor des Produktions-Kosten-Preises aufgezählt und geschildert haben. Der Unternehmergewinn ist der Grund und das Ziel des Produktions-Unternehmens: die

Schlange, die sich in den Schwanz zu beißen scheint, der weite Aermel, wo hinein die überschüssigen Arbeitslöhne, der ersparte Kapital-Zins, sowie die Entschädigung für Grundrente, Steuer und Wagniß, geschüttet werden. Geschwindigkeit ist keine Hexerei. Je schlauer der Unternehmer ist, desto besser weiß er sowohl vor den Antheilhabern am Produktions-Kosten-Preise, als auch vor dem kaufenden Publikum die Größe seines Gewinns zu bergen und zu verbergen. Wenn man ihn sprechen hört und seinen plausiblen Worten glaubt, hat er so gut wie gar keinen Gewinn, sondern empfängt bloß standesmäßigen Arbeitslohn. Läßt er sein Geschäft durch einen Agenten verwalten, so empfängt er laut seiner Angabe bloß eine knappe Remuneration für die Darleihung seines Namens, für die Verantwortlichkeit seiner Person, für die Gefahr seiner Ehre, sowie für die Mühe, die ihm hin und wieder das Nachsehen, Briefschreiben und Kasse-Kontrolliren oder Geldeinstreichen bereitet. Somit ist der Produktions-Kosten-Preis etwas Zufälliges, Willkürliches, Schwankendes.

Daher ist es, selbst vom beschränkten Standpunkte der Privat-Wirthschaft aus, lächerlich, wenn die National-Oekonomen sagen, daß die Produktions-Kosten die Preise regeln. Im Gegentheil bringt sie gerade von diesem Standpunkte aus der weite Aermel des Unternehmergewinns in Unordnung.

Dazu gibt es gewisse Branchen der Arbeit, bei welchen vom Produktions-Kosten-Preise nie die Rede ist. In dieser Beziehung erwähnen wir die sämmtlichen Gehalte der Staatsbeamten, die Honorare der Advokaten, Schriftsteller, Aerzte und Lehrer, die Besoldung des von manchem National-Oekonomen unter die produzirenden Arbeiter gerechneten stehenden Heeres, die Löhnung jener Haussklaven, welche den lieblichen Namen Dienstboten oder Gesinde, Knechte und Mägde führen, sowie aller übrigen Leute, die sogenannte persönliche Dienste verrichten. Ferner dürfen wir nicht die Preise der Eisenbahn-Aktien, der Häuser und Geschäfte sinkender oder aufblühender Orte, des Post- und Telegraphenwesens, der Künste und Künstler, der Heilquellen, der Plätze des Hazard-Spiels, der Prostitution u. s. w. mit Stillschweigen übergehen. Sie alle schützen keine Produktions-Kosten als die Richtschnur ihrer Preise vor.

Doch in gewisser Hinsicht ist die Produktions-Kosten-Preis-Theorie nicht ganz unbegründet. Jene Kosten haben Einfluß.

Erstens müssen die Preise, wenn ihre Artikel nicht zu den Monopolen und Patenten gehören, sich in den bescheidenen Schranken der Plausibilität halten, d. h. sie dürfen in der Regel nicht so hoch gehen, daß der Käufer durch den Rippenstoß der enormen Forderung daran erinnert wird, er solle übers Ohr gehauen werden. Deßhalb müssen die Preise so auftreten, als ob sie Produktions-Kosten sein könnten. Sie müssen das Decorum wahren, Anstand, Sitte und Höflichkeit beobachten. Kurz, die Kunst des Tauschens muß Kunst des Täuschens sein.

Zweitens halten sich die Preise in sofern an die Produktions-Kosten-Theorie, als auf die Dauer eine Waare nicht unter den Produktions-Kosten verkauft werden kann. Der Grund hiervon ist einfach, in sofern der Unternehmer mit seiner Produktion Gewinn beabsichtigt. Dauernde Gewinnlosigkeit und fortwährender Schaden dagegen müßten der Produktion ein Ende setzen. Wenn aber auch dauernd manchmal unter den Produktions-Kosten aus Rache und Selbstvertheidigung oder aus besonderer Liebe und Vorliebe produzirt wird, so gehören solche Fälle zu den Ausnahmen. Sie gehören hauptsächlich unter den streitigen Posten der persönlichen Dienste!!!

Drittens. Je mehr die Völker ökonomische Kenntnisse gewinnen und namentlich die Zeitungen jene ihre Schuldigkeit erfüllen, als Einschüchterungsmittel offenkundigen Wuchers zu dienen: desto mehr müssen bei der Feststellung der Preise die Produktions-Kosten als Norm für Kauf und Verkauf gelten. Noch mehr Nutzen aber, als die Zeitungen, muß in diesem Betreff die staatlich festgestellte Statistik und die Verbreitung der Waarenkunde nützen.

Viertens wird immer mehr die Arbeit als der Erzeuger aller Werthe erkannt. Indem sich dergestalt alle Preise in Arbeitslöhne auflösen, müssen die aus der Grundrente und dem Kapital-Zinse, aus Wagniß und Gefahr hergeleiteten Präten-

sionen nebst andern versteckten Falten des bauschigen Unterneh=
merärmels in das Reich der Taschenspielerei verwiesen werden.
Ebenso erleichtern die öffentlichen Eisenbahn=Tarife ꝛc. die
Nachrechnung der Transportspesen. Nur der Landbau entzieht
sich noch hartnäckig der Arbeitskosten=, Ertrags= und Vorraths=
Kontrolle, weil die Regierungen die großen Grundbesitzer zärt=
lich schonen, obschon das Volk durch den Getreidewucher ꝛc.
schwer zu leiden hat. Mit der Zeit muß aber auch hier —
vielleicht radikaler, als an den betreffenden Stellen geahnt
wird — Abhülfe kommen.

Fünftens. Seitdem die „Nürnberger Eier" eine genaue
Zeiteintheilung ermöglicht haben, hat sich die moderne Indu=
strie im Laufe der Jahrhunderte erst mächtig entfalten können.
Weil die alten Römer und Griechen unsere Uhr nicht hatten,
deßhalb vorzüglich konnte seitens der Herren die Sklaven=
Emanzipation nicht vollbracht und unsere heutige Zivilisations=
Höhe damals nicht erreicht werden. „Zeit ist Geld; Schnellig=
keit erspart und gewinnt Geld." Die Theilung oder Organi=
sation der Zeit und die der Arbeit reichen sich die Hände. Vor
Allem wird dieß in England erkannt. Je schneller der Umsatz,
desto gewinnreicher wird die Produktion, denn desto eher voll=
enden die Produkte ihre Seelenwanderung ins Geld, um hier=
auf höhere Produktion zu schaffen. Der Umsatz aber wird
großentheils auch durch seine Massenhaftigkeit schneller. Da=
her wird immer mehr dem Prinzip gehuldigt, daß der Unter=
nehmer durch möglichst niedrige Preise, welche sich nicht hoch
über die Produktions=Arbeitskosten erheben, massenhaft die
Käufer herbeilocken und die Größe seines Gewinns aus den
massenhaften, sich sehr summirenden Gewinntheilchen, die er
auf diese Weise zusammenbringt, herauszuschlagen suchen muß.
Zwei oder drei mittelmäßige Aernten solchen Unternehmungs=
gewinns im Jahre nützen mehr, als ein einmaliger jährlicher
Umsatz, der offenbar nur so langsam von Statten geht, weil
die Preise sich zu hoch über die Produktions=Kosten erheben.
In England hat man dieses Prinzip auch auf die Briefpost an=
gewandt und dabei gute Geschäfte gemacht. Freilich ist maf=
senhafter Umsatz nur jener Groß=Produktion möglich, die über

bedeutende Kapitalien verfügt. Das kleine Geschäft, nament=
lich das alte Handwerk, sowie auch der Landbau, wissen sich
nicht zu rathen noch zu helfen, daß sie nicht sämmtlich von
der Groß=Industrie überflügelt und bei Seite geschoben werden.

Sechstens werden solche Fabrikanten, die nicht in dieser
Beziehung mit der Zeit vorwärts wollen, durch die Konkur=
renz entweder zur Nachgiebigkeit gezwungen oder im Wettstreite
der Preise lahm gelegt. Alle müssen sich in das an der Pro=
duktions=Quelle mehr und mehr Geltung erlangende Preis=
regulirungsgesetz fügen und möglichst den Preis an die Pro=
duktions=Kosten annähern, indem sie ihre alten Prätensionen
des Unternehmergewinns fallen lassen. Hierzu sei beiläufig
bemerkt, daß die englische Sprache nicht einmal den diploma=
tischen Ausdruck Unternehmergewinn kennt; denn ihr gross
profit of stocks klingt viel plumper und fällt gleich mit der
Thür ins Haus hinein.

Die Regelung des Preises durch die Arbeitslöhne und die
gesellschaftliche Arbeitszeit bezeichnet den Anfang des Trium=
phes der Rechte der Arbeit. Dieser Triumph läßt sich wohl in
der Ferne erspähen, allein wir kommen in ihn bloß schritt=
und ruckweise, nicht mit Einem Male, hinein. Indem die Ar=
beiter, wenn sie strikes machen, ihre schlechte Löhnung an die
große Glocke hängen, wirken sie für die Herabsetzung der Fa=
brikanten=Preise sehr vortheilhaft; denn sie zeigen aller Welt,
welch' ein Unterschied zwischen dem prätentiösen Unternehmer=
gewinn und dem Arbeitslohne besteht, und wie es sich um die
Produktions=Kosten=Preis=Theorie in Wirklichkeit verhält. Ihre
demokratischen Ansprüche auf Lohnerhöhung haben nicht die
Tendenz, die Preise der Produkte in die Höhe zu treiben, son=
dern bedrohen in ihren Folgen die Zwingherrschaft und Will=
kür der Industrie=Tyrannen. Sowie sich die Demokratie in
der Industrie organisirt, wird überhaupt erst die Preisrege=
lung dauernd und allgemein zu Stande kommen. Das wird
die große Preis=Revolution sein, von welcher oben die Rede
war, der Anbruch der Zeit, wo das Metallgeld vom Throne
gestoßen wird, wo es seine Göttlichkeit verliert und wo es
Hildebrand's Kreditwirthschaft in einer etwas überraschenden

Weise Platz macht. Die Zurückführung der Waaren auf die Produktions=Kosten, d. i. auf die Arbeit, ist die Zurückführung des Preises auf den gesellschaftlichen Werth. Sie ist bloß mög= lich in einer vollständig auf dem Prinzip der Gegenseitigkeit errichteten Gesellschaft, welche über den Weltmarkt verfügt.

Da die Arbeit, um ihr geschichtliches Ziel zu erreichen, noch einen großen Kampf mit der Grundrente und mit dem Kapi= tal=Zins zu bestehen haben wird, so wollen wir im Folgenden den schon jetzt zwischen diesen feindlichen Faktoren bestehenden Streit etwas näher ins Auge fassen.

Um dieß zu können, müssen wir zunächst die Arbeit ge= nauer betrachten.

V. Abschnitt.

Die Arbeit.

Der Ausdruck „Arbeit" ist, wie sehr treffend die Gebrüder Wilhelm und Jakob Grimm in ihrem Deutschen Wörterbuche hervorheben, ein viel merkwürdige Seiten darbietendes Wort. Der Stamm arb ist uralt und hat eine ferne Verwandtschaft mit dem Stamme ar (der Bodenbebauung = aratio), eine nahe mit dem Worte „Erbe": welch' letztere Verwandtschaft wohl mehr noch durch den in „Arbeit" liegenden Begriff des Erwerbens, als durch das Böhmische rabuse, das Serbische rabosch, oder durch das Finnische arpa und das Lappische arbo vermittelt wird. Deßhalb kommt noch im alten Augs= burgischen Stadtbuche, welches im 13. Jahrhundert niederge= schrieben wurde, Arbeit geradezu für ein durch Arbeit erwor= benes Gut, Eigenthum und Erbe vor, wie Johann Christoph Adelung in seinem Deutschen Wörterbuche erwähnt.

Gleich andern alten Wörtern hat das Wort Arbeit, in Folge der Aenderung, welche die Arbeit im gesellschaftlichen Leben erlitt, seine Geschichte gehabt. In seiner alten Bedeu= ting tritt in ihm noch stark der Begriff der Noth, Mühe, Sorge, Pein hervor; doch weicht dieser etwas zurück, sowie die Arbeit etwas freier und mehr anerkannt wird. Arbeit ist ursprünglich Eines und Dasselbe mit dem lateinischen Worte labor, welches ebenfalls die Sorge, Mühe und Plage bezeichnet. Als die Arbeit mehr und mehr zu Ehren kommt und in der Silberperiode „des Bürgers Zierde" wird: da veralten die noch von Kosegarten und Herder gebrauchten Ausdrücke „arbeitselig" und „Arbeitseligkeit" und werden ganz durch die Ausdrücke „mühselig" und „Mühseligkeit" ersetzt.

Neben dem Worte „Arbeit" besitzen wir in unserer deutschen Sprache das sinnverwandte Wort „Werk". Dieses ist ebenfalls sehr alten Ursprungs, erinnert an das angelsächsische yrf oder yrfe und ist, wie besonders im schwedischen yrka deutlich sich zeigt, verschwistert mit dem griechischen ἔργον. Das Wort „Werk" unterscheidet sich vom Worte „Arbeit" durch zwei Hauptmerkmale: einmal nämlich tritt in ihm nicht der Begriff der Plackerei, Pein und Mühe hervor, wohl aber der des Bauens, Fertigmachens und Schaffens (in einer alten Bibelübersetzung heißt es z. B.: „Er — Gott — wirkete die Erde", wie noch heute der Bäcker den Teig, der Hufschmied den Huf des Pferdes wirkt); sodann faßt Werk auch den Thätigkeitsbegriff genossenschaftlich und kollektiv als besondere Arbeits-Branche zusammen, daher die Ausdrücke Gewerk, Handwerk, Hammerwerk, Bergwerk ꝛc.). In „Werk" treten also zugleich die Begriffe der Gemeinschaft und der Sonderheit, vereinigt in der sich abschließenden Genossenschaft, zu Tage. Demnach sind die jetzt oft gleichbedeutend gebrauchten Wörter Arbeit und Werk ursprünglich verschiedenartig angewendet worden. Um es gleich herauszusagen, bezeichnet die „Arbeit" vorzüglich die Plackerei des gemeinen Landvolks, das „Werk" dagegen besonders die genossenschaftliche Thätigkeit des städtischen Gewerkes. Das Nähere wird sich aus dem Folgenden ergeben. Auch wird aus dem Folgenden erhellen, warum das Angelsächsische earfod und earfode (Arbeit) aus der englischen Sprache verschwunden, dagegen das Angelsächsische weorc (Werk) bis zur Gegenwart im Worte work geblieben ist.

Unsere Zivilisation fußt auf derjenigen der Griechen und Römer, namentlich auf der der letztern. Bei denselben war lange Zeit hindurch nicht der in unserer Geschichte eine so große Rolle spielende Gegensatz zwischen Stadt und Land vorhanden. Vielmehr gehörte das städtische und ländliche Haus — die domus und villa — der nämlichen Eigenthümerklasse an. Der die römische Republik erfüllende Gegensatz stellt sich vorzüglich als Kampf der Freien, der Patrizier und Plebejer oder der Aristokratie und Demokratie, dar. Ganz analog hiermit zeigen sich uns in Griechenland die Kämpfe zwischen Aristokratie und Demokratie. Es ist der Kampf der großen und kleinen Eigenthümer. Endlich wird der Streit zwischen großem und kleinem Eigenthum durch ein drittes Element verdrängt. Durch das Einströmen der beweglichen Reichthümer und durch das Ansammeln derselben in wenigen Händen nämlich ist ein so großer Abstand zwischen Reich und Arm entstanden und der Grundbesitz selbst so ins Rollen gerathen, daß die Plebejer trotz der errungenen politischen oder abstraktrechtlichen Gleichstellung ihre Freiheit nicht zu behaupten vermögen. Gegen das Ende der römischen Republik werden bei den Wahlen die Stimmen der armen Bürger mit schwerem Gelde erkauft, und Moralprediger, wie der sittliche Cato, helfen bei solchen Bestechungen, weil sie selbige ganz in der Ordnung finden, wacker mit. Man kennt aus dem sittlichen Staats=Roman=Schriftsteller Sallustius den Ausspruch des Königs Jugurtha: daß, wer genug Geld habe, das ganze Rom kaufen könne. Rom stand damals in der Blüthezeit der Gold-Periode. Das niedere Volk klagte jedoch: der gemeine Mann dürfe nicht einmal mehr, wie das liebe Vieh, seinen Hunger mit Disteln stillen. Das allgemeine Stimmrecht half wenig gegenüber dem kolossalen Reichthume Einzelner!

Mit dem Glanze der Gold=Periode entwickelte sich der edlere Luxus und die feinen Sitten, jene gesellschaftliche Glattheit, welche man im Gegensatze zu den schwerfälligen bäurischen Sitten der altfränkisch gebliebenen Landbewohner (rustici) die Urbanität nannte. Es tauchte eine Klasse Geldmänner auf, zwar sehr verdächtigen Ursprungs, aber doch von Cicero, der ihr angehörte, die viri honestissimi (größte Ehrenmänner) titulirt. Es fehlte damals auch nicht in Rom an der

Börse und dem Börsenhandel. Durch die Aufhäufung massen=
hafter Reichthümer sprang in den Städten eine große Beweg=
lichkeit im Gegensatze zum unbeweglicheren Landleben auf, und
Rom, die Metropole des ganzen Reiches, die Stadt der Städte,
stand hierin obenan. Daß indeß sich nicht unsere Zustände
herauszubilden vermochten: dafür sorgten die Sklaven. Die
Lösung der Sklavenfrage, die soziale Frage jener Zeit, führte
den Cäsarismus herbei. In den Städten befanden sich die
Sklaven in einer leiblichen Lage. Sie waren hier die Besor=
ger der Kramläden, die kleinen Kaufleute und städtischen Hand=
werker, unterschieden sich bald nicht viel mehr von dem gemei=
nen freien Volke und wurden auch viel häufiger, als die Land=
sklaven, freigelassen. Zwischen dem niedern, d. h. armen, Volke
der Freien und diesen Sklaven bildete sich bald eine gewisse
Brüderlichkeit heraus, weil von den Vornehmen oder Reichen
zwischen beiden kein großer Unterschied mehr gemacht, vielmehr
beide bald mit der Bezeichnung plebs (Pöbel) und infimi
(Gesindel) in denselben Topf geworfen wurden. Diese Sklaven
waren sogar oft besser daran, als die armen Freien.

Um zur Verbesserung der Lage des armen Volks eine so=
ziale Umwandlung herbeizuführen, traten die reformatorischen
Gracchen, trat der revolutionäre Rullus, trat der gefährliche
Catilina auf; aber ihre Bestrebungen wurden nicht nur durch
die Klasse der Reichen besiegt und vereitelt, sondern obendrein
mit Schmähungen, Schimpf und Schande bedeckt. Doch die
römische Republik hatte jetzt das Stadium bloßer Grundbesitzer=
kämpfe verlassen und war in das ungeschminkt soziale Stadium
des Eigenthums=Klassenkampfes gegen das nach Emanzipation
ringende Proletariat eingetreten.

Zeuge dessen sind die fürchterlichen Sklavenaufstände, mit
denen das niedere Volk der Freien theilweise sympathisirte.
Ein solcher Sklavenaufruhr tobte zur Zeit des kimbrischen
Krieges; ein fürchterlicher Sklavenaufstand wüthete auf Sizi=
lien, wo eine Million Sklaven umgekommen sein sollen. Am
Gefährlichsten jedoch war jene von den größten Sklavenwerk=
stätten hervorbrechende Sklaven=Rebellion, bei welcher sich die
Gladiatoren — die Preiskämpfer — als Heerführer an die

Spitze der Unterdrückten stellten. Gleichzeitig mit dem römi=
schen wüthete der griechische Sklavenaufruhr.

Unter den Sklaven gab es meist wohl völlig verthierte
Arbeits=Maschinen, aber doch auch sehr gebildete Männer, wie
schon daraus ersichtlich wird, daß die Lehrer, Künstler und
Schauspieler aus ihrer Klasse stammten, und daß im Handel
mit Menschenfleisch 100,000 bis 200,000 Sestertien für manche
Sklaven gezahlt wurden. Auch nahm bei manchen Herren die
grausame Strenge gegen die Sklaven ab. Zwar hatten die
römischen Herren ihre unterirdischen Sklavenwerkstätten nebst
gefesselten Thürhütern, und in Sparta erhielt von der dorti=
gen groben Kost der Sklave nur die halbe Ration des Freien,
wie denn auch im Allgemeinen bei den Römern die Sklaven,
damit diese demüthig und gelassen blieben und den Herren um
so mehr Gewinn abwürfen, gewöhnlich mit karger und schlech=
ter Kost traktirt wurden: allein die Furcht vor den Sklaven=
aufständen und vor dem Verluste des unentbehrlichen Menschen=
Eigenthums flößte den Herren einige Humanität ein. Bilde=
ten doch die Sklaven und das Vieh das Haupt=Kapital, we=
nigstens die Haupt=Maschinen, jener Zeit. So bestand in Athen
nicht nur ein Gesetz gegen das Prügeln der Sklaven, sondern
diese konnten auch wegen der Grausamkeit ihrer Herren sich
in den Tempel flüchten, worauf sie an einen andern Herrn
verkauft werden mußten. Eben so schritten in Rom die Zen=
soren ein, wenn Sklaven gequält wurden, oder zu schlechte Kost
empfingen. Die Staatssklaven Roms, besonders als öffentliche
Schreiber gut bezahlt, kauften sich Untersklaven und hielten sich
für besser, als ihre Untergebenen. Phädrus, Terenz und Tiro
gehörten dem Sklavenstande an. Livius Andronicus, Roms äl=
tester Dichter, war Sklave; Horaz war Enkel eines Freigelas=
senen; Plautus drehte die Mühle eines Bäckers.

Im Ganzen entwickelten sich auf dem Lande die Verhält=
nisse nicht so günstig für die Sklaven, wie in der Stadt. Al=
lerdings wurden die armen Menschen auch hier in der letzten
Zeit der römischen Republik wohl nicht mehr in Eisen gelegt
und gefesselt an die Arbeit geführt, und als der römische Land=
bau dahin gelangt war, daß die großen Güter Italiens sich

wegen des veränderten Marktbedürfnisses auf parzellenmäßigen Betrieb legen, den Getreidebau aufgeben und dafür Gemüse-, Garten-, Geflügel- und dergleichen Produkte um des größeren Gewinnes willen hervorbringen mußten: da löste sich auf dem Lande für die Sklaven ebenfalls einigermaßen die alte strenge Fessel und Zucht. Nicht weniger trug die Aufsaugung der kleinen durch die großen Güter und die Aufhäufung großer Landstrecken in Einer Hand zur Verbesserung der Sklavenlage bei. Denn die reichen Grundeigenthümer gaben sich nicht mehr persönlich mit der Landwirthschaft ab, sondern hielten sich ihre Pächter oder Verwalter. Da aus den armen Freien aber keine passenden Geldpächter bezogen werden konnten und also auf diese Weise, welche nur kurze Zeit versucht wurde, für die großen Grundeigenthümer die heutige Grundrente herzustellen sich fruchtlos erwies, so mußten die Pächter und Aufseher der Güter aus den Sklaven bezogen und das System des Natural-Pachtes eingeführt werden. Die Sklaven waren nun unter ihres Gleichen gestellt und wurden folglich besser behandelt, als bisher. Dieß, sowie die bei Vererbungen, Schenkungen u. s. w. aufgenommenen Inventare, dann der aus der Lokal-Kenntniß, Ortsgewohnheit, Züchtung und Heimathstreue für die Eigenthümer entspringende Nutzen bewirkte auch, daß Sklavenverkäufe nun seltener vorgenommen, somit die Stätigkeit und Zusammengehörigkeit der Sklaven eines Gutes gewöhnlich wurden. Die Umgestaltung der Sklavenlage zu vollziehen, war die geschichtliche Aufgabe des auf die römische Republik folgenden Kaiserreichs. Unter den Cäsaren wurden nach und nach die Sklaven an die Scholle gefesselt. Denn die Gährung unter den letzteren dauerte fort und fand an dem kommunistisch wirkenden Christenthum, welches sich unter ihnen verbreitete, neuen Nahrungsstoff, bis endlich der Kaiser Konstantin aus Staatsklugheit sich bewogen fand, eine umfassende Sklaven-gesetzgebung herzustellen, das Christenthum zur Staatsreligion und damit unschädlich zu machen, und endlich auch wegen der bedrohlichen Barbaren-Einfälle die Residenz ins Morgenland nach dem neu erstehenden Konstantinopel zu verlegen. Indeß ging trotzdem die Hebung der Sklavenlage auf dem Lande langsam und hielt mit der Verbesserung, die für die Lage der Stadt=Sklaven eintrat, nicht gleichen Schritt. Wenn auch die Land=Sklaven an die Scholle gefesselt waren, so wurde doch selbst in der Justinianischen Gesetzsammlung das Recht der Herren über Tod und Leben ihrer Leibeigenen nicht aufgehoben. Demnach bestand der Hauptgewinn, der für die Sklaven, namentlich für jene auf dem Lande, unter den Kaisern erwuchs, darin, daß sie nicht mehr wie eine fortwährend in Umlaufsfreiheit begriffene Waare rasch die Herren wechselten, sondern heimstät wurden, Familienfreuden genießen und eigene kleine Wirthschaften anlegen durften.

Der zwischen Stadt und Land entstandene Gegensatz pflanzte sich im germanischen Europa fort. Auch hier hatten es die Leibeigenen der Städte besser, als ihre Brüder auf dem Lande. Dieser merkliche und sogar scharfe Unterschied in der Lage des arbeitenden Volks spiegelte sich in der deutschen Sprache ab, indem der Dienst der Leibeigenen des Landes vornehmlich durch das Wort „Arbeit" ausgedrückt wurde, während die Leibeignen der Städte als Gewerke sich sonderten und Werkdienst verrichteten. Die Leibeigenen des Landbaues wurden geschunden und geplagt, mußten Vieharbeit leisten und waren allen Unbilden des Raub= und Fehdewesens ausgesetzt, während die Handwerker der Städte als Gottesleute im Frieden des Krummstabes geborgen wohnten. Darum tritt in dem Worte Arbeit ursprünglich der Begriff der Mühsal und Pein, der Sorge und Anstrengung so stark hervor, und darum wird „Arbeit" noch von Gryphius gebraucht, um das schmerzliche Gebären der kreißenden Frauen zu bezeichnen, dahingegen Werk nur die Genossenschaft, ihren gemeinschaftlichen Arbeitsplatz und das zu Stande gebrachte Produkt ausdrückt.

Wie kam es nun, daß in Deutschland das Wort Arbeit allgemein herrschend wurde und den Ausdruck Werk nicht nur einengte, sondern fast ganz verdrängte; indeß in England umgekehrt das Wort work sich die Herrschaft errang, das angelsächsische earfod (Arbeit) besiegte und nur in dem normännischen Worte labour einen unglücklichen Nebenbuhler erhielt?

Hierauf gibt die Geschichte beider Länder klare Antwort.

In England wurden die angelsächsischen Grundeigenthümer, nachdem sie seit der Hälfte des fünften Jahrhunderts allen Boden eigenthümlich in Beschlag genommen und kraft der Gewalt des Schwertes den vorgefundenen Landbebauern das Joch der „Arbeit" auf den Nacken gelegt hatten, im Jahre 1066 ihrerseits durch die Normannen unterworfen. Gleichwie zuvor die Angelsachsen die vorgefundenen Bodeneigenthümer in Dienstbarkeit hinabgedrückt, den Besiegten ihr Recht diktirt und durch gewaltsame Beschlagnahme der Güter derselben ein neues gesetzliches Eigenthum erworben hatten: so auch bemächtigten sich die Normannen des Grunds und Bodens, installirten sich im Eigenthum der Angelsachsen als neue gesetzliche Eigenthümer und schufen veränderte Dienstverhältnisse. Hatten die Angelsachsen seiner Zeit den Besiegten die earfod (Arbeit) aufgelegt, brachten die Normannen für die Besiegten und Unterworfenen die labour. Zwar behielten die Produkte der Arbeit bei den nun unterworfenen Bodenbesitzern, nachdem letztere in Dienstbarkeit hinabgesunken waren, noch ihre seitherige angelsächsische Benennung; der Weizen blieb wheat, der Roggen rye, das Korn corn: allein die neuen Herren tauften das sämmtliche Getreide, das für sie gebaut und gedroschen werden mußte, grains. Ebenso hieß das Fleisch als rohes Produkt noch ox (Ochse), cow (Kuh), calf (Kalb), sheap (Schaf), lamb (Lamm) und swine (Schwein); sobald es aber in geschlachtetem Zustande für den Gaumen der Herren zubereitet wurde, wurde es normännisch beef (Rindfleisch), veal (Kalbfleisch), mutton (Schöpfenfleisch), pork (Schweinefleisch) benannt. Die earfod, die Arbeit oder angelsächsische Dienstbarkeit, verschwand ganz, da die angelsächsischen Herren die Herren zu sein aufhörten und sie folglich die von ihnen im fünften Jahrhunderte und später Unterworfenen nicht mehr in harter Dienstbarkeit halten konnten. Die Arbeit war Zwangsdienst gewesen. Diesen übten aber nun die neuen normännischen Grundeigenthümer nicht bloß an den Arbeitern der Angelsachsen, sondern an den unterworfenen angelsächsischen Herren, die hiermit ihrerseits dienstbar wurden, selber aus. Die earfod kam also völlig ab; denn die normännische labour trat vollständig an ihre Stelle.

.

Die geschichtliche Gleichung lautet daher: earfod (Erbt, Erbeit, Arbeit) = labor = labour.

Während so auf dem Lande der Herrschaft der angelsächsischen „Arbeit" ein Ende gemacht wurde, änderte die normännische Eroberung in den Verhältnissen der städtischen Dienstleute nur wenig. Das seitherige „Werk" und „Wirken" der emsigen (ameisenartigen) Handwerker dauerte unbehelligt fort. Ihre „Gewerke" blieben nach wie vor. Als aber endlich die Zeit erschienen war, wo sich in Europa die große Frage entschied, ob die Stadt- oder die Boden-Kultur den maßgebenden Einfluß für das ganze im Staate repräsentirte Volk ausüben sollte: da kam in England, indem der niedere neugebackene Adel links abschwenkte und sich auf die Seite der Städte stellte, jenes berühmte Kompromiß zu Stande, welches in England our happy constitution (unsere glückliche Konstitution) heißt. Der Staat gerieth in die Hände dieses Kompromisses; das städtische work blieb, wenn auch erst in Zünften verknöchert und dann der Bourgeoisie dienstbar, am Leben.

Anders gestaltete sich die Entwicklung in Deutschland. Daß die deutsche Arbeit die Knechts- und Frohnarbeit bedeutete, wird durch das identische slawische Wort „Robota" bestätigt. Die Indentität beider Wörter aber wird durch die Gebrüder Grimm folgendermaßen nachgewiesen. Sie sagen:

„Der Wurzel gehört arb; der Ableitung eit, weßhalb auch die erste Sylbe den Hauptton, die zweite noch Tiefton hat (arbeit). Otfried akzentuirt árabeiti, aber mittelhochdeutsch taugt Arbeit, arbeiten zu stumpfem und klingendem Reim. Der Volkssprache wird die zweite Sylbe tonlos: arbet, erbet, vgl. ämse, emse für Ameise, mittelhochdeutsch âmeize. Luther und Andere seiner Zeit schrieben erbeit und erbet, Schwarzenberg ärbet, Logau arbt und arbten, arbter für arbeiten, Arbeiter. Dem wurzelhaften arb liegt aber kein anderes Wort so nahe, wie das gothische arbja (heres), althochdeutsch aripeo, arpeo, altnordisch arfi (heres filius), und beiden entspringt dadurch wichtiger Aufschluß, den uns aber die slawische Sprache zumal eröffnet. Wie nun die Slawen überhaupt die deutsche dem Vokal folgende Liquida ihm vorausrücken, z. B. unser an in

na, unser elbe in lube wandeln, zeigen fie rab, polnisch-böh-
misch rob und rabota, poln.-böhm. robota, welche jenem arbja
und arpaiths (neuhochdeutsch orbe, arbeit) der Form nach auch
im männlichen und weiblichen Geschlecht genau entsprechen.
Rabota bedeutet Arbeit, Knechtsarbeit, Frohndienst, rab einen
Knecht, Leibeigenen, Diener, das böhmische rob einen Knecht
und Knaben, das Femininum roba eine Magd und Dirne,
das Neutrum robě, robatko Kind und Knabe. Es muß für
das Wort „Erbe" aufgespart bleiben, näher zu erörtern, wie
die Vorstellungen der Hörigkeit, Angehörigkeit, Kindschaft und
Knechtschaft in einander fließen; hier haben wir es bloß mit
rabota und arbeit zu thun, die unbedenklich dasselbe Wort
sind, selbst das slawische t deckt sich mit dem gothischen th in
arbaiths und althochdeutsch d in arapeid, wie die ältesten Glossen
mehrmals gewähren, sogar ein mittelhochdeutscher Dichter
MS 2, 91b reimt nach arbeiden: gescheiden. Aber die gothische Sprache wurde bald in d erweicht, folglich althochd.
med. mit der tenuis vertauscht. Nicht genug an dieser be-
deutsamen Einstimmung, auch das lateinische labor = labos
und weiter = labots (vgl. arbor, arbos, arbots, arbutus)
scheint dem slawischen rabota, nach dem Wechsel zwischen l
und r, zu begegnen, und labor, rabota, arbeit wären
alle drei für dasselbe Wort anzuerkennen."
    Diese Ausführung ist überzeugend. Nach ihr steht unum-
stößlich fest, daß Arbeit Sklavendienst, Leibeigenschaft, Frohndienst, kurz Zwangsverrichtung bezeichnet und somit hauptsächlich auf die unfreie Bodenarbeit geht. Die soeben zitirte Autorität bemerkt weiter:
    „Während in der älteren Sprache die Bedeutung von mo-
lestia und schwerer Arbeit vorherrschte, die von opus, opera
zurücktrat, tritt umgekehrt in der heutigen Sprache diese vor
und jene erscheint seltener, jede derselben war aber in dem
Wort selbst begründet; seitdem allmählich die Thätigkeit der
Menschen unknechtischer und freier wurde, war es natürlich,
den Begriff der Arbeit auf leichtere und edle Geschäfte auszudehnen. Dieß wird nach dem Aufzählen der einzelnen Bedeutungen sich näher ergeben, in allen aber ist Arbeit

bald das Arbeiten, bald das Gearbeitete, bald das zu Arbeitende."

Der letztere Umstand, daß die Arbeit in allen ihren Bedeutungen bald das Arbeiten, bald das Gearbeitete, bald das zu Arbeitende begreift, ist äußerst wichtig. Denn er zeigt uns, daß schon in der ältesten Zeit das Volksbewußtsein, welches diesen umfassenden Sinn in das Wort Arbeit legte, sich darüber klar war, daß die Arbeit die Kette war, welche Vergangenheit, Gegenwart und Zukunft verband. Die Arbeit war also schon im Volksbewußtsein der ältesten Zeit die durch Vergangenheit, Gegenwart und Zukunft — durch Gearbeitetes, Arbeiten und zu Arbeitendes — fortzeugende That. Mit andern Worten war sie seit der ältesten Zeit das eigentliche und einzige Kapital: das Gearbeitete als im Produkt gewonnene Arbeit, das Arbeiten als Neuschaffen der Gegenwart und das zu Arbeitende als Kapitalbildung für die Zukunft. Aus dieser umfassenden Bedeutung der Arbeit, der Quelle aller Werthe, erklärt sich ihre nahe Verwandtschaft mit dem Worte „Erbe".

Die Gebrüder Grimm haben diese anscheinend sonderbare Verwandtschaft auf einem langen Umwege auszukundschaften und ersichtlich darzulegen gesucht, aber gerade deßhalb verfehlt den Nagel mitten auf den Kopf zu treffen. Zwar definiren sie die Arbeitskraft folgendermaßen:

„Man betrachtet den Menschen mit seiner Arbeitskraft wie eine Waare, deren Preis mit der Menge des Angebots und der Nachfrage danach steigt und fällt;"
allein sie verwerthen diese Erkenntniß nicht, sondern stöbern in den verschiedensten Sprachen herum, um etymologisch die nahe Verwandtschaft zwischen „Erbe" und „Arbeit" vermitteln zu können.

Die Arbeit, sagten wir, ist die Quelle aller Werthe. Wäre sie nicht gewesen, so hätte es keine Erben und keine Erbschaften gegeben, weil nichts zu Erbendes vorhanden gewesen wäre. Somit besteht alle Erbschaft nur in dem Besitzergreifen des Gearbeiteten; sie umfaßt alle vorhandene Arbeit einer zu übernehmenden Wirthschaft und heißt gerade deßhalb als Summe aller überlieferten Arbeit die Erbschaft (Erbeitschaft, Arbeitschaft, alles durch Arbeit Geschaffene). Hiermit stimmt denn auch jenes alte Augsburgische Stadtbuch überein, wenn selbiges unter Arbeit erworbenes Gut, Eigenthum und Erbe versteht.

Der Erbe setzt — wenigstens insoweit er Erbe ist — einen freien Menschen voraus; das Erbe ist das Gut eines Freien. Die Arbeit dagegen ist Knechtschaft, Frohndienst und Zwangsthätigkeit. In der Erbschaft aber berühren sich die Gegensätze — les extrêmes se touchent. Ohne das Kapital der Knechtschaft hätte der Grund und Boden keinen Werth, und der Erbe übernimmt nicht den innerhalb gewisser Gränzen liegenden Boden als pures Geschenk aus dem allgütigen Schooße der Natur, sondern als Gearbeitetes, als durch die Knechte geschaffenen Werth. So empfängt er die von seinem Vorgänger in der Herrschaft ihm überlieferte Arbeit der Knechte zusammt den Knechten und ihren ferneren Diensten selber.

Knechte und Vieh sind das lebendige Kapital, das starr gewordene Kapital und das zukunftsflüssige Kapital. Hätte es keine solche Knechtschaft gegeben: wie wäre eine Grundrente und ein Kapitalzins, wie überhaupt Eigenthum möglich geworden? Jetzt begreift es sich auch, warum Mably die Einführung des Eigenthums einen Fehler nannte, den zu begehen man fast für unmöglich halten sollte (une faute qu'il était presqu' impossible à faire), und warum J. J. Rousseau das Einschlagen des ersten Eigenthumspfahls als einen Betrug an der Menschheit betrachtete (la terre n'est à personne).

Auch bei den alten Römern war die Erkenntniß durchgedrungen, daß allein in der Arbeit die Quelle, und zwar die ewig fortsprudelnde Quelle aller Werthe zu suchen sei. Ihr heres (Erbe) kommt von der Wortwurzel ar her, deutet auf den Bodenbau (die aratio) und hängt folglich, wie wir oben bemerkten, mit der alten Wortwurzel arb, mit der Arbeit, zusammen. Die zeugende lebendige Arbeit der alten Römer waren die Sklaven und das Vieh. Beide wurden nach Köpfen (capita) gezählt und versteuert, sowie bei Aufnahme der Inventarien numerirt. Die capita, diese Sklaven- und Viehköpfe, haben sogar erst dem Worte „Kapital" seinen Ursprung gegeben. Kapital war somit auch damals nichts Anderes, als zeugende That, als Arbeit.

Auf diese Weise ist die Verwandtschaft zwischen Arbeit und Erbe ebenso einfach, wie natürlich, ebenso vernünftig (geschichtlich) wie gründlich erklärt. Die Geschichte enthält das Vernünftige, das ursächliche In-, Auf- und Nacheinander der Dinge: weßhalb vor Allem die historische Schule der National-Oekonomie durch das Verständige der Gegenwart, durch das beim Vergleichen widerspruchsvolle Neben-einander, sich nicht verblüffen und verwirren lassen sollte.

Die Verwandtschaft zwischen Arbeit und Erbe läßt sich aber noch viel eingehender geschichtlich darlegen. In der Erbschaft erwarb nicht nur der neue Herr das überlieferte Arbeits-Kapital der Vergangenheit, sowie das ständige und lebendige der Gegenwart und Zukunft, sondern auch die Knechte erbten. Sie erbten nämlich den neuen Herrn, die neue Knechtschaft unter ihm, die verlängerte Dienstbarkeit. Also war auch für sie die Arbeit mit dem Erben eng verschwistert und verwebt, ja identisch. Sie gehörten zur grex und blieben es; sie vererbten als Waare und dauerten als Waare fort; sie waren nebst dem Vieh die Maschinen, die bleibend am Gute ihre Dienste zu verrichten hatten.

Von dem Lande drang bei uns in Deutschland dieser Arbeitsbegriff in die Stadt ein. Durch die Völkerwanderung waren die von den Römern in Ober- und Nieder-Deutschland angelegten (circa) funfzig Städte überfluthet, verheert und zerstört worden. Langsam erwuchsen, unsern Dörfern nicht unähnlich, neue Städte. Selbige bildeten sich an Zentral-Punkten des Verkehrs ganz von selbst. Das allgemeine Bedürfniß rief sie hervor. An den Sammel- und Schürzpunkten der weltlichen und geistlichen Organisation erwachsend, bauten sich ihre Hütten rings um die königlichen Burgen oder Pfalzen und um die Sitze der Bischöfe. Somit waren ihre Bewohner anfänglich Königs- und Gottesleute, Dienerschaft, Gesinde. Dieselben waren zunächst dienstthuende Handwerker, bestimmt zum Versorgen der königlichen Pfalz und des bischöflichen Palastes. Indem sie aber unmittelbar unter der Obhut des Königs oder

des Bischofs standen, war ihr Loos viel erträglicher als dasjenige der über das Land hin zerstreuten und verzettelten andern Dienstleute. Theils dieser Umstand, theils das an den
Sammelpunkten häufige Verkehren der Menschen und das hierdurch herbeigeführte Emporwachsen dieser Orte zu öffentlichen
Märkten bewirkte, daß aus dem Lande noch Andere herbeizu-
kommen suchten, um allda ihren Wohnsitz zu nehmen. So
zehrte und vergrößerte sich die neue Stadt durch Zufluß vom
Lande. Die Einwohner ordneten sich genossenschaftsweise nach
Handwerken. Weil sie ersahen, daß die genossenschaftliche Einigung ihnen eine größere Kraft der Wehr und des Angriffs
gab, gingen sie auch unter einander größere Bünde ein, vermöge deren sie eine ausgedehntere Freiheit zu erlangen sich
bestrebten. Doch wurden dergleichen Bündnisse für arg gefährliche Verschwörungen angesehen und bei strenger Strafe
verboten. So erließ der fränkische König (Kaiser) Karl, den
man irrthümlich wegen des mißverstandenen fränkischen Wortes Charlemaine (Karlmann) mit dem Beinamen Magnus (der
Große) beehrt hat, im Jahre 794 und 805 ein scharfes Verbot gegen die zu gegenseitiger Hülfsleistung abgeschlossenen
Gilden (Assoziationen). Wenn die Verschwörung, verordnete er,
irgend ein Uebel verursacht hatte, so waren die Rädelsführer
mit dem Tode zu bestrafen und die Helfershelfer sollten nicht
nur gezwungen werden, sich gegenseitig zu geißeln, sondern
einander auch die Nasen abzuschneiden. Hatte aber die Ver-
schwörung noch nichts Schlimmes gestiftet, so hatten sich die
Verschwörer einander nur zu peitschen und sich gegenseitig zum
Zeichen der Schande die Haare abzuschneiden. Wenn die Ver-
bündeten beschworen, daß sie sich einander das Gelöbniß der
Treue nicht eidlich, sondern nur durch Handschlag und auf
Manneswort gegeben hatten, so wurden sie, wenn sie zu den
Leibeignen gehörten, immerhin gegeißelt, während die zu den
Freien gehörigen Verschwornen ihr Wergeld entrichten mußten.
Indem die geistliche Gewalt auf Kosten der weltlichen um
sich griff, erlangten die Bischöfe von den Königen, zumal von
abergläubischen, immer mehr Immunitäten, sogar das Münz-
recht und die oberste richterliche Gewalt, und wurden unab-

hängige Herren der von ihnen besessenen Städte. Der erste geistliche Herr, welcher die landesfürstliche Gewalt in seinem Sprengel erhielt, war der Erzbischof Bruno von Köln, der Bruder des sächsischen Kaisers Otto I. Bis zum Schlusse der soge= nannten sächsischen Periode waren, mit einziger Ausnahme sol= cher Königspfalzen, wie Frankfurt, Aachen, Goslar und Ulm, und einer kleinen Zahl fürstlicher Städte, alle wichtigen Ring= burgen Deutschlands unter die Hoheit der Bischöfe, Aebte und Aebtissinnen gerathen. Die Rivalität zwischen der geistlichen und weltlichen Macht, kam den Bürgern sehr zu Statten. Der König wurde immer mehr der primus inter pares der Grundbe= sitzer, während die anfangs unter bischöflichem Regimente ste= henden Städte gegen die von Grundeigenthümern auf die städ= tische Sonderheit unternommenen Angriffe sich zu wehren be= flissen waren. Die unter bischöflicher Botmäßigkeit stehenden Städte wurden für „freie" Städte gehalten.

Indeß sahen sich auch manche Könige, so besonders der zum deutschen Könige gewählte sächsische Herzog Heinrich, in Folge der verheerenden Einfälle der reichsfeindlichen Slawen und Ungarn, zum Anlegen von umringten und umthürmten Orten genöthigt. Dieser zwang sogar den Adel, allemal den zehnten Mann frei in die Stadt abziehen zu lassen, sowie er auch verordnete, daß die vom Adel freigelassenen Knechte al= lein in den Städten Handwerke und Gewerbe treiben, daß da= gegen den Knechten auf dem Lande der Handwerksbetrieb nicht gestattet sein sollte. Bei dem fortgesetzten Kampfe zwischen weltlicher und geistlicher Autorität waren die Bürger (Gebor= gene, Burgflecken= oder Stadtbewohner) fortwährend ihre Frei= heiten zu mehren beflissen. Die vom Lande sich in die Stadt flüchtenden Leibeigenen erhielten den Pfahlbürgerschutz und er= hoben um ein Merkliches ihre soziale Stellung. Die ländliche Arbeit suchte Schutz bei dem Werke der Städte. Die Arbeit gesellte sich also dem Werke zu. Uebrigens wurde nicht bloß durch den unaufhörlichen Zufluß vom Lande der Begriff der Arbeit unausgesetzt in die Stadt getragen, sondern er hatte sich mittlerweile hier schon auf andere Weise „einzubürgern" gewußt.

Die niedere Stadtbevölkerung nämlich mußte, indem sie in bischöflichen Städten das bischöfliche Vorwerk zu bestellen hatte, Frohndienst oder Arbeit verrichten. Ferner hatten die von der Feldarbeit befreiten Gewerke doch zum Zeichen ihrer ursprünglichen Dienstbarkeit für den bischöflichen Hofhalt und das bischöfliche Gesinde, bloß gegen den Entgelt der Zehrung, die Bedürfnisse zu bestreiten, also immerhin gewisse Dienstleistungen zu verrichten. Endlich bestand neben den Gewerken die Gilde der Kaufleute, welche ihrer verhältnißmäßigen Wohlhabenheit halber für vornehmer und besser galt, als die Handwerker. Die Kaufleute waren wohl auch nicht ganz dienstfrei; denn sie mußten, wie z. B. nach dem vermuthlich unter dem Kaiser Otto II. niedergeschriebenen Straßburger Stadtrechte, des Bischofs Postdienst versehen; allein sie waren ein gefährliches aristokratisches Element, dessen Weiterbildung im Verein mit den Münzgenossenschaften bald der verhältnißmäßigen Freiheit der Gewerke über den Kopf wuchs.

Was das Münzrecht anlangt, das alle Bischöfe und die Aebte größerer Stifte besaßen, so übten dasselbe gegen eine bedeutende Abgabe die vorzüglich aus den Kaufleuten hervorgehenden und unter einem Münzmeister stehenden Münzgenossenschaften — die „Hausgenossen“ — in öffentlichen Prägstätten aus. Mit dem Münzgeschäft wurde der gewinnreiche Geldwechsel, der auf öffentlichen Bänken betrieben wurde, verbunden. Hieraus entsprang ein Junkerthum, „welches niederzuhalten und auszutilgen nach blutigen Kämpfen und Adelsgeschellen gleichwohl nicht allen Gemeinden gelang“.

Die Kaufleute und Münzer stützten sich auf ihr Erworbenes, verwandelten das seitherige Nutzeigenthum in erbliches und bildeten in den Städten die Geschlechter oder den Stadtadel. Geschlechter konnten nur durch Vererbung des Erworbenen oder Gearbeiteten vom Vater auf den Sohn und durch hiermit Hand in Hand gehendes Aufspringen besonderer Familiennamen geschehen. Vorher hatten die sämmtlichen Stadtbewohner die große „Familie“ des geistlichen Herrschers — (wie denn auch bei den alten Römern die sämmtlichen Sklaven unter dem Ausdruck „Familie“ zusammengefaßt wurden) — ausgemacht. Während die niedere Stadtbevölkerung nicht aus der Dienstarbeit herauskam und nur die Gewerke die gemeinschaftliches, auf Solidarität gegründetes Werk verrichtende Mittelklasse bildeten, richtete sich auf der andern Seite die städtische Geschlechterherrschaft auf, um in der Folge an die Stelle der Bischöfe und geistlichen Herren zu treten, d. h. die Gewerke völlig unter ihr Regiment zu beugen.

Somit wird das städtische „Werk" von zwei Seiten, von Unten und Oben, von Rechts und Links, eingeengt. Unten noch die dienstbare „Arbeit" des Landes, oben schon die auf den Erwerb gestützte Arbeit, die sich durch Vererben des Gearbeiteten zur Willkürherrschaft aufzuschwingen und alle übrigen Stadtbewohner in Abhängigkeit und Dienstbarkeit zu bringen sucht. So sehen wir auch hier die enge Verwandtschaft zwischen Arbeit und Erbe. Ja auch die verknöchernden Gewerke vererbten ihr besonderes Geschäft vom Vater auf den Sohn: einestheils insofern an ihnen noch frühere Dienstbarkeit haftete, anderntheils in Folge der später unter ihnen ebenfalls genossenschaftswidrig Platz greifenden Absonderung in Geschlechter. Aber immerhin herrschte bei den Gewerken der Gedanke der Gemeinsamkeit vor. Sie verrichteten ihr Werk gemeinsam (daher von der gemeinsamen Werkstatt die Namen „Webergasse", „Schmiedegasse" ꝛc.), sie hatten ihre gemeinsame Innungsstube, die „Herberge" (bedeutet ursprünglich Kriegslager), besaßen ihren gemeinsamen Schrein, ihre gemeinsame Lade, ihr gemeinschaftliches Gewerksvermögen. Kurz, das „Werk" bedeutete die Gemeinschaft, die Genossenschaft der Gleichen, dahingegen die „Arbeit" das aus Dienstbarkeit entspringende und mit Vererbung verschwisterte Kapital bedeutete.

Den Gegensatz von „Erb und Eigen", und jenen von „Erb und Lehn" werden wir bei näherer Betrachtung der Grundrente zu beleuchten unternehmen.

Das Aufeinanderwirken der verschiedenartigen Elemente rief in den Städten lange und wilde Kämpfe hervor. Die vom niedern Volke vielfach unterstützten Gewerke wären zweifelsohne viel leichter mit der aristokratischen Herrschaft der Geschlechter fertig geworden, wenn diese Stadtjunker nicht vom Landadel,

mit dem sie oft durch die Bande der Verwandtschaft zusam=
menhingen, sowie von den Kaisern unterstützt worden wären.
Jene langen Kämpfe im Innern der Städte lassen sich dahin
zusammenfassen, daß die aufgespeicherte und gewonnene Arbeit,
aus der der städtische Geschlechter= oder Geburtsstolz erwachsen
war, mit der lebendigen Menschenarbeit, welche die Gleichbe=
rechtigung verlangte, um die Herrschaft stritt. Das auf seiner
Hände Wirken angewiesene Menschenkapital kämpfte also mit
dem aufgespeicherten und erblich überlieferten, die Gemeinschaft
mit dem Eigenthum.

Nach und nach drang meist die Demokratie durch. Doch
wurden die Städte, als ihre Macht nun erstarkte, in Kämpfe
verflochten, die außerhalb ihrer Mauern lagen. In dem Rin=
gen zwischen Papst und Kaiser konnten sie, da sie zu Kaiser
und Reich gehörten, nicht neutral bleiben. Schon in alter
Zeit hatten sie dem Könige folgenden Eid der Treue leisten
müssen: Promitto ego partibus domini mei Caroli regis, et
filiorum ejus, quia fidelis sum et ero diebus vitae meae,
sine fraude et malo ingenio. Ferner konnten sie nicht immer
ruhige Zuschauer bleiben, wenn die kaiserliche Macht mit der
Fürstenmacht im Kampfe lag. Häufig sahen sich in Nothlagen
die Kaiser nach dem Beistande ihrer treuen wehrhaften Städte
um und verliehen ihnen dann zur Belohnung für die gewährte
Hülfe schätzbare Immunitäten; fast häufiger aber noch waren
die Kaiser undankbar und unzuverlässig, und sie nahmen re=
gelmäßig in den Streitigkeiten, in die die Städte mit dem
emporgewachsenen Landesfürstenthume geriethen, Partei gegen
das demokratisch anrüchige Stadtwesen und für den großadeli=
gen Grundbesitz.

Der Großgrundbesitz nämlich organisirte sich immer mehr
in den Fürstenherrschaften zur bedrohlichen Macht, die abzu=
wehren die vorzugsweise auf beweglichen Besitz gegründete
Macht der Städte bedacht sein mußte. Auf diese Weise wie=
derholte sich in neuer Gestalt der Kampf zwischen Arbeit und
Werk: wodurch der Gegensatz zwischen Stadt und Land erst
in größerer Reinheit und glatterer Ausgeprägtheit zu Tage
trat.

Weil die Städte auf die Kaiser sich nicht verlassen konnten, schlossen sie unter einander Bündnisse ab. Für die ober- und mitteldeutschen Städte war 1347 beim Tode des Kaisers Ludwig der Kampf zwischen den Geschlechtern und den Zünften oder Gewerken als zu Gunsten der letztern entschieden anzusehen. Damals träumten die zünftig regierten Städte in Ober- und Mitteldeutschland von der Erfüllung einer alten Weissagung: wonach der bei Wertheim in Franken gelegene Schwanberg einst werde mitten in die Schwytz versetzt und sonach die freie Verfassung der Waldstädte bis über die Maingegend hinaus ausgedehnt werden. Von da ab erfolgten die Städtekriege gegen die fürstliche Macht. Das erste Vorspiel des nun beginnenden Städtekriegs zeigte sich 1349 unter Karl IV., dem Begünstiger der Fürstenmacht, also um die Zeit, in welcher der Würgengel, „schwarzer Tod" genannt, als verheerende Seuche fast über das ganze Europa dahinschritt. Gleichwie die Städte unter einander Bündnisse eingingen, so auch schloß sich der den Grundbesitz vertretende Adel in Genossenschaften zusammen. So entstanden Adelsbündnisse wie folgende: die Gesellschaft des heiligen Wilhelm, der St. Georgenschild in Oberschwaben, der Bund des „brimmenden" Löwen im Breisgau und Elsaß, am Rhein und in der Niederlande mit dem Würtemberger Grafen an der Spitze, der Bund der Sterner in Hessen und der der Hörner in der Wetterau, das Adelsbündniß der Falkner und Bengler in Westphalen. Bezeichnend für die Zeitrichtung ist, daß auf dem 1381 zu Speier abgeschlossenen großen Städtebunde ausdrücklich der König, das Reich, die Pfalzgrafen und einige andere Fürsten und Herren von der Aufnahme ins Schutz- und Trutzbündniß ausgenommen wurden, und daß die schwäbischen und rheinischen Städtebünde von den Chronikschreibern als eine abscheuliche Liga wider Kirche, Kaiser und Fürsten bezeichnet worden sind.

In diesem großen Städtekriege wurden die Städte Ober- und Mitteldeutschlands gänzlich besiegt, da sie einestheils nicht genug zusammenhielten, und anderntheils der große und niedere Adel, begünstigt von dem Kaiser, wider sie vereint zu Felde zogen. Nur die Schweizer Eidgenossen waren so glücklich,

ihre Unabhängigkeit siegreich zu behaupten. Von da an ge=
riethen die reichsunmittelbaren Städte nicht nur allmählich in
landesfürstliche Botmäßigkeit, sondern sie sehnten sich wohl gar,
wenn sie nicht durch Gewalt in Abhängigkeit geriethen, nach
dem Loose jener Städte, welche unter fürstlicher Herrschaft
wohlhabend geworden waren. Die wohlorganisirte „Arbeit"
des Landbesitzes triumphirte um so leichter über das weniger
gut organisirte städtische Handwerk, als bereits mit dem Reich=
thume, der in Städten sich angehäuft hatte, die Gewerke nicht
mehr in ihrer früheren Reinheit bestanden, sondern viele Ele=
mente der „Arbeit", namentlich das des Erbes und der Fami=
liensonderung in Verbindung mit der Einführung bürgerlicher
Familiennamen, in sich aufgenommen hatten. Indem das städ=
tische „Werk" in den Zünften mehr den in ihm liegenden Be=
griff der Sonderheit und Absonderung, als jenen der Gemein=
schaft pflegte, schlug es durch die hinzutretende Erblichkeit in
Gewerb und Arbeit um. Die Zünfte waren sehr ausschließ=
lich geworden. Gleich den „freien Künsten" führten sie bei
sich den Magister-Titel (Meister) ein und hielten strenge dar=
auf, daß kein Wendischer und kein junger Mann von unächter
Geburt, kein uneheliches Kind zur Erlernung eines Handwer=
kes gedungen werden konnte. Unehelich galt für unehrlich.
Die Zunftgenossen durften mit keinem unehrlichen Manne trin=
ken, kein unehrliches Weib heirathen. Diese Familien=Vor=
nirtheit und Geschlechts=Wirthschaft brach der Gemeinsamkeit
den Hals. Die Zünfte waren verknöchert und bildeten von
nun an ihrerseits wieder einen Gegensatz zu dem gemeinen,
des Bürgerrechts entbehrenden Stadtvolke. Die Sache des
großen Städtekriegs war 1388 so gut wie abgethan; denn
das nochmalige Aufflackern im Jahre 1449 war nur das Nach=
spiel mit gleichem Ausgange. Von der empfindlichen Nieder=
lage, die ihnen der vereinigte Grundbesitz beigebracht hatte,
erholten sich die Städte niemals wieder. Weil übrigens das
demokratische Streben der Städte in Süddeutschland sich ra=
scher ausgebildet und schärfer ausgeprägt hatte, als in Nord=
deutschland, wo sich mit unwesentlichen Veränderungen derselbe
Kampf mit der Fürstenmacht wiederholte, wurde das Geschick

des deutschen Städtethums hauptsächlich durch den rheinischen, schwäbischen und fränkischen Bund entschieden. Die süd- und mitteldeutschen Städte, besonders diejenigen unter ihnen, welche Reichsstädte waren, sind nicht nur als die ältesten deutschen Städte die Träger deutscher Kultur überhaupt, sondern sie enthalten auch die Normal-Entwickelung deutschen Städtethums und dessen den Ausschlag gebende Macht. Die im Norden und Osten später entstandenen können im Allgemeinen als die vorgeschobenen festen Posten deutschen Handels und deutscher Herrschaft bezeichnet werden, insoweit sie nicht slawischen Ursprungs sind. Der norddeutsche Hansebund, vorwiegend Handel und Verkehr zu seiner Richtschnur nehmend und unter der Führung Lübecks, Kölns, Braunschweigs und Danzigs in vier Hauptklassen zerfallend, flößte dem deutschen Fürstenthum, obschon namentlich Braunschweig mit den braunschweigischen Herzogen in wiederholte Händel gerieth, lange keine heftigen Besorgnisse ein, bis endlich, als von den Fürsten auch dieser Städtebund mißgünstig betrachtet wurde, Kaiser Karl V. sich bewogen fand, auch die Macht der Hanse abzuschwächen. Der hanseatische Bund, dessen Namen nach der Ansicht Mancher von „Am See", nach Anderer Ansicht von Anse (= Bund) hergeleitet worden ist, aber vielleicht „ansehnlich" (vgl. die großen Hansen) bedeutet, schritt sogar gegen die braunschweigische Demokratie auf das Strengste ein und legte ihr schwerbeschämende Buße auf, weil sie die dortige aristokratische Herrschaft gestürzt hatte (quod saevissima tumultuatione senatus sui partem occidissent, partem urbe ejecissent). Je später die einzelnen Städte gegründet wurden, desto mehr Spuren landesfürstlicher Unterthänigkeit zeigen sie. Der Name Stadt wurde schriftlich zuerst im 10. Jahrhundert durch Notker Labeo gebraucht. Er bedeutet einfach Ort oder Platz.

Im Ganzen waren die deutschen Städte zu verschiedenen Ursprungs und standen folglich einander zu fern, um sich in einen einzigen großen Bund zu verschmelzen. Das Geschick deutschen Städtethums besiegelten, wie wir gesehen haben, die Reichsstädte. Neben ihnen gab es dem Reiche mittelbar angehörende, das heißt: die Botmäßigkeit eines Fürsten anerkennenbe, Städte, und letztere zerfielen wieder in Landstädte, Amtsstädte und dem Adel unterworfene Ritterstädte. Sonst unterschied man noch zwischen Hauptstadt, die dem Lande den Namen gab, Residenzstadt oder fürstlichem Hoflager, Handels-stadt, Seestadt und Legestadt, wohin die gewöhnlichen Reichs-und Kreissteuern zu legen (zu zahlen) waren. Die freien Reichs-städte hatten Sitz und Stimme, das votum deliberativum und decisivum, auf den Reichsversammlungen, auf denen ihnen eine rheinische und schwäbische Bank eingeräumt war*). Auch un-terschied man schrift- oder landsässige (fröhnende) Städte, nebst Ackerstädten, d. h. alten gesunkenen Ortschaften, die ebenfalls Frohnarbeit leisteten.

Wir sind in der vorstehenden Entwicklung hart an die Gränze der Reformations-Zeit vorgerückt. Der Unmuth über die bestehenden Verhältnisse und der Neubildungsdrang dieser Zeit, welcher auf kirchlichem Gebiete als Reformation sich äu-ßerte, rührte aus der Unleidlichkeit der vorhandenen sozialen Zustände her. Mit diesen müssen wir uns daher zunächst be-kannt machen.

Wir haben bereits gesehen, wie das städtische „Werk" ver-knöchert und entartet war. Aus gleichberechtigter Genossenschaft war es in bevorrechtete Sippschaft umgeschlagen, den gemein-schaftlichen Erwerb hatte es mit Familienvererbung vertauscht, durch Einführung der Meisterschaften war es in ein Ausbeu-tungs-System der Gesellen, welche ihrerseits wieder Meister werden wollten, übergegangen, kleinlicher Neid, Eifersucht und Rangstreit trennte die Gewerke unter einander. Somit hatte das städtische Werk seine alte Natur verloren und war durch Vermittelung des „Erbes" zur Ausbeutungs- und Vorrechts-Arbeit geworden. Indem es nach beweglichem Großbesitz strebte, bildete es nicht mehr den frühern rein demokratischen Gegen-

---

*) Die Zahl der Reichsstädte belief sich genau genommen nur auf 62; doch wurde sie durch Herbeiziehung von ausgemachten Landstädten zeitweilig schwankend und höher. So weist die Matrikel des Nürnberger Reichstags vom J. 1431 nicht weniger als 78 Reichsstädte auf. In der zweiten Hälfte des 15. Jahrhunderts wurden bei Veranschlagung des Türkenkriegs sogar 82 Reichsstädte angesetzt.

saß zu den Geschlechtern der Kaufleute, der städtischen Grund=
besißer und sonstiger Stadtjunker. Darum waren auch in der
zweiten Hälfte des 15. Jahrhunderts in vielen Städten die
alten Geschlechter — die „Ehrbarkeit" — wieder zur Herrschaft
gelangt oder sie theilten sich mit den Zünften in's städtische
Regiment. Zwar repräsentirten die Handwerke noch in vieler
Hinsicht die städtische Opposition; allein diese Opposition war
ein zwischen den Ehrbaren und dem niedern Stadtvolke ein=
getheiltes, mühsam sich bewegendes Zwitterding, das nicht recht
wußte, was es wollte. Den Gewerken fehlte die starke Kraft
lebensfrischer fester Stellung; die Blüthezeit derselben war
vorüber. Der dritte Bestandtheil städtischer Bevölkerung, das
niedere Volk, bestehend aus den Rechtlosen der Gesellschaft,
enthielt die Tagelöhner, Handarbeiter, Handwerksgesellen, und
das fahrende Proletariat. Unter letzteres fielen die Vagabun=
den, Landstreicher und Bettler, und aus ihm rekrutirten sich
hauptsächlich die Lanzknechte. Zu dem fahrenden Proletariat
gehörten die von den Städten aus über das Land fahrenden
„Wildfänge", jene Fremden und Herrenlosen, die mit den Na=
men Freigänger, Landläufer, Landstreicher, Hausirer, Altreißer,
Kesselflicker, Hechelmacher, Mausefallenmacher, Schlotfeger,
Scheerenschleifer, Quacksalber, Salbenhändler, Seiltänzer, Ko=
mödianten, Wahrsager, Krystallenseher, Spieler, Pfeifer, Wel=
sche, Hökenkrämer u. s. w. benannt wurden.

Wenn ein solcher Mann des fahrenden Proletariats sich
Jahr und Tag unter den Hörigen oder Leibeigenen niederließ,
sich ansässig machte und keinen „nachfolgenden Herrn" hatte,
so wurde er zufolge dem mittelalterlichen Rechtsgrundsaße:
„daß die Luft (oder der Umgang) eigen mache", von dem Herrn
des Territoriums, worauf er sässig geworden war, als Höri=
ger oder Leibeigener in Beschlag genommen. Er wurde also
unter die Königsleute, Reichsleute, Klosterleute, heiligen Kreuz=
Leute, Petermänner u. s. w. eingereiht. Als die Fürsten sich
die Landeshoheit beilegten, ging auf sie das Wildfangsrecht
über. So beanspruchte der Kurfürst von der Pfalz dasselbe
in der Pfalz, im Speierschen, Worm'schen, Lothringischen,
Mainzischen, Kölnischen, Trier'schen, Straßburgischen und

Schwäbischen: was in einer spätern Zeit (1665—1667) den durch die Kronen von Frankreich und Schweden beigelegten Wildfangsstreit hervorrief. In den alten longobardischen Gesetzen hatten solche Wildfänge (eigentlich ist Wildfang ein aus der Falknersprache entlehnter bildlicher Ausdruck und bedeutet den Nestling eines Falken, auch eine wilde Ente und Bachstelze) Gargangi oder Wargangi geheißen. Der Wildfang hatte sich nach seiner Ansässigmachung bei der Obrigkeit selber gebührend anzumelden, worauf er dann in das Register der Wildfänge und der Leibeignen oder Hörigen eingetragen und „in den Schutz aufgenommen" wurde. Hiervon rührt das noch jetzt gebräuchliche Anmelden der Fremden bei der Polizei. Unterließ derselbe die Anmeldung, so kam der Büttel oder des Zentgrafen Knecht und sprach zu ihm die feierlichen Worte: „Ich nehme Euch im Namen meines gnädigen Kurfürsten oder meiner gnädigen Herrschaft zum Wildfang und begehre von Euch den Fahegülden": wogegen dieser neue Wildfang die Fanggebühr entrichtete, die Treue entweder mit Handschlage oder vermittelst eines Eidschwurs versprach und sich verband, auch jeden Orts „die Schuldigkeit" abzutragen. Starb der Wildfang, so wurde seine Verlassenschaft versiegelt und inventirt, und wofern es ein Mann war, fiel an den Grundherrn „das beste Haupt", wofern es ein Weib, das „Weidemahl" und „beste Kleid", oder anstatt dessen eine gewisse Summe Geldes als Erbschaft. Starb der Wildfang ohne Testament und hinterließ er weder Aeltern, noch Weib, Kinder, Brüder oder Schwestern, so wurde von der „gnädigen Herrschaft" das ganze Vermögen, als von Wildfängen oder eignen Leuten herrührend, weggenommen und dem „Fiskus" zugeeignet. Ferner mußten die Wildfänge einen jährlichen Zins entweder in etwas Gelde oder an Hühnern entrichten, welche insgemein Fastnachts- oder Pfingst-, Sommer- oder Herbst-, auch Zins-, Leib-, Haupt- und Rauchhühner hießen. Uebrigens wurden die Wildfänge, nachdem sie als herrenlose Vögel einmal eingefangen waren, äußerst schwer frei- oder losgelassen: die Männer sehr selten, die Frauen niemals, damit die Zahl der Leibeignen solchergestalt möglichst vermehrt werde. Wenn jedoch der Wild-

fang eine Freigeborene heirathete, so wurden die in dieser Ehe
erzeugten Kinder nicht leibeigen, sondern gehörten, indem der
„Genuß" der gnädigen Herrschaft aufhörte, zu den „Ungenosse=
nen". Die Amtsleute, welche über die Wildfänge die Juris=
diktion ausübten, hießen gewöhnlich „Ausfauthe" — Außen=
Vögte.

Das Wildfangsrecht (jus albinagii, wildfangiatus jus, jus
bastardiae, franz. droit de bâtardise, droit d'aubaine, droit
d'aubanité oder d'aubenage), welches in Frankreich lange die
Barone mit dem Könige gemein hatten war nichts Anderes,
als gesetzlich sanktionirter Menschenraub. Es ist daher natür=
lich, daß jene fahrenden Proletarier, die wie wildes Geflügel
eingefangen zu werden pflegten, in dem Schutze der Städte
ihren zeitweiligen Wohnsitz suchten, um dem Fabegülden, dem
Leibzinse u. s. w. zu entgehen. Denn, wie es im Sprüchwort
hieß: „keine Henne fliegt über die Mauer", d. h. keine Zins=
henne fliegt über die Stadtmauer hinaus. Besonders gegen
Ende des fünfzehnten und zu Anfang des sechzehnten Jahr=
hunderts hatte sich dieses Wildfangs-Proletariat in den Städ=
ten sehr gehäuft. Zu dem niedern Stadtvolke gehörten auch
die verarmten und verkommenen Zunftbürger, sowie verlassene,
in die Stadt übergesiedelte Bauern. Die städtische niedere
Volksklasse verband die Stadt mit dem Lande, insofern sie das
Mittelglied zwischen beiden, den Uebergang vom Bauern zum
Bürger und umgekehrt, bildete.

Die Bauern verrichteten überall schwere Dienstbarkeit. Sie
leisteten Frohndienst, Herrendienst, Zwangsdienst. Mochten sie
einem Fürsten oder einem Bischof, einem Reichsfreiherrn oder
einem Abt, einem Kloster oder einer Stadt angehören — denn
Jemandem angehören mußten sie — wurden sie doch überall
wie Sache, wie Vieh und Lastthiere behandelt. Als Höriger
hatte der Bauer nicht nur seine meiste Lebenszeit seinem gnä=
digen Herrn zu fröhnen, sondern mußte auch das in seinen
etwaigen freien Stunden Erworbene als Bede, Landes=, Reichs=
steuer, Zehnten, Zins und Gülden hingeben. Der Herr ver=
langte, abgesehen von den regelmäßigen Frohnden, daß der
Bauer für ihn Erd=, Preißel= und Heidelbeeren, Schneckenhäu=

fer 2c. sammelte, Holz hackte, beim Jagen des Wildes, das des
Bauern Aernte zerstörte, den Treiber machte, daß er die Häu=
ser und Höfe der Herrschaft reinigte, die adeligen Kranken
pflegte, die Leichen bewachte und ausläutete, Reisen für den
Grundherrn und seine Beamten machte, Gebäude und Grund=
stücke bewachte, daß er des Nachts das Teichwasser peitschte,
damit der Schlummer des Edlen nicht durch das Quaken der
Frösche gestört würde 2c. Manch' harter Herr spannte die
Bauern vor Wagen und Pflug, so daß sie wie Pferde oder
Ochsen ziehen und ackern mußten. Dabei maßte sich der Herr
nicht nur das Recht über die Person des Bauern selber an,
sondern verfügte auch über dessen Frauen und Töchter. Wenn
gewöhnlich die Reichsfürsten und die deutschen Kaiser, wie noch
der „letzte Ritter" Maximilian I. that, es den Bürgern schon
als eine besondere Ehre anrechneten, daß die reichen Bürgers=
töchter mit Höflingen verkuppelt wurden, so mußte noch viel
mehr es bei den Bauern für eine große Ehre gelten, daß die
gnädigen Herren das Recht der ersten Nacht ausübten*). Leib=
eigene Bauern hatten es noch viel schlimmer, als bloße Hö=
rige; denn sie mußten sich in Einem weg ihrem Herrn dienst=
bar, hold und gewärtig halten. Der Herr konnte den Bauern
beliebig prügeln und ins Gefängniß werfen, wo oft die Folter
dem unschuldigen Gefangenen Geständnisse erpreßte, und wo
Juristen und Ehrbare, Pfaffen und Edele als Richter über ihn
schalteten. Die Strafen waren auch in den Städten barba=

---

*) Die armen unterdrückten Irländer haben es bis auf die neue Zeit
für eine große Ehre gehalten, wenn einer ihrer englischen Herren ihre
Weiber oder Töchter beschlief. So schreibt Gustave de Beaumont in sei=
nem trefflichen Werke: L'Irlande sociale, politique et religieuse (Paris
1839), Band I. Seite 116: Des gens considérables du pays m'ont as-
suré que beaucoup de leurs tenanciers se croiraient fort honorés si
leur maître daignait recevoir dans son lit leurs femmes et leurs filles:
signe certain de la corruption d'une longue servitude. (Zu Deutsch:
„Im Lande angesehene Männer haben mir die Versicherung gegeben, daß
viele unter ihren kleinen Pächtern sich sehr geehrt fühlten, wenn ihr Herr
ihre Weiber oder Töchter in sein Bett aufzunehmen geruhte: — was ein
sicheres Zeichen der aus langer Dienstbarkeit entsprungenen Verdorben=
heit ist.")

risch. Es wurden Nasen und Ohren abgeschnitten, Finger und Hände abgehackt, „wallendes" Blei in Ohren und Mund gegossen, es wurde mit glühenden Zangen gezwickt, das Herz lebendig aus dem Leibe gerissen und um des Verurtheilten Mund geschmissen, es wurden die Verbrecher auf den Richtplatz geschleift, gerädert, geblendet, geviertheilt, geköpft, in Oel gesotten und verbrannt. Die Scharfrichter galten für um so ehrlichere Leute, je mehr Unglückliche sie vom Leben zum Tode gebracht hatten. In manchen städtischen Orten hatte der jüngste Ehemann, in andern der jüngste Schöffe lange Zeit hindurch das Nachrichteramt zu versehen, bis selbiges endlich an einen ständigen „Meister" überging. Während den Bauern meistens die Gemeindewaldung und Gemeindeweide durch den gnädigen Herren gewaltsam, tückisch oder hinterlistig entrissen worden waren, hatten die Landarbeiter doch die Lasten für die ganze privilegirte Gesellschaft zu tragen. Kaiser und Reich, Fürsten und Freiherren, Ritter und Pfaffen, Stadtjunker und Juristen, Beamte und Bürger: sie alle zehrten, nährten und mästeten sich von dem Schweiße des Bauern. Die damalige Sittlichkeit und Aesthetik brachten das so mit sich. Fast Niemand fand Anstoß daran. Das arme Bauernvolk war zu sehr zersplittert, zu sehr an die Scholle der Oertlichkeit gebunden, zu lange an Dienstbarkeit gewöhnt und durch Strenge eingeschüchtert, es besaß außerdem keine Waffen und war des Gebrauchs derselben zu unkundig; um große Verbindungen unter einander einzugehen, in Masse sich gegen die Zwingherrschaft zu erheben und lieber den Tod für die Freiheit zu suchen, als länger das Leben in so elender Sklaverei hinzuschleppen. Der Adel war geharnischt, gewappnet und kriegsgeübt; der Bauer dagegen ohne Wehr und Rüstung schien ganz kampfunfähig.

Etwas gleicher gestaltete sich das Verhältniß zwischen dem gewappneten und ungewappneten Manne durch die Erfindung des Schießpulvers, die den Adel um das kostbare Wehrstands-Privilegium brachte. Aber noch lange vertrat der Bauer die individuell dienende Arbeit gegenüber der herrschenden, organisirten und aufgesammelt vererbten. Seine Arbeit war noch immer die mühvolle, mit Schmerz, Noth und Elend verbundene der ältesten Zeit. Sie blieb die alte labor, aerumna, rabota. Kurz die Arbeit in diesem ungefälschten, ursprünglichem Sinne stand noch lange in üppigstem Gedeihen und vollster Blüthe, als die schönste Blüthezeit des städtischen Werks längst vorüber war. Die Sterbefallabgaben, Laudemien, Zinsen, Gülden, Schutzgelder, Frohnden minderten sich nicht im Laufe der Zeit, sondern wuchsen fast mit jedem Menschenalter höher.

Die Eigenthümer der Bauernarbeit, die von Vater auf Sohn das aufgesammelte Gearbeitete vererbende Eigenthümer-Kaste war, abgesehen von den geistlichen Herren und den Stadtherrschaften, der Adel. Dieser war in Deutschland äußerst zahlreich und er bildete hier fast ausschließlich, zumal auf dem Lande, wo die frühern freien Bauern in die Klasse der Hörigkeit und Knechtschaft hinabgedrückt und hinabgeworfen worden waren, den Stand der Freien, der willkürlich über die Arbeit der Bauern verfügte. Während in England die Rosenkriege den alten Adel bis auf 28 Familien aufgezehrt hatten, erfreute er sich in Deutschland nicht nur eines gedeihlichen Nachwuchses, sondern war auch hier nicht, wie in Frankreich durch die seit Ludwig VI. (1108) erstehende Zentralisation, eingedämmt, untergeordnet und festgeschnürt worden. Doch war in Deutschland durch die im Grundbesitz vor sich gehende, nun einmal unvermeidliche Umwandlung der Adel in einen hohen und einen niedern zerfallen. Der hohe Adel, die Organisation und Vererbung der aufgespeicherten und lebendigen Arbeit im Großen darstellend und vertretend, hatte sich zum Landesfürstenthum aufgeschwungen; der mittlere Adel war fast ganz verblichen, d. h. entweder in die Reihe kleiner Fürsten emporgerückt, wie z. B. in Brandenburg die Nürnberger Burggrafen, oder aber in die Klasse armer Ritter hinabgefallen; endlich der niedere Adel, aus der Ritterschaft bestehend, sah in der Zeit, welche hier in Betracht kommt, schon das Ende seines Glanzes mit Schrecken herannahen und „buk arme Ritter".

Die an der Spitze des Adels stehenden Kaiser, namentlich jene aus Habsburgischem (Habichtsburger) Stamme, besonders aber Karl IV. mit seiner goldenen Bulle (1346), hatten das

Aufkommen des großen Adels begünstigt. Die vornehmsten
Herren nach dem Kaiser, ausgestattet mit der Gewalt des
Schwertes und beinahe allen Hoheitsrechten, waren die Landesfürsten. Diese hatten theilweise, wie die Städte so auch
den niedern Adel, von sich abhängig gemacht, suchten auf jede
Art ihre Gebiete zu erweitern und ihre Macht zu vergrößern,
wirkten gegenüber Kaiser und Reich zersplitternd und partiku-
larisirend, dagegen gegenüber den Baronen und Reichsstädten
zentralisirend, schrieben Steuern aus, beriefen, vorzüglich wenn
sie Geld nöthig hatten, Landtage ein und setzten auf diesen
Landtagen, wo die Ritterschaft und die Prälaten die Vertreter
der Städte überstimmten, meist ihren Willen durch, unterhiel-
ten stehende Heere und entfalteten auf Kosten ihres Landes —
auf Kosten der Arbeit — an ihren Hoflagern den glänzendsten,
ausgesuchtesten und edelsten Luxus. Wenn zur Herstellung von
jener Pracht und jenem gewählten Genusse, „welcher das Leben so recht erst seiner Mühe werth macht", die direkten
Steuern nicht genügend waren, wurde zu den indirekten Abgaben und zu Finanzkünsten gegriffen. Da wurden denn
Städte und Ländereien versetzt, mit städtischen und andern
Privilegien, die sich später zurücknehmen ließen, Handel getrieben, mit der Justiz geschachert, auf Kredit von Reichsstädten
geliehen, Geld bei den Juden — des Reichs Kammerknechten
— erhoben, schlechtes Geld geschlagen, hohe und niedere Zwangs-
Kurse gemacht, und hin und wieder, weil Anderes nicht mehr
helfen wollte, Brandschatzungen und Plünderungen vorgenommen.

Ganz ähnlich mußte sich der niedere Adel — des Reiches
Ritterschaft — behelfen. Im Mittelalter griff er, wenn die
Arbeit seiner Bauern, der Hörigen und Leibeigenen, nicht hin-
reichte, zum Wegelagern und Auflauern der Kaufleute und zu
dem mit Brandschatzung und Plünderung gesegneten Fehdewe-
sen; auf Turnieren und Festen entfaltete er einen standesmäßigen Glanz, machte Anleihen, verpfändete bei Städten und
Juden, und suchte seine Sicherheit in unbezwinglichen Burgen
und festen Schlössern, die er mit der von ihm beherrschten Arbeit erbaute. Geraume Zeit hindurch war die einzige Arbeit,

die e r verrichtete, der Krieg. Als aber durch die Erfindung
des Schießpulvers, welches in Deutschland bei Schlachten zu=
erst in Anwendung kam, der Werth von des Reiches Ritter=
schaft abnahm und im Kriegshandwerke immer mehr das ge=
meine Geschäft der Söldnerei und des Lanzknechtswesens in
Schwung und Aufnahme kam: da blieb dem niedern Adel fast
nur die Bauernschinderei zur Bestreitung seiner mit der Zeit
fortgeschrittenen Ausgaben übrig. Er mußte daher seine Hö=
rigen mit neuen Leistungen und Abgaben belegen und seine
Leibeignen bis aufs Blut peinigen. Zu diesem Behufe mußte
er auf allerhand Vorwände und Manöver, sowie auf neue
Namen sinnen. Auch er trieb mit der Justiz Schacher, ver=
weigerte dieselbe willkürlich oder legte den Bauern nach Be=
lieben in den Thurm, damit derselbe sich von der Haft los=
kaufte. Trotzdem wurde der niedere Adel immer ärmer und
mehr verschuldet; denn er suchte es wohl dem hohen gleich zu
thun, konnte aber dem fürstlichen Großgrundbesitze nicht die
Stange halten.

Die Geistlichkeit schied sich ebenfalls in eine hohe und eine
niedere. Die hohe bestand aus den Erzbischöfen, Bischöfen,
Aebten, Aebtissinnen, Prioren und anderweitigen Prälaten.
Diese bevorzugte Klasse des Klerus entstammte häufig dem
Adel. Oft waren die Hochwürdenträger des geistlichen Regi=
ments obendrein Reichsfürsten oder walteten unter der Ober=
hoheit weltlicher Fürsten über ausgedehnte Landstrecken, worauf
die leibeignen und hörigen Bauern ihre Dienste zu leisten hat=
ten. Außer den Mitteln, welche auch den weltlichen Herren
zur Ausbeutung ihrer Unterthanen zustanden, besaßen die geist=
lichen Würdenträger obendrein eine Menge religiöser Kniffe
und Ränke, verfügten über den Bannstrahl und Beichtstuhl,
malten den Leuten Himmel und Hölle vor, um Erbschleicherei
zu treiben oder aus ihren Unterthanen den letzten rothen Hel=
ler herauszurackern. Hierzu kam der Kram mit Ablaßerthei=
lung, mit Reliquien und Heiligenbildern, die Auffindung und
Anpreisung wunderthätiger Wallfahrtsorte, die Entbindung
vom Fasten und nicht selten Urkundenfälschung. Unter ihrem
Kommando stand das zahllose Glaubensheer von Mönchen

und Nonnen, die den eigentlichen Polizeistaat der Kirche bil=
deten.

Die niedere Geistlichkeit hingegen, meist bürgerlichen oder
bäuerlichen Herkommens, stand schon dem gemeinen Volke nä=
her und wurde für ihre frommen Dienste viel schlechter bezahlt,
als die auf den fetten Pfründen sitzende hohe. Trotzdem hatte
sie, obschon sie nicht zur eigentlichen Hierarchie gehörte, aufs
Volk nicht geringen Einfluß. Sie besaß eine größere Freiheit,
als die im Orden eingereihten Mönche, und vermochte daher
den Zeitereignissen hinlängliche Aufmerksamkeit zu schenken, um
ohngefähr zu wissen, was die Glocke geschlagen hatte. Diese
niedere Geistlichkeit lieferte deßhalb der Reformations=Zeit eine
Menge Idealisten für den Kampf, neue Lehrer und geistige
Führer, die in der großen Bewegung mit Wort und Schrift
wirkten, Gefängniß und Bann ertrugen, Verfolgungen und den
Tod erlitten. Weil damals, wo die höchste Autorität aus Papst
und Kaiser bestand, alles Recht und alle Theorie sich auf die
geoffenbarte Religion stützte, so gaben der großen Bewegung,
die nun anbrach, die geistlichen Führer den religiösen Anstrich
und drückten ihr die Weihe gottgeheiligten Ursprungs auf.

So sehen wir alle drei Stände des Reiches: die Geistlich=
keit, den Adel und das Bürgerthum, in sich getheilt, gleichwie
auch zwischen Papst und Kaiser, den höchsten überlieferten Au=
toritäten, nicht mehr die alte Innigkeit herrscht; denn zwischen
dem mittelalterlichen Taikun und Mikado war schon seit Jahr=
hunderten das innige Einverständniß in Abnahme gekommen.
Die Bauern, der eigentliche Nährstand Aller, die Arbeitsbienen,
waren ohne alle politischen Rechte, und weil bereits die Buch=
druckerkunst etwas Licht zu verbreiten anfing, kamen sie eini=
germaßen zum Bewußtsein ihres Elends und dachten auf Heil=
mittel ihrer Trübsal. Ein englischer Denker hat gesagt, daß
er den Menschen erst dann zu achten anfange, wenn derselbe
unzufrieden werde.

Auch in den drei privilegirten Ständen des Reiches keimte
Unzufriedenheit. Die Fürsten waren nicht mit ihrer Stellung
zufrieden, sondern suchten sich vom Kaiser unabhängig zu ma=
chen, wollten gern die rivalen hohen Kirchenwürdenträger bei

Seite schieben, mochten die Städte ganz in ihre Unterthänig=
keit bekommen und sehnten sich, den reichsritterschaftlichen Adel
unter ihre Botmäßigkeit zu beugen. Seinerseits sah der nie=
dere Adel ein, daß eine große Aenderung in Deutschland noth=
thue, um seine privilegirte Stellung zu retten*).

Die großen Würdenträger der Kirche waren am Schlimm=
sten daran. Denn gegen sie richtete sich der allgemeine Neid
und Haß des Adels. Sie waren unbeliebt beim Volke und
selbst übel angesehen bei der von den Gedanken der neuen
Zeit angesteckten niederen Geistlichkeit.

In den Städten bestand die zahme Opposition der Zünfte
gegen die Ehrbarkeit der Junker, sowie die wilde, heftige und
radikale des rechtlosen niederen Volkes gegen die sämmtlichen
Bevorrechteten.

Doch der tiefste und nachhaltigste Groll saß in den Bauern.
Diese fingen daher lange vor der eigentlichen Reformations=
Zeit zu revoltiren an. Die ländliche dienende Arbeit wollte
das Herrschaftsjoch der das Gearbeitete Vererbenden lindern
oder ganz von sich abwerfen. Auf diese Weise zeigten sie, was
für soziale Motive der sogenannten Reformation tief zu Grunde
lagen. Sie fanden einen lebhaften Beifall bei dem niedern
Volke der Städte und einen lauwarmen bei den zahmgewor=
denen städtischen Gewerken. Dagegen waren der Bauern=

---

*) Diese feindschaftliche Stellung der gesellschaftlichen Klassen der Re=
formations=Zeit hat 1850 Friedrich Engels in einer ausführlichen Ab=
handlung über den deutschen Bauernkrieg, welche in einem zu London un=
ter dem Titel: „Neue rheinische Zeitung, politisch=ökonomische Revue‟, er=
schienenen Buche steht, scharf und klar hingestellt. Die Behauptung Las=
salle's in seinem „Arbeiterprogramm‟, daß der Bauernkrieg im Grunde
eine reaktionäre Bewegung gewesen und deßhalb besiegt worden sei, ist
geschichtlich falsch und leidet an innerem Widerspruch, ganz abgesehen von
der schönrednerischen Aufstellung, daß nichts „wahrhaft‟ Revolutionäres un=
tergehen könne. Durch den kompletten Sieg der Reaktion im Bauern=
kriege hörte Deutschland auf, das Land europäischer Initiative zu sein
und es wurde nun immer mehr die Brutstätte musterhafter Dienstboten,
unpraktischer Professoren, sowie Carriere machender und allem Fortschritte
abholder Staatsdiener. Kurz, Deutschland ging durch den Sieg der Re=
aktion in Trümmer und fiel den großen Grundbesitzern zu.

Emanzipation alle Bevorrechteten feindlich gesinnt: denn diese privilegirten Klassen schlossen sich nicht nur instiktmäßig der drohenden Revolution gegenüber zusammen, sondern sie sahen auch ein, welche großen Nachtheile sie sämmtlich erleiden mußten, wenn die Bauernsache siegte. Hieraus wird auch erklärlich, daß die in drei Elemente gespaltenen Städte, wenn sie auf die Seite der Bauern traten, fast ebenso unzuverlässige Bundesgenossen des Bauernkrieges sein mußten, wie der reichsritterschaftliche Adel.

Der erste bedeutende Bauernaufstand, durch den religiös-schwärmerischen Hirten und Musikanten Hans Böheim von Niklashausen angezettelt, sollte in der Nähe von Würzburg am St. Margarethentage des Jahres 1476 losbrechen. Mit Hans Böheim, der auch Pfeifer Hänslein oder der Pauker hieß, stand ein Adeliger, Kunz von Thunfeld, als Führer hinter der Bewegung. Indeß wurde der Anschlag durch das Einschreiten des Bischofs von Würzburg vereitelt, viele Theilnehmer wurden gefangen genommen, zwei davon geköpft und Pfeiferhänslein auf einem Scheiterhaufen geschmort.

Im Jahre 1493 entstand im Elsaß die unter dem Namen „Bundschuh" bekannte Verschwörung, welche bezweckte, den Zoll, das Umgeld rc., das geistliche und Rottweil'sche Gericht abzuschaffen, die Schulden durch Feier eines allgemeinen Jubeljahrs zu tilgen, die das Land- und niedere Stadtvolk aussaugenden Juden zu plündern und zu morden, die Geistlichen auf je eine Pfründe von 50 — 60 Gulden einzuschränken und die Steuerlast von dem guten Willen des Volkes abhängig zu machen. Diese geheime Rottung wurde aus Bauern und aus Männern des niedern Stadtvolks gebildet. Der offene Losbruch der Rebellion sollte mit der Einnahme Schlettstadts beginnen und in der Leidenswoche 1493 erfolgen. Auch hier kam die Obrigkeit dem Anschlage vorzeitig auf die Fährte und schritt strafrechtlich ein. Doch erhielt sich der Geheimbund am Leben.

Eine geheime Verbindung ähnlicher Art entwickelte sich im Bisthume Speier ums Jahr 1502. Sie wollte alle an Fürsten, Pfaffen und Adelige gezahlten Zinsen, Zehnten und

Steuern abschaffen, alle geistlichen und klösterlichen Güter zum Besten des Volks konfisziren, die Leibeigenschaft aufheben und als alleinigen Herrn den Kaiser anerkennen. Für diese Rottung sollte Bruchsal den Stützpunkt abgeben; doch wurde der Plan durch einen Geistlichen verrathen, dem ein Verschworener in der Beichte das Geheimniß anvertraut hatte. Obschon nun die Behörden zu Verfolgungen schritten und der Kaiser Maximilian grausame Verordnungen erließ, dauerte die Verschwörung doch insgeheim fort.

Um dieselbe Zeit bildete sich in Schwaben ein Bund der niederen Leute, der „arme Konrad" genannt. Dieser und der soeben erwähnte Speier'sche Geheimbund traten 1513—1515 zu Tage.

Dem neu organisirten oberrheinischen Bundschuh gehörten Bauern, Handwerksgesellen, Lanzknechte, Wirthe, einige Pfaffen und Edele an. Er verlangte Jagd-, Weide-, Fischerei- und Holzungsfreiheit, Beschränkung des Zinssatzes auf 5 Prozent, Abschaffung der dem Kapitale schon gleichkommenden Zinsen, Aufhebung drückender Steuern und Zölle, Einziehung der geistlichen und Klostergüter, Beschränkung der Pfaffen auf je eine Pfründe, sowie einen ewigen Frieden für die christliche Welt. Der Bund wollte sich später mit dem Kaiser in Verbindung setzen, wurde aber, als er im Herbst 1513 loszuschlagen und Freiburg zu nehmen im Begriff stand, wegen übereilten Losbruches vorzeitig entdeckt. Sein Hauptführer, Joß Fritz, schon 1502 entschlüpft, entkam indeß, um fortwirken zu können.

Im Jahre 1514 errang der „arme Konrad" in Würtemberg einen vorübergehenden Erfolg, ließ sich jedoch durch die Zugeständnisse des Herzogs Ulrich täuschen und wurde bald darauf mit grausamen Verfolgungen heimgesucht. Um den Bauernunruhen die Spitze zu bieten, stiftete der schwäbische Adel, dem ja das Koalitions-Recht zustand, einen besondern Bund. Uebrigens war der „arme Konrad" sehr partikularistisch.

Gleichzeitig wurde von den Anhängern des „Bundschuhs" im Breisgau und in der Markgraffschaft Baden ein Aufstandsversuch unternommen, der mit der Hinrichtung des Führers

Gugel=Beſtian endigte. Selbſt in Ungarn brach in dieſem Jahre ein großer Bauernkrieg unter dem Deckmantel eines Kreuzzuges gegen die Ungläubigen aus. Selbiger nahm ſo große Dimenſionen an, daß in ihm an 60,000 Bauern umge=kommen ſein ſollen.

In der windiſchen Mark zeigte ſich von 1503 — 13 der Bund der die alten Gerechtſame fordernden stara prawa. Durch die eitlen Verſprechungen des Kaiſers Maximilians an=fangs beſchwichtigt und getäuſcht, warfen ſich 1515 die Bauern auf die Schlöſſer und Klöſter, zerſtörten dieſe feindlichen Ne=ſter und richteten eine Anzahl Adelige hin. In Kärnthen und Steiermark wurde der Aufſtand ſchon 1515, in Krain erſt im folgenden Jahre gedämpft.

Neue Wühlereien des „Bundſchuhs" und des „armen Kon=rads" in den Jahren 1516 — 17 unter Joß Friß vereitelte nochmals der Verrath und das raſche ſtrenge Eingreifen der Behörden.

Alle dieſe ernſten Unruhen, unter denen die nebenherlau=fenden Aufſtände in Holland, Friesland und der Schweiz nicht mit aufgezählt ſind, bekunden tiefen Unmuth und Groll in den untern Schichten des Volkes, namentlich im zahlreichen Bauern=ſtande. Sie traten ganz ſelbſtändig auf und geſchahen, noch ehe der Auguſtiner=Bruder Martin Luther ſeinen Mönchsſtreit wegen des Tezel'ſchen Abklaßkaſtens begonnen hatte. Die Ar=men und Rechtloſen der Geſellſchaft hatten Urſache, mißmuthig zu ſein und mit Aufruhrplänen ſchwanger zu gehen, auch ohne daß von einer Kirchenverbeſſerung die Rede war. Ihre Feinde erblickten ſie nicht allein in der Geiſtlichkeit, deren Klöſter und fette Pfründen ſie gemeinnützig machen wollten, ſondern vor=nehmlich auch in den Fürſten, dem Ritteradel und den ſtädti=ſchen Junkern. Ohne Zweifel wirkten mittelbar auf dieſe Er=hebungen nnd Verſchwörungen die Umwandlung des Kriegswe=ſens und die Erfindung der Buchdruckerkunſt. Beſonders aber wurden ſie durch Hungerjahre, durch das Steigen der Lebens=mittelpreiſe in Folge der reichen Ausbeute der deutſchen Sil=berminen und weiterhin auch durch die Einwirkung der Ent=deckung Amerika's angeſchürt. Der Hauptgrund ihres Auffei=

mens jedoch lag in den schrecklichen Leiden des arbeitenden
niedern Volks. Somit entsprangen sie einer sehr positiven, un=
versieglichen und unmittelbaren Quelle.

Hätten nicht so allgemeine Ursachen eines völligen sozialen
Umschwungs und weit verbreitete Mißstimmung vorgelegen,
so würde wahrscheinlich der Streit Luther's mit Tezel und Eck
eines jener Mönchsgezänke, die oft vorfielen und bald wieder
vergessen wurden, geblieben sein. Vielleicht wäre dann Luther
nicht eben weiter gekommen, als so Viele vor ihm oder als
etwa Johannes Ronge, Uhlich & Co. in unsern ungläubigen
Tagen, in welchen kein Kirchenverbesserer nöthig ist.

Aber, wie damals die Dinge lagen, zündete das Auftreten
des Augustiner=Mönchs wie ein Feuerfunken im Pulverfasse.
Denn auf der einen Seite griffen die unruhigen Köpfe die Bi=
belübersetzung gierig auf, um aus dem Worte Gottes die Be=
rechtigung der Umsturzbestrebungen herzuleiten, während auf
der andern Seite die Bevorrechteten, die ohnehin nach den
geistlichen Gütern lüstern waren, den Mißmuth des Volkes auf
das religiöse Gebiet abzulenken suchten. Ferner schloß ja auch
die Kirchenverbesserung eine soziale Umänderung in sich. Lu=
ther's Auftreten fand also Anklang bei einem Theile des ho=
hen und des niederen Adels, sowie der Städte, während dagegen
ein anderer Theil der Reichsstände zum Kaiser stand, um das
Hergebrachte gegen die bedenkliche Neuerung zu schützen.

Nachdem die oben erwähnten Bauernunruhen niedergeschla=
gen worden waren, fanden sie an der Kirchen=Reformation
neue Nahrung. Kleine Bauernaufstände im Schwarzwalde und
in Oberschwaben füllten die Jahre 1518—23 aus. Der eigent=
liche Bauernkrieg begann jedoch erst mit dem Jahre 1525.
Er erstreckte sich über das ganze Süddeutschland bis nach Fran=
ken, Thüringen, den Harz und Westphalen hin, beschränkte sich
also ungefähr auf die Gränzen des Städtekrieges des 14. und 15.
Jahrhunderts, auf die in Deutschland am Weitesten entwickel=
ten Landstrecken. Doch waren die Bauern noch zu sehr in
der Oertlichkeit befangen, benahmen sich ungeschickt, wie zu=
vor 1359 Jacques-Bonhomme in Frankreich, und gelangten
demnach nicht dazu, Deutschland zu verjüngen. Ein Theil der

Städte, wo das niedere Volk vorübergehend dominirte, unter=
stützte sie, fiel aber meist von ihnen ab und wendete sich unter
dem wiederhergestellten Einflusse des Patrizierthums gegen sie,
sowie die Bauern Niederlagen erlitten. Der Bauern vorzüg=
liche Führer waren käufliche Lanzknechte und zweideutige Edel=
leute, ihre Haupt=Agitatoren schwärmerische Geistliche. Im
Süden schwangen sie sich, im Widerspruche mit ihrem Parti=
kularismus, bis zum Gedanken einer einheitlichen deutschen
Monarchie, weiter nördlich unter Thomas Münzer bis zur Idee
der Republik, der Gütergemeinschaft und des Chiliasmus auf.
Hätten sie gleich von Vornherein, ehe der schwäbische Bund
und die gegen sie ziehenden Fürsten hinlängliche Streitkräfte
gesammelt hatten, sich nicht einzeln mit Unterhandlungen und
Versprechungen täuschen und hinhalten lassen, sondern die
sämmtlichen Bauernheere zu einer einzigen Armee vereinigt:
so würden sie Größeres auszuführen im Stande gewesen sein
und ihre Sache sich besser entwickelt haben. Im Ganzen
waren die von den Bauern aufgestellten Forderungen äu=
ßerst gemäßigt, wie das im Anfange der geschichtlichen Be=
wegungen zu sein pflegt. Es stak in ihnen noch zu viel
Unterthänigkeitssinn und angestammte Treue. Dazu besa=
ßen die Bauern auch keine guten militärischen Führer. Ueber=
all zeigte sich Ungelenkigkeit, Schwerfälligkeit und Dummheit,
Begnügsamkeit mit lokalen Siegen und Leichtgläubigkeit gegen
Vorspiegelungen. Nur im Oesterreichischen, und zwar in Ty=
rol, bewährte der Bauernbefehlshaber Geismaier militärisches
Talent, sah aber gleichwohl zuletzt sich ebenfalls zum Ueber=
tritte auf venetianisches Gebiet genöthigt. Den Besiegten
wurde arg mitgespielt. Sie wurden verstümmelt, erstochen, zu
Tausenden gehängt, enthauptet, bei langsamem Feuer lebendig
gebraten, geviertheilt, mit glühenden Zangen gezwickt u. s. w.
Dazu wurden ihre Dörfer verbrannt und gebrandschatzt. Der
Pfaffe Luther, obschon Bauernabkömmling und Bergmanns=
sohn, verstand die Bewegung nicht, war wohl auch nicht groß=
herzig genug, um sein Leben für die Unterdrückten einzusetzen.
Luther war nur Mann des „Wortes", nicht der That. Er
deckte sich den Rücken mit dem großen Adel und pflegte sich

das Schmeerbäuchlein. Darum empfahl er den Fürsten an, den Bauern wie Eseln mit Haferstroh und der Peitsche aufzuwarten, keine Barmherzigkeit mit ihnen zu haben, sondern sie zu zerschmeißen, zu würgen und zu stechen heimlich und öffentlich, sie todt zu schlagen, wie man einen tollen Hund todtschlagen müsse. Lasset nur, rief er, die Büchsen (die neuen Kanonen) unter sie hausen, sie machen's sonst tausendmal ärger! So benahm sich Luther als grimmiger Volksfeind.

Die dienende Arbeit des Landes, wenngleich unter dem deutschen Kaiserreiche die altgermanische Leibeigenschaft theilweise in Hörigkeit übergegangen war, blieb mit Mühe, Pein, Sorge und Elend verknüpft. Doch konnte das Loos der Ueberlebenden nicht schlechter werden, als es bisher gewesen war. Es wurde sogar, wie in Rom nach den Sklavenaufständen, hier und da besser. Auch hatte der Bauernkrieg für Deutschland sehr wichtige Folgen; denn er entschied das Resultat des ganzen Reformations-Zeitalters. Die Sieger über die Bauern, die Fürsten, wurden die allmächtigen Herren Deutschlands. Noch jetzt laboriren wir unter den Folgen jenes Resultates.

Die den Protestantismus ausbeutenden Fürsten bereicherten sich durch das Einziehen geistlicher Güter, machten den kleinen Adel von sich abhängig und zogen die Städte immer straffer unter ihre Gewalt. Der Bauer vollends mußte nach ihrer Pfeife tanzen. Ihre Zentralisation, fußend auf dem Grundbesitz, war Deutschlands Zersplitterung. Indem sie vom dreißigjährigen Kriege bis zum großen Napoleonschen Kriege mit Hülfe des Auslandes sich in der gewonnenen unabhängigen Stellung behaupteten, selbige festigten und vollendeten, trat an die Stelle des mittelalterlichen Dualismus, des Schwankens zwischen geistlicher und weltlicher Macht, der Dualismus von Nord- und Süddeutschland. Ueber den Trümmern, mit denen die Reformations-Kämpfe Deutschland bedeckten, erhob sich, den Uebergang zur neuesten Zeit bildend, der absolutistische Fürstenstaat, unter dessen Aegide, während das frühere muntere Leben und freiheitliche Treiben der Gewerke völlig zum Skelett zusammenschrumpfte, die „Arbeit" in dem Schoose der Städte sich ganz und gar festsetzte. Das unter der absolutistischen Herrschaft

9*

aufgespeicherte erbliche Kapital wurde zur Ausbeutung des bloß in der Menschenkraft liegenden Kapitals privatlich erblich und erwerblich verwendet. Die genossenschaftliche, gemeinsame und gemeinnützige Wirksamkeit der Gewerke war zu Grabe gegangen: denn das „Werk" hatte weniger die Gemeinsamkeit, als die in ihm liegende Sonderheit und Absonderung ausgebildet.

Die Ueberreste der ländlichen Frohnarbeit, der Hörigkeit und Leibeigenschaft, erhielten sich bis zum Jahre 1848, durch welches die Bauern fast allein gewannen. Der Bauer, seinerseits mittlerweile selber ein kleiner erblicher und erwerblicher Kapitalist geworden, suchte nun die Proletarier des Landes ebenso zu benutzen, wie das erbliche Kapital der Städte es bezüglich der städtischen Arbeiter that. Die besitzlosen Arbeiter der Stadt und des Landes aber zeigten sich 1848 nicht weniger zu großartiger Neugestaltung unfähig, als die Bauern der Reformations-Zeit. Gegenwärtig wird die Kluft zwischen Stadt und Land, die so viele Jahrhunderte hindurch weit gähnte, immer mehr durch das bewegliche vererbende, aufgespeicherte Kapital ausgeglichen.

Für den alten Gegensatz von Stadt und Land aber pflanzt sich der neue von sächlichem zeugenden Kapitale und lebendiger menschlicher Arbeit auf.

Das alte Mittelding „Werk" ist aus dem Wege geräumt, und somit steht die Sache sehr einfach. Anstatt ihre genossenschaftliche Produktion zu erweitern und zunächst einen alle Gewerke umfassenden, auf Gemeinsamkeit beruhenden Organismus herzustellen, verkrüppelten und versimpelten die Handwerke in einseitig geschäftlicher Bornirtheit, sie verzopften, verbutteten und verkümmerten, bis ihre engen Zunftschranken durch die mittlerweile freier gewordene Arbeit durchbrochen wurden.

Mit dem Freiwerden der Arbeit aber und mit der Abschwächung des Begriffs der Mühseligkeit und Pein in dem ursprünglichen Ausdrucke „Arbeit" hat es folgende Bewandtniß. Gleichwie für den Landbau eine Zeit kommt, wo in Folge der allgemeinen Entwickelung es für die Wirthschafter vortheilhafter wird, wenn sie anstatt der Knechte die freier gestellten Tagelöhner zur Boden-Kultur verwenden, ebenso tritt eine

Zeit ein, wo die großen Grundeigenthümer mehr Nutzen haben, wenn sie, anstatt mit Leibeignen und Hörigen, den Boden mit sogenannten freien Arbeitern bewirthschaften. Tucker hat sogar die feste Regel aufzustellen gesucht, daß für die Freigebung der an die Scholle gefesselten Arbeit der Wendepunkt dann eintrete, wenn durchschnittlich genommen auf der englischen Quadrat=Meile die Bevölkerung auf 66 Köpfe angewachsen sei. In gleichem Sinne mühten sich im vorigen Jahrhunderte die französischen Encyklopädisten ab, die großen Grundeigenthümer davon zu überzeugen, daß selbige mehr Nutzen haben mußten, wenn sie ihre Ausbeutung mit „freier“ Arbeit betrieben. Gewöhnlich lassen sich jedoch die großen Grundherren zum Freigeben der Arbeit erst durch den gebieterischen Drang der Zeitumstände nöthigen, und sie sind zu Guterletzt bestrebt, aus ihren „wohlerworbenen Rechten“, indem sie sich die Frohnden, Zinsen, Zehnten u. s. w. mit Geld „ablösen“ lassen, ein ihre Grundrente anschwellendes Kapital herauszuschlagen. Eine ähnliche Erscheinung bietet sich bei den Manufakturen und Gewerben der Städte dar; denn auch hier tritt zu einer gewissen Zeit das Bedürfniß hervor, anstatt der im Hause wohnenden, mit Kost versorgten „Burschen“, „Genossen“, „Gehülfen“, „Knechte“ und „Gesellen“ behufs des schwunghafteren Geschäftsbetriebs „freie“ Arbeiter zu gebrauchen. Die Gründe dieser Erscheinung sind hauptsächlich folgende:

1) Die Vermehrung der Menschenzahl bewirkt, daß sich die Arbeiter durch Arbeitsangebot starke Konkurrenz machen und im blinden Einzelrennen nach Verdienst (— ist doch von Ottfried's rinan auch der Ausdruck „Rente“ hergeleitet worden! —) die Arbeitslöhne gegenseitig herabdrücken. Demnach ist die freie Arbeit gleichbedeutend mit der Lohnerniedrigung durch freie Konkurrenz. Sie ist Geldgewinn der Unternehmer.

2) Durch das Aufhäufen des Kapitals in einzelnen Händen wird erst der großartige Geschäftsbetrieb möglich. Dieser aber kann sich nicht mehr mit solchen Kleinigkeiten und Gemüthsmucken, wie Beköstigung und Beherbergung, der Arbeiter befassen, sondern muß derartige Sorgen den Arbeitern selbst überlassen, die nun zusehen müssen, wie sie sich durchs Leben

schlagen. In dieser Hinsicht ist also die freie Arbeit gleichbe=
deutend mit der Befreiung des großen Kapitals von einer
kleinlichen, lästigen Sorge.

3) So lange der Arbeiter gebunden ist, hat er eine Heim=
stätte und geht im alten Schlendrian an des Lebens Mühselig=
keit. Wo er es vermeiden kann, rackert er sich nicht übermä=
ßig ab. Sowie jedoch der mittelalterliche Wildfang wieder
zum losen wilden Vogel wird, der um sein Futter besorgt sein
muß, hat er darauf zu halten, daß seine Arbeitsfreiheit sich
nicht in den fürchterlichen Ernst der Beschäftigungslosigkeit und
der Freiheit zu verhungern verkehre. Jeden Augenblick kann
er abgelöhnt und in die natürliche Wildfangsfreiheit versetzt
werden. Daher muß er sich bemühen, zur Zufriedenstellung
seines Arbeitgebers so gute und so viel Arbeit, wie nur im=
mer menschenmöglich, zu verrichten und sich nicht etwa durch
Arbeits=Rivalen ausstechen zu lassen. In dieser Beziehung
ist folglich die freie Arbeit das Wettringen der Arbeiter mit
den Arbeitern bei der Arbeit selber.

4) Wenn der Arbeiter sich als freien Mann fühlt, so ar=
beitet er von selbst viel eifriger und fleißiger. Denn, indem
er die Welt von seinem beschränkten Standpunkte aus beur=
theilt, glaubt er nur für sich selber zu arbeiten, will sich durch
Sparsamkeit ein kleines Vermögen zum Anfangen eines selb=
ständigen Geschäfts erwerben und läßt sich durch seine Phan=
tasie allerhand holde Gaukeleien vorspiegeln. In der That ge=
lingt es auch, was die Arbeitsgefährten noch anspornen muß,
hin und wieder einem Arbeiter, in der großen Arbeitslotterie,
wo nothwendig fast alle Loose sich als Nieten erweisen müs=
sen, einmal einen „Treffer zu machen“. In diesem Betreff ist
daher die freie Arbeit wirkliche Freiheit der Arbeiter, soweit
selbige der allgemeine Kausal=Nexus der Dinge überhaupt
zuläßt. „Segen ist der Mühe Preis.“

Nachdem wir gesehen haben, wie es sich mit der Freiwer=
dung der Arbeit verhält, schließen wir unsere geschichtlich=ety=
mologische Erörterung mit nochmaliger Anführung der oben
zitirten Bemerkung der Gebrüder Grimm:

„Während in der älteren Sprache die Bedeutung von molestia und schwerer Arbeit vorherrschte, die von opus, opera (Werk) zurücktrat, tritt umgekehrt in der heutigen diese vor und jene erscheint seltener; jede derselben war aber in dem Wort selbst begründet; seitdem allmählich die Thätigkeit der Menschen unknechtischer und freier wurde, war es natürlich, den Begriff der Arbeit auf leichtere und edle Geschäfte auszudehnen..... Allmählich," fügen die Gebrüder Grimm hinzu, „heißt Alles Arbeit, was von den sogenannten Arbeitern verrichtet wird, wofür, wie dieser Name selbst bezeugt, ursprünglich lieber Werk gesagt wurde, obschon Werk auch den Dienst des Tagelöhners" (des der Burg entsprungenen freien Brötlings) „bezeichnen kann. Arbeit der Zimmerleute, Maurer, Schmiede u. s. w., dann eben wohl die feinere Arbeit der Künstler und Bildner ... Kopfarbeit, geistige Arbeit, Bücherarbeit, gelehrte Arbeiten.... Noch allgemeiner übertragen wir Arbeit auf andere Verrichtungen, ohne daß ein bestimmtes Werk hervorgebracht und aufgestellt wird: sauber, rein Arbeit im Becher machen. ... Die Vorstellung der Arbeit wird an einzelne Zustände geknüpft, die anhaltende Anstrengung oder Naturthätigkeit zu erkennen geben. Namentlich heißt Reise eine Arbeit, das französische travail hat im englischen travel geradezu diesen Sinn bekommen; so drückt unser Arbeit wo nicht die Reise selbst, doch die Anstrengung und Ermattung der Reisenden aus ... So ist die Rede von einer Arbeit der Natur ... Ja wir legen gährenden Stoffen, bevor sie zur Ruhe gelangt sind, Arbeit bei: der Wein, das Bier ist noch in der Arbeit; was auch die Chemie auf ihre Mischungen anwenden könnte. Hieran gränzt nun unmittelbar die von schwerer Knechtsarbeit zuerst abgeleitete Abstraktion großer Mühe und Anstrengung. Alle Arbeit ist verloren kann Nichts sagen wollen als: alle aufgewandte Mühe war vergeblich."

Kapital-Zins und Grund-Rente.

Die Erörterung des vorstehenden Abschnitts schien nöthig, weil in der neuern Zeit ein Mischmasch von Bedeutungen mit dem Worte Arbeit verbunden worden ist. Wirklich dürfte die Chemie, wie die Gebrüder Grimm es anrathen, das bequeme Wort Arbeit auch auf ihre Mischungen anwenden. Mit der Zunahme der Zivilisation ist die Arbeit viel= und allseitig geworden.

Was Alles heißt nicht heutzutage Arbeit? — Wenn eine Dame ihr Nesthäkchen spazieren führt, verrichtet sie eine Arbeit. Der Eine hilft arbeiten, indem er Arbeiter für sich arbeiten läßt, der Andere, indem er rein den Unternehmergewinn ein- streicht. Der Seiltänzer arbeitet in der Luft, der Schauspieler auf der Bühne, der Opernsänger durch die Stimmritze, der Bereiter mit dem Pferde. Ein vornehmer Herr, der aus Lan- gerweile, zum Vergnügen oder behufs besserer Verdauung sich den Beschwernissen einer Reise überläßt, arbeitet. Ein König arbeitet, indem er die Berichte seiner Minister anhört oder ein- gelaufene Schreiben liest. Der Poet macht Liebesgedichte und arbeitet, der Officier und General arbeiten mit den Soldaten beim Exerzitium. Dieser da macht reine Arbeit im Becher, jener dort schnelle Arbeit mit der aufgesetzten Speise. Es gibt feine Arbeit der Frauen, Toilette=Machen und Putzarbeit. Hier arbeiten die Ohren, der Magen, die seufzende Brust, der gäh- rende Most, dort ist das Wellen schlagende Meer und die von Erdbeben bewegte Erde in Arbeit. Es arbeitet der Denker, der Maler, der Kapitalist, der Industrie=Ritter. Das Sitzen, Liegen und Stehen schon ist Arbeit; ja nach Ansicht der Na- tional=Oekonomen verrichten stehende Heere um so mehr Ar- beit, je größer sie sind, und zwar wird diese Arbeit — die Sol- datenkinder ganz aus dem Spiel gelassen — vom gelehrten Ro- scher für produktiv erklärt. Um mit den Worten des Römers zu reben, gebären die Berge ein Mäuslein; denn sie arbeiten. So arbeitet auch das Geld, so arbeitet der Grund und Boden, wenn das erstere Zins, die letzteren Rente abwerfen. Kurz, wir leben schon im dritten Himmel — wenigstens doch in der optimistischen Welt der National=Oekonomen.

Aufgabe des vorigen Abschnitts war es, die Arbeit in ihrer Ursprünglichkeit zu zeigen, den ächten Arbeitskern herauszusuchen und aus dem flitternden Wirrwarr der Schönheitsumpflasterung, worein die Arbeit gehüllt worden ist, die bittere Nuß des urwüchsigen Arbeitsbegriffs herauszuschälen.

Das Kapital ist der Arbeit entsprungen, der schweren, dienenden Knechtsarbeit. Den Stempel des knechtischen Ursprungs drückt ihm sogar noch sein Name auf, der von den nach Köpfen gezählten und versteuerten Sklaven, dem Hauptreichthume der alten Welt, hergenommen ist. Von jeher bedeutete das Kapital solche Knechtsarbeit, und zwar umfaßte es immer das Arbeiten, das Gearbeitete und das zu Arbeitende. Diese Arbeit war sein Gehalt, seine unsterbliche Seele, sein Werth.

Aber das Kapital war von jeher angeeignete Arbeit, das heißt: das Erworbene Fremder zu eignem Gebrauch und Belieben; es war die Sammelarbeit des Aufsparens für Vererbung und Familienvermächtniß; der tobte Wille dauerte im lebenden Werthe fort; die aktive Arbeit wurde im Eigenthum passiv gemacht. Denn mit der Arbeit ist man, wie die gründliche Sprachforschung zeigt, so übel umgesprungen und hat sie dergestalt vereignet, daß sie in allen drei Geschlechtern gebraucht, gleichviel mit Der, Die und Das, ob männlich, weiblich oder sächlich*), doch immer verwendbar, erwerb= und vererbbar befunden worden ist. Das arbeitende Kapital war eben l'exploitation de l'homme par l'homme, stätiger Gebrauchs= und Tauschwerth zugleich.

Im vorigen Jahrhunderte war bei uns Deutschen die Idyllen=Dichtung im Schwunge. Vossen's Luise rührte jedes sanft

---

*) Mittelniederländisch arbed ist sächlich und männlich; neuniederländisch arbeid nur männlich; dagegen friesisch arbeid und arbêd nur sächlichen Geschlechts.

schlagende Herz. Man brauchte sich bloß den Ruß und Staub der Städte abzuschütteln, das Pochen und Hämmern der Werkstätten hinter sich zu lassen und hinaus in die freie Landluft zu eilen, so fand man sich plötzlich ins Paradies versetzt. Denn draußen auf dem Lande waltete noch die alte Unschuld, Zärtlichkeit und Natürlichkeit. Die breitgestirnten Rinder, die lieblich blökenden Schafe, die herrlich summenden Mai- und Goldkäfer bemühten sich um die Wette, dem poetisch gestimmten Wanderer das Leben zu verschönern, und es den singenden Mücken, der schwirrenden Lerche, dem zirpenden Heimchen, der girrenden Taube und der melodisch flötenden Nachtigall gleichzuthun. Unter der poetischen Wünschelruthe verwandelte sich der dampfende Mist in nektargleichen Duft, die schmutzigen Stallmägde und rohen Knechte wuchsen in feenhafte und heroische Gestalten um, die Kuhhirten und Käsemacher der Alpen schienen Muster von Schönheit, natürlicher Feinheit und Gediegenheit. Solche Dichtung paßt nicht mehr für die Gegenwart; denn dieser dünkt sie widrig, wie denn auch Süßholz, Lakrizen und Syrup unserm verwöhnten Gaumen grollig vorkommen mögen.

„Heinrich Voß von Eutin logirt im goldenen Löwen!"

Das Idyllenland unserer National=Oekonomen, das englische Bobdingnagh, heißt im Französischen Cocagne, eigentlich Entenland (von canard, im Südfranzösischen cagnard, cagne, daher das Zeitwort acagnarder, an ein Schlaraffenleben gewöhnen). Dieses der mittelalterlichen Phantasie entsprungene Land hat 1560 der italienische Künstler Peter Nobilis in trefflichen Illustrationen anschaulich gemacht. Seine an den Seiten offen stehenden Berge sind voll gemünzten Goldes und Silbers, die Vulkane speien Pasteten aus, die Seen bestehen aus geschmolzener Butter. In den Waldungen läuft und fliegt gebratenes Wildpret umher. Die Wiesen und Weiden bestehen aus Backwerk jeglicher Art, in den Thälern wachsen Weinstöcke, deren mit Bratwürsten angebundene Reben das ganze Jahr von Trauben strotzen. Die Landstraßen sind mit Bäumen bepflanzt, woran Kräpfel, Marzipan, Pasteten, Torten und eingemachte Früchte hängen. In den Gewässern fließt

Zypertwein, Muskatwein und Malvasier. Im ganzen Lande
stehen nur zwei Gebäude. Das eine derselben ist der jeden
Ankömmling beherbergende Schlafpalast, das andere aber ist
das Staatsgefängniß, wohinein die Unglücklichen gesperrt wer=
den, die sich haben einfallen lassen, irgend eine Arbeit zu ver=
richten. Denn im Lande Cocagne, où les alouettes tom-
bent toutes rôties und où qui plus dort plus gagne, ist die
Arbeit das einzige Verbrechen. Auch wird sie verhältnißmäßig
streng bestraft. Während nämlich die Mauern des Schlafpa=
lastes aus vorzüglichem Parmesankäse gefertigt sind, beste=
hen die Mauern des Staatsgefängnisses nur aus gemeinem
Schafkäse.

Unsere jetzigen Idyllen=Dichter sind also unsere gemüth=
lichen National=Oekonomen. Auch diese wissen uns ins Pa=
radies zu versetzen, wo noch Ströme von Milch und Honig
fließen, wo der Löwe und die Hyäne mit dem Lamme schä=
kern, wo das auf Bäumen wachsende Brot als immer reife lieb=
liche Frucht sich selbst herunterlangt, und wo die gebratenen
Tauben, nach einem offenen Munde spähend, sehnsüchtig in
der Luft umherflattern. Nach unsern National=Oekonomen
nämlich kommt nicht alles Kapital und aller Werth aus der
Arbeit, sondern die gütige Mutter Natur ist wie zu weiland
Mutter Eva's Zeiten alles Reichthums erster Quell gewesen.
Hiermit stimmt es freilich nicht, daß unsere Kranken, Schwa=
chen und Zivilisations=Zigeuner Knall und Fall im paradiesi=
schen Leben des Urwalds jämmerlich umkommen müßten, und
daß die Mehrzahl der Genüsse, nach denen die verdrehten So=
zialisten unsere Armen lüstern machen möchten, nur unter dem
strengen Regime der jetzigen Arbeitstheilung möglich sind. Zu=
erst, meint die historische Schule, herrscht die Natur vor, dann
kommt die Arbeit an die Reihe, und später erscheint die Zeit
des Kapitals. Auf diese Weise erhalten wir eine Klimax, wie
kein Dichter eine gewähltere auffinden könnte, einen stätigen,
aber zusammenwirkenden Fortschritt vom Positiv zum Kompa=
rativ und schließlich von da zum Superlativ. So erwächst das
Leben zu immer höherer und edlerer Kultur!

Die Nordsee=Insulaner dagegen sind arge trockene Prosa=

Menschen, die solcher idyllischen Dichtung keinen Geschmack mehr abgewinnen wollen. Schon Locke hat die ketzerische Behauptung aufgestellt, daß bei den dem Menschen nützlichen Bodenerzeugnissen neun Zehntel, ja meist neun und neunzig Hundertstel ihres Werthes allein der menschlichen Arbeit zu verdanken sei. Berkeley hegt gleiche Paradoxe. Auch Adam Smith ist von Ketzerei nicht freizusprechen. Immer besser noch benahm sich Hobbes, wenn er neben die Arbeit auch die Sparsamkeit als Quelle des Reichthums, als proventus terrae et aquae, setzte, während Petty in der Arbeit den Vater und das aktive Prinzip oder den thätigen Hebel (the father and active principle), in den Ländereien die Mutter des Reichthums erkannte. M'Culloch fährt gleich mit dem Kopfe durch die Wand, indem er ausruft: „Es ist die Arbeit, einzig und allein die Arbeit, welcher der Mensch jede einen Tauschwerth besitzende Sache zu verdanken hat." Nicht minder erblickt J. Mill in der Arbeit die Erzeugerin alles Kapitals. Aber, was noch schlimmer, die Schule Ricardo's hat diese lästerliche und gefährliche Doktrin völlig wissenschaftlich behandelt, sodaß unser guter deutscher Roscher stutzig wird, ob er sie, wie er in Anmerkung 4, Seite 74—75 des ersten Bandes seiner Wirthschaftslehre thut, ganz verwerfen und sie „ungeschickt" finden, oder ob er, wie ihm in Anmerkung 1, Seite 177, des nämlichen ersten Bandes passirt, erklären soll: „Ricardo's Lehre ist haltbarer, als man auf den ersten Blick meinen sollte!" Indeß, wofern Ricardo's Lehre so haltbar ist, dann darf man auch bei einiger Konsequenz Mac Culloch's Ansicht, wenn selbige die „Entbehrung des Kapital=Nutzens" auf die Arbeit zurückführt, nicht geradezu „abgeschmackt" nennen!

Mögen denn die deutschen National=Oekonomen mit ihren englischen Kollegen den Strauß ausfechten: immerhin bleibt es eine merkwürdige Thatsache und zeigt sich hier wiederholt, daß die National=Oekonomen in den wichtigsten Punkten nicht einig sind, und daß sie sich nicht nur einander widersprechen, wo es sich um das idealistische „Sein=sollen", sondern auch, wo es sich um das reale „Sein der Dinge" handelt. Sie sind nicht einmal darüber einig, was Kapital ist!

Uns däucht nun in unserer Laien=Einfalt, daß in der be=
treffenden Frage die englischen Dekonomen klarer und schärfer,
als unsere deutschen, sehen: zumal da England unter allen
Ländern dasjenige ist, wo sich die Industrie am Höchsten ent=
faltet hat. Als wirthschaftliches Volk wären sicher die Eng=
länder nicht so weit gekommen, wie sie es sind, wenn sie nicht
frühzeitig die Zaubermacht der Arbeit erkannt und selbige aus=
zunutzen verstanden hätten. Die englischen Dekonomen reden
ihrem Volke aus der Seele. Thun es etwa auch die unsern
bezüglich des unsrigen?

Ferner will uns bedünken, daß keine Gabe der Natur eine
eigentliche Gabe ist, weil ohne Arbeit Nichts genieß=, verwerth=,
brauch= oder tauschbar wäre. Selbst der Indianer muß sich
bücken, um aus dem Bache zu trinken, der Neuholländer gräbt
mühsam nach Wurzeln, und der Buschmann hat oft viele
Plage, ehe er Spinnen, Raupen, Ameisen oder Aas verzehren
kann. Das Kauen von Holzäpfeln ist immer eine harte Ar=
beit gewesen. Oder hat es vielleicht der Jäger des Urwaldes
bequem, wenn er zwei bis drei Tage, dem Wild nachstellend,
seinen Hunger und seine Anstrengung durch Tabak milbern
muß?

Die rohe Gütergemeinschaft auf niedern Kultur=Stufen
erklärt sich eben daraus, daß die Menschen einzeln aus Erfah=
rung lernen, sie müssen untergehen, wenn sie nicht Alle für
Einen, Einer für Alle stehen, nicht ihre sämmtlichen Kräfte
harmonisch zusammenwirken, nicht allen Eigennutz bei Seite
lassen. Die Gütergemeinschaft geben sie erst dann auf, wenn
selbige sie, nach längerem Ringen mit der Natur, in den Stand
gesetzt hat, oder doch zu der Hoffnung berechtigt, auf dünn be=
völkertem Boden nun allein mit ihrer Familie, worin die Ge=
meinschaft jedoch sich forterhält, durchzukommen. Wiederum
tauchen dann im dichtbevölkerten Lande und bei hoher Zivili=
sation kommunistische Lehren und Bestrebungen auf, weil Viele
zur Ansicht gelangen, daß sie trotz und wegen der schweren
Arbeit, die alle Werthe schafft, in der Vereinzelung und der
bis zur Atomisirung getriebenen Arbeitstheilung ihrem Unter=

gange entgegeneilen. Dem Zuviel und dem Zuwenig bietet sich die Gemeinschaft als Arznei an.

Aus der schweren, mühevollen Arbeit, die der Mensch auf niederen Kultur=Stufen zu bestehen hat, erklärt es sich eben= falls, daß Raubzüge unternommen und Kriege, welche Beute und Sklaven einbringen, veranstaltet werden. Nicht würde der Mensch so grausam gegen seines Gleichen sein, wenn ihm die Sklaven=Arbeit nicht die drückenden Nahrungssorgen wegnähme und ihn dem schrecklichen Hungertode entrisse. Jene Religio= nen, in welchen die Gottheit von Zeit zu Zeit durch den Mund der Priester dem Volke verkündet, der Vitzliputzli habe Hunger und sehne sich nach Menschenfleisch, sind nicht zufällig entstan= den, sondern verdanken ihr Dasein der sozialen Noth des ro= hen Naturzustandes. Die viele schwere Arbeit hat sie hervor= gebracht. Ist doch auch, wie wir schon zu bemerken Gelegen= heit hatten, die Entstehung des Christenthums als Staatsreli= gion im römischen Reiche nur der Sklavennoth zuzuschreiben. Ganz ähnlich ist die Entstehung der jüdischen Religion der Sklavenarbeit der Kinder Israel in Aegypten, wenn wir uns auf den Bericht der Bücher Mosis verlassen dürfen, entsprun= gen und wohl hauptsächlich darum so ausschließlich national geworden.

Wir finden uns aus den angeführten Gründen veranlaßt, unserer historischen National=Oekonomen=Schule völlig Unrecht zu geben, wenn sie aufstellen zu dürfen glaubt, daß auf nie= derer Kultur=Stufe die Natur noch paradiesisch=idyllisch für den Menschen sorge, und daß erst auf höherer Stufe die Ar= beit über die Natur vorwiege. Während wir einestheils meinen, im Großen und Ganzen bleibe sich die Natur immer gleich, sind wir doch anderntheils der Ansicht, daß die Arbeit um so schwerer, peinlicher, mühevoller und anhaltender ist, je tiefer die Menschen sich noch im sogenannten Naturzustande befinden. Erst wenn sie nach harter Arbeit die Natur bemeistern, und sich ihrer Gesetze bemächtigen, kann für sie, wofern nicht unterdeß das auf die eine und andere Weise eingeführte viele Eigenthum den Volksmassen einen Riegel vorschiebt, einige Arbeitserleich= terung Platz greifen. Zeuge die Geschichte des Worts Arbeit!

So lange das Eigenthum noch gering, die als Kapital auf=
gespeicherte Arbeit noch verhältnißmäßig klein und somit die
der natürlichen Gleichheit der Menschen künstlich untergescho=
bene Ungleichheit noch unbedeutend ist: so lange arbeitet wohl
der Eigenthümer an der Seite des Knechtes, zehrt mit ihm
von derselben Kost und theilt mit ihm das rauhe Lager. Der
Knecht arbeitet wirklich für den Herrn, doch scheint wenigstens
der Herr auch für den Knecht zu arbeiten. Anders aber schon
stellt sich die Sache, sowie der Herr über viele Knechte gebieten,
über ein beträchtliches Kapital verfügen kann. Anstellung und
Aufsicht ist dann noch die einzige Arbeit, die der Eigenthümer
verrichtet. Sorgt er doch für die Knechte: warum sollten sie
nicht für ihn arbeiten? Wächst darauf auf hoher Zivilisations=
Stufe das etwa zwanzig Generationen hindurch dem Einzelnen
von Vielen zusammen gearbeitete Kapital zu einer riesigen
Größe empor, so braucht der Herr sich nicht einmal mehr mit
der Anstellung, Einstellung und Aufsicht der Knechte zu befas=
sen, sondern kann sich mit der Arbeit begnügen, die Rente
einzunehmen, zu verzehren und gesund zu verdauen. Jetzt erst
ist das Leben so recht seiner Mühe werth! In diesem Stadium
der Fülle und des Wohllebens findet sich der Eigenthümer
aufs Vortrefflichste gestellt, wofern ihn nicht das Faullenzen,
die Langeweile oder der Katzenjammer des Uebergenusses ab=
härmen und unpäßlich machen. Müßiggang, sagt ein Spruch,
sei aller Laster Anfang!

Das Eigenthum, die individualisirte, von Einzelnen in Be=
schlag genommene Arbeitsfrucht Vieler, entsteht auf verschiedene
Weisen. Einmal geht es aus der Gütergemeinschaft niedriger
Kultur hervor. Indem nämlich ein Stamm oder sonstiger
Menschenhaufe gemeinschaftlich und dauernd ein jungfräuliches
Stück Land okkupirt, macht er dasselbe zu seinem Gesammt=
eigenthum. Zwar gehört die Erde Allen und mithin Nieman=
dem; allein gerade weil die Landstrecke, worauf sich die Ge=
meinschaft niederläßt, Niemandem gehört, kann sie in Beschlag
genommen werden. Die Früchte der Erde heischen Arbeit, die
Pflanzen und Bäume wollen gepflegt sein, die gezähmten
Thiere erfordern Sorgfalt, der Boden verlangt Pflege, wenn

die Menschenhorde, um zu leben, sich gemeinsam wirthschaft=
lich einrichtet. Mit ihrer Arbeit gräbt die Horde in das be=
sessene Stück Land ihren Eigenthums=Titel ein, glaubt in Folge
davon ein besonderes Anrecht gerade auf diesen Boden zu ha=
ben und läßt sich nur durch zwingende Umstände wieder von
demselben vertreiben. Ihre Gemeinschaft ist folglich nur Ge=
meinschaft nach Innen, nach Außen gegen Andringlinge schon
Eigenthum; nach Innen herrscht friedlicher und freundschaft=
licher Zusammenschluß, nach Außen feindlicher Abschluß. Da
aber auch im Innern, wenn die Gemeinschaft gedeihen will,
eine gewisse Ordnung, Gesetzlichkeit und Arbeitseintheilung ein=
geführt werden muß, so werden die Geschäfte organisirt und
jedem Einzelnen sein Stück Arbeit (in der Bedeutung von Ar=
beiten und von zu Arbeitendem) zugetheilt. So bildet sich das
„Eigene" innerhalb des Gemeinsamen. Doch dieses Eigene
fällt wenigstens beim Tode seines Trägers, wenn nicht schon
früher, der Gesammtheit zu. Erst wenn eine gewisse Wohlhä=
bigkeit. eingekehrt ist und Familienleben zu Familienabsonde=
rung geführt hat, vererbt sich das Eigene des Familienhaupts
nach des letzteren Absterben, wofern nicht die über dem Gan=
zen waltende Gemeinschaft eine anderweitige Anordnung zu
treffen für nützlich erachtet, auf die Familie: wodurch das Fa=
milienerbe entsteht, das immer zum Besten der Gemeinschaft
noch rücknehmbar und einziehbar gilt. Das Eigene ist folglich
dem Gemeinsamen untergeordnet und auch das Erbe des Ge=
arbeiteten nur unter der Bedingung fortdauernder Gemein=
schaft und öffentlichen Wohles gestattet. Das Eigene zeigt sich
also als ein mit der Zeit in der Familie forterbendes Lehen
der Gesammtheit. Der Begriff Erbschaft deckt sich jetzt voll=
ständig mit dem der Arbeit (Arbeitschaft, Erbtschaft); denn
nur unter der Bedingung des Bearbeitens verbleibt dem Einzel=
nen und seiner Familie das Landlehen erblich. Hiermit stimmt
überein, daß im Altdeutschen „Erbe" auch „Erde", also hier
das zu bearbeitende Stück Land, bedeutet. Je länger jedoch
die Erblichkeit unbeirrt und ungeändert ihren Fortgang von
Geschlecht zu Geschlecht nimmt, desto mehr schwächt sich gegen=
über dem Eignen und Erbe das Bewußtsein der Gemeinsamkeit

ab, und das anfängliche Lehen wird als völlig unabhängiges und freies Eigenthum betrachtet und behandelt. Zugleich nehmen die beiden Begriffe des „Eigenen" und des „Erbes" mit der Veränderung der Besitzverhältnisse eine veränderte Stellung zu einander ein. War nämlich ursprünglich aus dem „Lehen" das „Eigene" erflossen und aus diesem dann das „Erbe" erwachsen, leitet sich nun umgekehrt, seines weit zurückliegenden Ursprungs uneingedenk, das „Eigene" aus dem „Erbe" her. Daß unter den Freien Deutschlands ein solcher Entwickelungsgang stattgefunden habe, beweisen nicht nur unsere alten Institutionen und Gesetze, sondern auch die ältesten Nachrichten, die wir über Deutschland haben.*) Das Eigene und das Erbe bildet weiterhin einen Gegensatz zum Lehen des alten Deutschlands, z. B.: „Es ist Erbe und nicht Lehen." Ferner wird in der ganz alten Sprache in dem Zeugma von Eigen und Erbe das Wort Eigen immer dem Wort Erbe vorangestellt, indem gesagt wird: „Eigen und Erb", dahingegen sich in der späteren Sprache die Wortstellung dahin ändert, daß immer nur von „Erb und Eigen" die Rede ist. Die Gemeinschaft der Gesammtheit des alten Deutschlands hieß „Reich", das Lehen (rücknehmbare) Eigne des Einzelnen war folglich ein Reichthum. Reich hängt mit rex (König) zusammen.

Auf solche Weise hat sich aus der Gütergemeinschaft Freier das Eigenthum entpuppt. Das Grundeigenthum aber, die

---

*) Die betreffende Stelle aus Cäsar (De bello Gallico l. 6, c. 22) ist oben schon im I. Abschnitt angeführt worden. Aehnlich schreibt Tacitus (Germania 26) — „Die agri ab universis per vices occupati, die arva per annos mutata", bemerkt Jakob Grimm hierzu in seinen Deutschen Rechtsalterthümern (Göttingen 1828), „sind kaum anders zu erklären, als durch Gemeinland." — Grimm sucht die „älteste Gemeinschaft des Grundeigenthums" (a. a. O., III. Buch, Kapitel 1 B.) aus Sippe und Genossenschaft herzuleiten, indem er vermuthet, daß frühzeitig schon „zwei gleich nothwendige Richtungen", wovon die eine auf Erhaltung der „Genossenschaft am Grundeigenthum", die andere auf dessen Vereinzelung gegangen sei, bestanden haben, und daß in diesem Widerspruch noch das entgegengesetzte Interesse des Ackerbaues und der Viehzucht eingegriffen haben müsse. Er betrachtet die Gemeinsamkeit des Grundbesitzes als alterthümlicher, veraltend und als zuerst vorhanden.

ursprüngliche Besitzesgemeinschaft, ist in Deutschland stets dem Staate verfügbarer und unterworfener geblieben, als die erb und eigen gewordenen beweglichen Güter.

Zweitens stammt das Eigenthum aus der Sklaverei. Ein Volksstamm bekriegt einen andern, nimmt ihm so viel als möglich Beute (Gearbeitetes) ab und schleppt Kriegsgefangene heim, wo selbige für ihre Herren harte Dienstarbeit thun, sowie von dem einen an den andern verkauft, verschenkt und vererbt werden. Diese Zwangsarbeit ist und bildet Kapital, das die Herren zu ihrem beliebigen Gebrauch aufsammeln (euphemistisch wird solche Sammelei von den National-Oekonomen jetzt die Tugend der Enthaltsamkeit und des Aufsparens genannt). Diese zweite Entstehung des Eigenthums kann zur ersten ergänzend hinzutreten und sich, wie es in Deutschland geschehen ist, mit ihr amalgamiren.

Drittens entsteht Eigenthum noch auf folgende Art. Weil es einer Volkshorde innerhalb der besessenen Gränzen, wo Nahrungsmangel sie drückt, zu enge wird, oder weil sie einen plausibeln Vorwand zu einer Intervention findet, oder aber, weil sie viele raub= und rauflustige wehrbare Abenteurer in ihrer Mitte zählt: wird ein Eroberungszug in ein fremdes, d. h. schon besessenes, Land unternommen, um den dortigen Boden in Beschlag zu nehmen, die Einwohner zu unterjochen (sie zu Leibeigenen und Hörigen zu machen) und sich aller dortigen Reichthümer (alles vorhandenen Gearbeiteten) zu bemächtigen. So stieß Cäsar, wie er uns De bello Gallico erzählt, auf eine nach Gallien ziehende deutsche Eroberer=Horde und schlug sie unfern des Genfer Sees. So machten die Sachsen, Friesen und Engern England, wohin sie durch die Pikten und Schotten eingeladen worden waren, zu ihrem Eigenthum. So unterjochten unter Chlodwigs Führung die Franken die Einwohner Galliens und machten sich zu Herren des ganzen Landes derselben: woher der Name Frankreich. So nahmen die Israeliten Kanaan und setzten sich in das Erbe der Kanaaniter ein. So auch geschah die Entscheidung streitigen Landbesitzes durch Zweikampf, wie Gregor von Tours hinsichtlich der Vandalen und Alemannen und Schannat hist. Wormat.

als allgemeines Eigenthums-Regelungs-Rechtsmittel aufführt.
So endlich überzogen die germanischen Völkerschaften, überall
auf diese Weise Eigenthum bildend, das ganze Europa und legten
den Grund zu unsern jetzigen europäischen Verhältnissen. Die
reine ungeschminkte Sklaverei, resp. Sklavenarbeit, erhielt sich im
ganzen germanisirten Europa bis weit über die Zeit der Kreuzzüge herab. Wenn Senior gesagt hat, es gebe keinen Nagel in
England, der sich nicht direkt oder indirekt auf eine Ersparniß
vor der normännischen Eroberung zurückführen lasse, so kann
man noch viel allgemeiner und richtiger sagen, daß es im
germanisirten Europa keinen Nagel gibt, den man nicht der
germanischen Knechtsarbeit zu verdanken hat: wie denn auch J.
Stuart Mill zugibt, daß die erste Anordnung der neuern
Sozial-Verhältnisse „fast überall durch Eroberung und Gewalt"
geschehen, und daß mithin ein anderes Besitzthum denkbar sei,
wo sich die Schattenseiten des jetzigen Eigenthums nicht vor-
finden.

Viertens sind die Schleichwege, auf welchen Eigenthum un-
vermerkt entsteht, in Betracht zu ziehen. Schon das Eigene,
womit Jemand innerhalb der Gütergemeinschaft wirthschaftet,
legt die Versuchung nahe, oder erweckt den Wunsch, dasselbe
nicht nur zeitlebens zu besitzen, sondern es auch auf die mit
einer Frau oder mit mehreren erzeugten Kinder zu bringen;
denn im rohen Zustande des Menschen übt der Geschlechtstrieb
und das damit zusammenhängende Verwandtschaftsgefühl eine
große Macht aus. Wird aber erst gar durch die Gemeinschaft
die bedingte Familienvererbung zugelassen, so entsteht bald das
Streben nach unbedingter, sowie die Uebergriffe gegen die
Gemeinschaft und Nachbarn. Das Eigen dient als Hebel, um
die Gemeinschaft und den Nachbarbesitz aus den Angeln zu
heben. Vermehrt sich durch die zugezogene Arbeit Leibeigener
und sonstiger Knechte das Besitzthum des Eigenthümers in her-
vorragender Weise, so ist es viel leichter, vermittelst des natürlichen Druckes und der absorbirenden Anziehungskraft, die
das größere Vermögen zum Verschlingen des kleineren befähigen,
auf Kosten der Nachbarn um sich zu greifen. Darum sinken
zu allen Zeiten viele kleine Eigenthümer hinunter in die

10*

dienſtbare Proletarier-Klaſſe. Im deutſchen Mittelalter unter-
ſtützte dieſen natürlichen Prozeß noch das allgemein herrſchende
Fehde-, Raub- und Wegelagererweſen, welches der Liſt und
den verſteckten Kniffen die offene Gewalt hinzufügte. Ferner
begünſtigte ſelbigen Prozeß nicht bloß die Zerſplitterung zwiſchen geiſtlicher und weltlicher Macht, zwiſchen Arbeit und
Werk, zwiſchen Land und Stadt, ſondern auch das zweierlei
Recht, welches deutſch und römiſch, anders für die Freien und
anders für die Knechte, anders für den Adel und anders
für Geiſtlichkeit, anders für die Junker und Proletarier der
Städte war. Den Gemeinden wurde von den großen adeligen
Grundbeſitzern ein großer Theil ihrer Kommunität — Ge-
meindeänger, Gemeindetriften, Gemeindeholzung — offen und
heimlich, durch Liſt, Druck oder Gewalt entzogen, um den großen Grundbeſitz noch zu vermehren. Die einmal in Abhängigkeit Gerathenen wurden behufs der Vergrößerung des ſchon
großen Grundeigenthums rückſichtslos und unbarmherzig ausgebeutet. Der große Beſitz gewährte großes Anſehen und gab
die Mittel zur Beſtechung feiler Urkundenſchreiber und Richter
an die Hand. Hierzu kam, daß überall noch Landſtrecken, die
ſich unverſehens nehmen ließen, unbebaut lagen. Als Ueber-
wurzlung, Ueberhang, Anſchwemmung, Trockenlegung und unter ähnlichen Titeln ließen ſie ſich auch juriſtiſch okkupiren und
vertheidigen. Je mehr die „Ziviliſation“ zunimmt, deſto weiter ſehen
wir das Eigenthum um ſich greifen. Viele Dinge, die ſeit Men-
ſchengedenken ſchlechterdings nicht zum Eigenthum gehört haben,
werden plötzlich in ſolches verwandelt. Die Flüſſe, Bäche, Teiche
und Weiher werden okkupirt, freie Wälder in Beſchlag genommen,
der Allen freiſtehende Fiſch- und Vogelfang, ſowie die vorher
allenthalben freie Jagd des Wildes verwandeln ſich in Vor-
rechte und Eigenthum, werden mithin der Gemeinheit entzogen.
Ja nach und nach wird ſogar das Sammeln dürren Holzes,
des Laubes, des Mooſes, der Beeren, der Eicheln, der Buch-
eckern, der Nüſſe, der Kräuter und Knollen, welches bisher
unzweifelhaft Jedermann freigeſtanden hatte, plötzlich aus
dem Grunde verboten, weil Wald und Feld Herreneigenthum
geworden ſind. Eine ſehr wichtige Rolle bei der Verwandlung

freier und gemeiner Dinge in Eigenthum spielt die sogenannte Verjährung. Kann nämlich Jemand entweder urkundlich nach= weisen oder durch Zeugen erhärten, daß ihm oder seiner Fa= milie Etwas ein Menschenalter hindurch (gewöhnlich 30 Jahre) unbestritten angehört habe, so wird das fragliche Ding kraft des sogenannten Verjährungsrechtes gesetzlich sanktionirtes Eigenthum des Beanspruchers. Merkwürdigerweise gilt das Verjährungsrecht im Privat=Recht, während doch im Staats= Recht keine Verjährung als rechtsgültig anerkannt wird. Fer= ner gab es immer eine Menge gesetzlicher Winkelzüge, durch deren Benutzung sich Eigenthum erwerben ließ. Wie wir oben bei Betrachtung des Bauernkriegs gesehen haben, besaßen die Geistlichen sogar obendrein noch einen guten Vorrath von Eigenthumsfallen, über welche der Adel nicht zu verfügen ver= mochte. In dieser Beziehung läßt Göthe seinen Faust wohl vom „guten Magen" der Kirche sprechen. Aber alle diese Mittel und Wege, Eigenthum zu erlangen, konnten bloß dann zum Ziele führen, wenn schließlich das Gesetz und Recht das so Erworbene heilig sprach oder doch unangefochten ließ. So entsteht Eigenthum auch durch Gesetzeskraft, oft nur durch einen gesetzlichen Titel und Federstrich.

Fünftens wird, nachdem einmal gesetzlich die Eigenthums= Institutionen eingeführt sind, Eigenthum auch durch die per= sönliche Arbeit des Erwerbenden geschaffen. Indeß spielt im Allgemeinen diese Art Eigenthumsentstehung nur eine beschei= dene Rolle, zumal sie meist geräuschlos vor sich geht. Ge= wöhnlich läßt der Eigenthümer, sowie er einiges aufgespeicherte Kapital hat, Andere für sich arbeiten. Außerdem ist das kleine aufstrebende Eigenthum regelmäßig in Gefahr, durch die oben erwähnte magnetische Kraft des großen annektirt zu werden.

Sechstens gebären die Eigenthums=Institutionen ohne das Zuthun einer Menschenhand, im komplizirten Zivilisations=Le= ben, einzig durch das Zusammenwirken gesellschaftlicher Ver= hältnisse, unvorhergesehen und ungeahnt neues Eigenthum. Das ist die generatio aequivoca der Eigenthums=Institutionen, welche wohl auch hin und wieder das Eigenthum oder der neugeschaffene Werth gesellschaftlicher Zusammenhänge genannt worden ist. Eine neue Erfindung, Entdeckung, Verkehrsstraße kann unversehens da neues Eigenthum schaffen, wo kurz vorher an solches nicht zu denken war. Umgekehrt können aber auch dieselben geheimnißvoll wirkenden Zusammenhänge Eigenthum vermindern, wegnehmen und vernichten. Hier theilt Fortuna launisch Schätze aus, während sie dort eigenwillig Schätze entzieht.

Das Eigenthum und seine Entstehung sind nicht für schlechtweg identisch zu nehmen mit dem Kapital und dessen Entstehung. Denn obwohl im gegenwärtigen Zivilisations-Zustande beide gewöhnlich in denselben Topf geworfen werden, sind sie doch da, wo es sich um ihre Vergleichung handelt, scharf getrennt zu halten. Zwar gibt es kein Eigenthum, welches nicht zugleich Kapital wäre, wohl aber gibt es Kapital, das nicht zugleich Eigenthum ist. Mit andern Worten ist das Ursprüngliche das Kapital, Eigenthum dagegen Abgeleitetes. Das Kapital existirt selbständig durch den in ihm enthaltenen Werth, während das Eigenthum um dieses Werthes willen nur die Aneignung und Vererbung des Kapitals enthält. Kapital gibt es, wie wir bemerkten, auch in der Gütergemeinschaft, dem Gegentheile des Eigenthums. Wenn, wie wir sahen, Eigenthum auf verschiedene Weise entstehen kann, entspringt doch das Kapital nur auf eine einzige Art.

Alles Kapital entsteht nur durch menschliche Arbeit, ja es ist nur diese Arbeit und ihr Gearbeitetes, sowohl das Geronnene wie das Zukunftsflüssige, selber. Weil aber das Eigenthum sich das Kapital nur aneignet um des selbigem innewohnenden Werthes willen, den dem Kapital die Zeugungskraft der Arbeit gegeben hat, so verdankt im Grunde das Eigenthum seinen ganzen Werth der menschlichen Arbeit. Ohne letztere würden alle Eigenthums-Titel, unter welchen Prätensionen sie immerhin auftreten mögen, werthlos und abgeschmackt sein, sie würden einer mit Flittergold umklebten tauben Nuß gleichen, und Niemand würde sich auf die Dauer viel aus ihnen machen. Die bloßen Titel und Ehren wechseln oft im Laufe der Jahrhunderte, wie sich Moden abwechseln; selbst das das Eigenthum heilig sprechende Recht ist im Laufe der Zeit an die Aenderung der

Eigenthumsverhältnisse gebunden und ändert sich mit ihnen: dagegen dauert das Kapital — das gearbeitete, arbeitende und zu arbeitende· — stätig durch alle Menschenalter fort und verbindet mit einander die fernsten Geschlechter.

Das aufgesammelte, aufgespeicherte, überlieferte Arbeits= Kapital knüpft immer an die Arbeit der Gegenwart an und zeugt mit ihr neue Werthe, die wieder als Kapital auf künf= tige Geschlechter kommen, um die Werthzeugung mit ihnen fortzusetzen.

Insofern nun, zufolge unserer Zivilisation, sich alles Ka= pital — oder doch fast alles — nur als Eigenthum überlie= fern, von Geschlecht zu Geschlecht sich im Erbe fortsetzen und auch im Nebeneinander der Dinge sich nur als Eigenthum von dem einen Menschen auf den andern übertragen kann: besitzt Derjenige, der viel solches überliefertes Kapital als Eigenthü= mer zu seiner Verfügung hat, eine bedeutende Macht. Die Arbeit der Gegenwart muß sich gegenüber der überlieferten, mit welcher zusammen sie Neues zeugt, dieser akkomodiren und gewissermaßen unterordnen. Das Kapital der todten Knechte reckt im vererbten Kapital seinen Arm drohend aus deren Grabe hervor, um mit seiner jahrtausend schweren Wucht die Freiheit der gegenwärtigen Arbeit — unserer „freien" Arbeiter — zu erdrücken. Kurz, wem viel überliefertes Kapital zu Ge= bote steht, der braucht nicht nur, weil er Gearbeitetes schon in Fülle besitzt, selber nicht zu arbeiten, sondern er komman= dirt auch kraft seines Kapital=Eigenthums die Arbeiter der Ge= genwart. Die aus vielen Jahrhunderten auf unsere Zeit her= übergekommene vergegenständlichte Kraft der todten, verbliche= nen Arbeiter=Geschlechter kann auf diese Weise im Eigenthum und durch den Willen des jeweiligen Eigenthümers den Willen und die freie Selbstbestimmung der lebenden gegenwärtigen Arbeiter äußerst abschwächen, ja oft ganz zu Nichte machen. Das Todte besiegt das Lebendige, anstatt umgekehrt!

Wir haben uns in einem früheren Abschnitte mit der Pro= duktion beschäftigt. Wir haben daselbst gesehen, daß außer der lebenden Arbeit bei der Produktion immer auch Kapital, das heißt: überlieferte geronnene· Arbeit, nöthig ist. Durch

ihre Lebenswärme und ihren frischen Pulsschlag macht die le=
bende Arbeit die überlieferte geronnene flüssig und erzeugt
mit ihr neuen Werth. Dieser neue Werth aber ist überflüs=
siger Schöpfungswerth, der nach Abzug des alten übrig bleibt,
letztern also vermehrt und frisch hinzu kömmt. Der Ueberschuß
vertheilt sich im Produktions=Kosten=Preise zu ungleichen Thei=
len. Einen Theil erhalten die gemeinen Lohnarbeiter, die
Nachfolger der alten Knechte, sie, die eigentliche lebendige Ar=
beit der Gegenwart. Dieser Lohntheil ist verhältnißmäßig ge=
ring und dient, wie bei den alten Knechten, nur zur Deckung
von des Lebens Nothdurft. Aufspeicherung können dieselben
ihrerseits nicht viel davon machen; denn, wie ein alter Spruch
besagt: Ex nihilo nihil fit (Aus Nichts wird Nichts).

Der andere Theil fällt an den Kapitalisten unter dem Titel
eines Kapital=Zinses. Mit andern Worten läßt sich der Ka=
pitalist für die Gefälligkeit, die er durch das Herleihen seines
Kapitals zur Produktion der lebendigen Arbeit erwiesen zu
haben glaubt, eine Abgabe entrichten. Weil aber der Ueber=
schuß des Neuwerths, aus dem er die Abgabe bezieht, durch
die lebenswarme Zeugungskraft der gegenwärtigen Arbeit her=
vorgebracht ist, so läßt er sich als Eigenthümer der starren
Arbeit für den Besitz und das Herleihen der letzteren bezahlen.
In ihm feiern also, ohne es gewollt zu haben, die todten Knechte,
deren Arbeit ihm so viel einträgt, einen Triumph über die
lebenden, und zwingen diese durch die dem Eigenthümer ver=
liehene Macht, sich gleich den früheren Knechten mit des Le=
bens Nothdurft abspeisen zu lassen. Gegenüber dem großen
aufgespeicherten Kapital zerrinnt die Freiheit unserer freien
Arbeiter in eitel Schaum und Wind; denn sie stellt sich als
völlig ohnmächtig heraus.

Der Eigenthümer des überlieferten Kapitals stützt seinen
Anspruch auf sein Eigenthumsrecht. Er brauchte sein Kapital
für die Produktion nicht herzuleihen; denn er kann zufolge
Recht und Gesetz mit demselben machen, was er will. Er
konnte es einfach vorenthalten, oder es anderweitig verwenden
oder verwerthen. Wie gesagt, Gesetz und Recht stehen ihm
zur Seite; der Geist unserer Gesetze ist das Eigenthum. So

lange das jeweilige Recht gilt, muß es respektirt werden und macht sich respektirt. Anders freilich steht es um die Größe der Abgabe an den Kapital-Eigenthümer, da diese meistens nicht mehr durch das Gesetz festgestellt wird. In dieser Beziehung hat derselbe eine sehr günstige Position, da er als Kapitalist ein Freiheits- und Macht-Repräsentant ist und deßhalb bis zu einem gewissen Grade Bedingungen diktiren kann. Nur die Konkurrenz seiner Kapital-Kollegen und die etwaige Koalition der lebendigen Arbeit machen ihm einige Opposition und suchen seine hohen Forderungen herabzustimmen. Ist der Produktions-Unternehmer vom Kapital-Eigenthümer verschieden, so sucht auch jener einen möglichst hohen Unternehmergewinn beabsichtigende Unternehmer mit dem Kapitalisten, dem er als Chef des Unternehmens den Zins zu zahlen hat, zu mäkeln und zu feilschen. In jedem Falle aber erhält der Kapitalist die Abgabe nur, weil er Eigenthümer aufgestapelter früherer Arbeit ist.

Wir haben den Kapital-Zins einfach für eine Abgabe erklärt, indem wir uns nicht nur durch den Geist des ganzen Vorgangs, sondern auch durch die ursprüngliche Bedeutung des Wortes „Zins" bestimmen lassen. Denn wenn auch im Ottfried und in andern alten deutschen Schriftstellern das Wort Zinsa und czins vorkommt, so stammt es doch offenbar vom lateinischen census, wie das französische cens augenscheinlich zeigt, her und bedeutet Schatzung, Abgabe, Steuer, Schoß. In der That thut auch der Kapital-Eigenthümer weiter Nichts, als daß er in Folge der günstigen Position, auf welche ihn das Eigenthumsrecht gestellt hat, von der Produktion, das heißt: von den eigentlichen Produzenten und mittelbar auch vom kaufenden Volke, eine Steuer, eine Abgabe, einen Schoß erhebt. Uebrigens wurde, wie wir beiläufig bemerken wollen, das Wort Zins in der Bedeutung von Geldzins bis zu Anfange des gegenwärtigen Jahrhunderts gewöhnlich im weiblichen Geschlecht gebraucht, also: nicht der Zins, sondern die Zins gesagt, weshalb die Mehrzahl Zinsen lautet.

Wir gehen nun kurz zur Grund-Rente über. Das Wort „Rente" heißt auch niedersächsisch Rente, englisch rent, wallisisch rhent, schwedisch ränta, spanisch renta, in französischer Sprache rente und in italienischer rendita. Sämmtliche Ausdrücke kommen von rendre und rendere her und bedeuten ebenfalls bloß eine Abgabe, Erstattung, Steuer, einen Zins. Wenn jedoch das Wort Rente vom altdeutschen rinan (= rennen) hergeleitet wird, wonach der Sinn „Einkommen" allein in Rente zu suchen sein würde, so muß es immerhin sehr zweifelhaft bleiben, ob eine solche Ableitung richtig ist, da in rinan der charakteristische T-Laut fehlt. Luther gebraucht es gleich dem Worte Zins in seiner Bibelübersetzung; doch sagt er z. B. auch: „Daß man aus des Königs Gütern von den Renten jenseits des Wassers nehme", wo es mehr die Einkünfte bedeutet. Indeß sagte man noch am Ende des vorigen Jahrhunderts: „Ein Kapital auf Renten legen", und: „Von seinen Renten leben", genau ebenso wie: Ein Kapital verzinslich anlegen, von seinen Zinsen leben. Demnach ist Rente gleichbedeutend mit Zinsen und zwar bedeutet Grundrente solche Zinsen, welche der Grund und Boden abwirft. Der Boden wird also wie Kapital, welches Zinsen erstattet, angesehen. Zins aber war bei den Germanen auferlegter Tribut.

Dieser von der Sprache uns gegebene Aufschluß ist keineswegs gering anzuschlagen, weil er unsere obige Auseinandersetzung bestätigt, derzufolge der Boden nicht anders Werth ist und erhält, als insofern er Kapital (oder, was dasselbe sagen will, Gearbeitetes) darstellt.

Unter den National-Oekonomen herrscht ebenfalls in diesem wichtigen Punkte Streit. Denn während die Einen einfach den Grundbesitz wie Kapital und folglich die Grund-Rente wie Kapital-Zins auffassen, wissen die Andern eine viel gesuchtere und jedenfalls für die Grundeigenthümer (die Rentenierer, Rentierer, Rentner) vortheilhaftere Erklärung herauszudüfteln.

„Grundrente", sagt Roscher, „nennen wir denjenigen Theil vom Ertrage eines Grundstücks, welcher nach Abzug aller darin steckenden Arbeitslöhne und Kapital-Zinsen übrig bleibt".

Die Sache läuft schlechterdings darauf hinaus, daß man einen Mißbrauch, der sich unmöglich rechtfertigen läßt, durch

Düftelei pfäffifch zu befchönigen fucht. Je künftlicher die Deu=
tung, defto zierlicher fcheint fie, defto beftechender ift fie.

Doch der Hauptpfaffe in diefem Punkte ift Ricardo. Er,
verdeutlicht die Grund=Rente an folgendem Beifpiele. Eine
geringe Anzahl Familien läßt fich auf einem unangebauten
Stücke Landes nieder. Sie fetzen fich, wie Ricardo für ganz
natürlich hält, zunächft auf dem Boden erfter Güte feft, und
da fowohl noch Niemand hier Eigenthum befitzt, als auch ge=
nug Land unentgeltlich zu haben ift, fo werden fie für die
Okkupation der erften Boden=Klaffe wohl keine Rente zu be=
zahlen haben. Nachdem jedoch der Boden erften Ranges völlig
angebaut ift, diefer gute Boden, der vielleicht mit Hülfe eines
gewiffen Kapitals pro acre jährlich 5 Quarters Ertrag liefert:
da vermehrt fich dergeftalt die Bevölkerung, daß jetzt auch
Ländereien zweiter Klaffe in Angriff genommen werden müffen,
die mit demfelben Kapital jährlich nur 4 Quarters Ertrag
pro acre abwerfen. Hierdurch entfteht fchon für die Eigen=
thümer des Bodens erfter Klaffe eine jährliche Grund=Rente
im Werthe von 1 Quarter. Wenn dann die nämliche Ver=
mehrung der Bevölkerung dazu zwingt, auch die dritte Boden=
klaffe zu bebauen, die bloß 3 Quarters jährlichen Ertrag lie=
fert, fo fteigt hiermit, da fich der Getreidepreis immer nach
dem Ertrage der niedrigften Klaffe (wie der Preis der Edel=
metalle nach dem Ertrage der unergiebigften Mine) richtet, die
Grund=Rente der erften Bodenklaffe nicht nur flugs von 1 auf
2 Quarters, fondern auch die zweite Bodenklaffe wird jetzt
mit der Rente von 1 Quarter gefegnet. Und in diefem Ver=
hältniß geht es fort, bis man bei der alleruuterften Boden=
klaffe angelangt ift, deren Ertrag fchließlich die fämmtlichen
Getreidepreife und die fämmtlichen Grund=Renten normirt.

Carey hat diefes Ricardo'fche Kartenhaus durch die An=
führung der Thatfache umgeblafen, zufolge welcher allemal
die erften Koloniften nicht den beften und fchwerften Boden,
weil diefer wegen Sümpfe, Moräfte 2c. fchwer urbar zu machen
ift und alfo auch die meifte Arbeit erfordert, fondern umge=
kehrt gerade den leichteften und fchlechteften zunächft bebauen,
wo fie die geringfte Arbeit haben. Man erfieht allerdings

hieraus, wie wichtig, ja wie entscheidend auch bei der Grund-
Rente die Arbeit ist.

Indeß einige Wahrheit enthält die Ricardo'sche Theorie
doch. Sie zeigt nämlich, wie die Grundbesitzer jede Gelegenheit
benutzen, ihre Rente zu steigern und den Getreidepreis zu vertheuern. Nichts desto weniger bleibt die Regelung des Getreidepreises durch den Ertrag der niedrigsten Bodenklasse eine
eben so ergötzliche Fabel, wie jene Regelung des Edelmetall-
preises durch die unergiebigste Mine. Denn den Getreidepreis
hält die Spekulation, die Uebertreibung, der Schrecken, die unbegründete Aussicht in unablässig unregelmäßigem Schwanken.

Nach Ricardo kann die Grund-Rente „niemals auch nur
im Mindesten einen Bestandtheil des Getreidepreises bilden".
— Wenn dem aber so wäre, dann müßte die Grund-Rente
nicht aus den Taschen des getreideverzehrenden Volks, sondern
aus dem Säckel des Fortunatus gesteuert werden. Die Wahrheit ist diese:

Gewisse Leute, die der Zufall der Geburt, irgend ein anderer Zufall, oder meinetwegen auch eine gewisse Nothwendigkeit — zu großen Grundeigenthümern gemacht hat, befinden
sich in der glücklichen Lage, ihre Güter nicht selbst bewirthschaften zu müssen, weil sie kraft ihres Eigenthums-Titels nicht
zu arbeiten brauchen. Sie geben daher dieselben in Pacht, indem
sie sich damit begnügen, von ihren Grund-Renten (Eigenthums-
Zinsen) zu leben. Das jährliche Pachtgeld, welches der Pächter an den Rentierer zu entrichten hat, bildet eben die Rente,
und diese wird nach der Ertragsfähigkeit oder Güte des Bodens veranschlagt. Bei dem so zu Stande kommenden Grund-
Renten-Kontrakte weist der Rentierer den Pächter darauf hin,
daß selbiger immer noch sein gutes Auskommen haben wird,
wenn er den Ueberschuß, den die erste, zweite, dritte und vierte
Bodenklasse nach Abzug aller Betriebskosten abwirft, als Grundzins an den Eigenthümer zahlt, da die fünfte Bodenklasse in
Folge der stets abnormen Getreidepreise immer noch genug
Unternehmergewinn gewähren wird, so daß der Pächter das
Gut so ansehen muß, als ob alles Land nur aus Boden fünf-
ter Klasse bestünde. Gibt es andere Güter mit sechster und

siebenter Klasse, so wird der Grund-Renten-Bezieher sogar den
Pächter ganz auf das Niveau der siebenten Landklasse (der
unergiebigsten Mine des Getreidebaues) zu setzen suchen. Dagegen ist der Pächter bemüht, so günstige Pachtbedingungen
als möglich zu erzielen und dem Rentierer begreiflich zu machen,
daß die Kosten des Betriebes eine bedeutende Summe ergeben,
welche bei Ansetzung der Grund-Rente gleich in Abrechnung
zu bringen ist. So sucht der eine kontrahirende Theil den andern zu seinem Vortheil zu stimmen, und wirklich barbiert
immer der eine den andern mehr oder weniger über den Löffel.
Der Pächter sucht sich für seinen Grundzins durch möglichste
Herabsetzung der Arbeitslöhne und durch möglichst guten Verkauf des Getreides (d. h. hohen Ansatz des Getreidepreises) zu
entschädigen. Somit ist es das arbeitende Volk, welches im
Getreidepreise wie im Arbeitslohne die Grund-Rente völlig
unbilligerweise zu entrichten hat. Der Pächter, der zwischen
dem Rentierer und dem arbeitenden Volke den Vermittler macht,
sucht bei seinem Vermittlergeschäfte nebenbei so viel „Unternehmergewinn", als möglich, in seine eigne Tasche gleiten zu lassen.
Das ist der anständige, erlaubte Betrug des Handels!!!

Ist das Gut verhältnißmäßig klein und bewirthschaftet folglich der Eigenthümer seinen Grund und Boden noch selber,
indem er Arbeiter miethet, anstellt, organisirt, beaufsichtigt u. s. w.,
dann stellt sich die Frage der Grund-Rente viel einfacher; denn
dann zeigt sich offenbar, daß sie weiter Nichts, als das Einkommen aus der Arbeit der modernen Knechte ist.

. Doch wir wollen zugeben, daß die Bodengüte beim Getreidebau nicht ganz gleichgültig ist. Folgt aber etwa hieraus,
daß ein Einzelner, der den Eigenthums-Titel führt, nachdem
sich das Lehen der Gesammtheit in unabhängigen, individuellen,
willkürlichen Besitz verkehrt hat, allein den Gewinn von Dem
haben muß, was keine Menschenhand geschaffen hat und was,
da ursprünglich die Erde Gemeingut Aller ist, Allen im Getreidepreise zu Gute kommen müßte?

Gerade um die Prätensionen der Grundrente in ihrer Hohl-
heit und Leerheit darthun zu können, haben wir oben an der

Hand der Geschichte gezeigt, wie in Europa das Eigenthum an Grund und Boden entstanden ist.

Aber noch mehr. Kein Boden, selbst der beste, ist unerschöpflich, wenn er nicht gepflegt wird. Allerdings stellen die National-Ökonomen den Glaubenssatz von der Unerschöpflichkeit des Bodens auf; allein sie vergessen, daß durch die bloße Ausbeutung der Felder und ohne die nöthige Speisung der Schollen die Bodenfruchtbarkeit immer mehr abnehmen würde, bis das Land erster Qualität zuletzt nur noch Unkraut hervorbrächte. Wäre dem nicht so, warum düngte man die Felder, warum ent- und bewässerte man, warum ackerte man tiefer oder höher, warum griffe man zu intensiver Bewirthschaftung u. s. w.? Kein Boden trägt die Frucht, wenigstens die und wie viel man haben will, von selber. Die Bodenverbesserungen, welche durch menschliche Arbeit im Laufe der Zeit angebracht und bewirkt worden sind, sind dermaßen mit der Scholle selbst verwachsen, daß sich gar nicht bestimmen läßt, welche Bodengüte rein von der Natur, und welche von der Arbeit herrührt. Demnach bleibt es immer die Arbeit, auf die Alles zurückgeführt werden muß. Das Eigenthum selbst ist um des Werthes der Arbeit willen entstanden. Ohne Eigenthum aber würde es keine Grundeigenthümer und ohne letztere auch keine Grund-Rente geben. Folglich fußen Grund-Rente und Kapital-Zins, dieses edle Zwillingspaar, beide auf der Arbeit, zehren von ihr, dominiren aber über sie.

Das Verhältniß der Arbeit zur Grund-Rente, zum Kapital-Zins und zum magischen Bosco-Ärmel des Untergenehmergewinns liefert den Beweis, daß ähnlich, wie in der Vorzeit, so auch noch heute die Arbeit dienstbar und gebunden ist. Zeigt sich der Gott-sei-bei-uns gegenwärtig nicht mehr als der mittelalterliche Herr mit Bockshörnern und Pferdefuß, sondern präsentirt er sich uns als geschniegelter gentle-man mit Zilinderhut, Glaçee-Handschuhen und Vatermördern: bleibt er doch troz seiner Glattzüngigkeit, seines Moschus-Duftes und seines coulanten Benehmens der „böse Feind", welcher er vordem war. Die Freiheit der gegenwärtigen Arbeit ist Nichts mehr, Nichts minder, als Scheinfreiheit. Knechte sind noch Knechte, auch wenn sie anders titulirt und nicht mehr mit „Ihr" oder „Du" angeredet werden. Erst dann, wenn die Arbeit sich als Selbstunternehmer installirt, wenn die Arbeiter den Eigennutz durch die Gemeinsamkeit überwinden, wenn die Gegenseitigkeit alle menschlichen Beziehungen regelt und sich des Unternehmer=gewinns, des Kapital=Zinses und der Grundrente Herrschaft errungen hat: erst dann, sagen wir, wird die Arbeit für frei gelten, und von allgeregelter, allgerechter Produktion und Ver=theilung die Rede sein können. Zu unserer lebhaften Genug=thuung gewahren wir, daß die neueste Geschichte sich die Ar=beiter=Emanzipation zu ihrem Ziele gesteckt hat.

———

VII. Abschnitt.

Die Menschen-Waare.

———

Alles, was wir in den vorstehenden Abschnitten behandelt haben, bezog sich auf den Preis der Sachgüter. Wir über=zeugten uns davon, daß die National=Ökonomie bezüglich dieses Preises äußerst unsicher und widerspruchsvoll ist.

Eigentlich hätten wir nun noch, um das bisher Gesagte zu vervollständigen, den Preis der menschlichen Arbeit zu be=tailliren. Wir würden uns dann überzeugen, daß in Bezug auf diesen Preis in der National=Ökonomie eine ähnliche Un=sicherheit und Widerspruchsfülle herrscht. Da aber der betref=fende Gegenstand so umfangreich, so verwickelt, so unterwoben und an sich so interessant ist, daß er eigens in einer selbstän=digen Broschüre behandelt werden muß; stehen wir einstweilen von der ausführlichen Behandlung ab, uns damit begnügend, vorläufig nur Einiges über die Waaren=Natur des Menschen zu sagen.

Wir zitirten oben aus dem Grimm'schen Deutschen Wör=terbuche, einem leider unvollendet gebliebenen Sprachwerke, wie selten ein Volk ein solches aufzuweisen hat, die Stelle:

„Man betrachtet den Menschen mit seiner Arbeitskraft wie eine Waare, deren Preis mit der Menge des Angebots und der Nachfrage danach steigt und fällt."

Unter den Arbeitern oder der arbeitenden Klasse versteht man zufolge der nämlichen Autorität „vorzugsweise Handarbeiter im Haus, im Felde, in den Fabriken, das Gesinde." Man versteht „sowohl Tagelöhner als Handwerker" darunter.

Diese sämmtlichen Arbeiter nun, unter den Ausdruck der „arbeitenden Klasse" zusammengefaßt, sind die Menschen=Waare, deren Preis „mit der Menge des Angebots und der Nachfrage danach steigt und fällt."

Die Höhe des Preises der Menschen=Waare ist äußerst wichtig, und zwar ist sie es nicht bloß für die National=Ökonomie, sondern auch für den Staat, sowie für die menschliche Gesellschaft überhaupt. Selbst Wilhelm Roscher legt das ausdrucksvolle Geständniß ab:

„Alle Gleichheit vor dem Gesetz, alle aktive Betheiligung im Staate ist für die Mehrzahl des Volks papierne, ja aufreizende Phrase, wenn der Arbeitslohn nicht hoch steht. Ohne Zufriedenheit der untern Klassen kann aber in Ländern hoher Kultur, mit ihrer Empfänglichkeit und Beweglichkeit des ganzen Volkslebens, weder die Freiheit der mittleren Stände, noch die Herrschaft der oberen sicher sein."

Sonach theilt sich das Volk in drei Klassen: in die untere oder arbeitende Klasse, welche die Mehrzahl des Volks begreift, in die mittleren Stände und in die obere Klasse. Unter diesen drei Klassen ist die obere Klasse im Besitz der Herrschaft, die Mittelklasse will Freiheit genießen, und die untere oder arbeitende Klasse, die Mehrheit des Volks, wird mit Lohn abgefunden und hat einen gewissen Preis, der ein Mal höher, das andere Mal niedriger ist. Die arbeitende Klasse ist menschliche Waare und als solche Preisschwankungen unterworfen.

Woher rührt denn wohl aber die eben erwähnte verschiedenartige Eintheilung des Volks? Gibt nicht darüber die Geschichte Aufschluß? Gestattet der Entwickelungsgang der Völker des germanisirten Europa's nicht einen klaren Einblick in die Entstehung der dreigetheilten jetzigen Ungleichheit der

Menschen? — Allerdings. Und zwar lautet der Aufschluß, den wir aus der Geschichte erhalten, folgendermaßen:

Im Allgemeinen und Ganzen besteht die obere herrschende Klasse aus den Erben der mittelalterlichen Eigenthümer des großen Grundbesitzes, weshalb dieselben auch meist noch von ihrem Grundzins (der Grund=Rente) zu leben „im Stande" sind. Die mittleren Stände bestehen, wenn man vom wohl= habenden Theile der Bauern absieht, im Allgemeinen aus den Nachfolgern der mittelalterlichen Eigenthümer des beweglichen Vermögens der Städte. Weil jedoch das bewegliche Vermögen, wie schon sein Name besagt, größeren Veränderungen unterliegt, als das viel unbeweglichere Grundeigenthum, so ist die Mittel= klasse von Oben mit einigen sinkenden, von Unten mit einigen aufsteigenden Elementen versetzt worden, während andrerseits von ihr manche Abkömmlinge unter das herrschende Volk hinaufgerückt oder umgekehrt unter das dienstbare Volk hinab= gefallen sind. Die durch das bewegliche Vermögen in Zunahme begriffene Ausgleichung von Stadt und Land hat die Ver= schmelzung der verschieden gearteten Elemente vermittelst des einflußreichen allgemeinen Tauschwerkzeugs oder der Geldwaare gefördert und erleichtert. Endlich besteht die arbeitende Klasse oder die die große Mehrzahl des Volks ausmachenden niederen Leute aus den Nachkommen, Nachfolgern und Erben der mit= telalterlichen Knechte, der Hörigen und Leibeignen, sowie des städtischen Proletariats, nämlich der mittelalterlichen Tagelöhner, der Pfahlbürger und Wildfänge. Ferner sind alle ganz herab= gekommenen Grundeigenthümer, Stadtjunker und weiland be= vorrechtete Bürger in die dienstbare Volksklasse, von wo sie nicht tiefer fallen konnten, aufgenommen worden. Das Hinab= fallen der oberen und mittleren Sprößlinge in die niedere Klasse ist häufig dem Umstande zuzuschreiben, daß das große Eigenthum vermöge seiner Wucht und Macht das kleinere auf= zusaugen und zu verschlingen vermag, während es vielfach dem nämlichen Umstande zugeschrieben werden muß, daß aus der arbeitenden Klasse nicht eine Menge Leute zu den Mittelständen und bei Weitem noch weniger in die Reihe der oberen herr= schenden Klasse sich haben aufschwingen können.

Hieraus erfieht man, daß die Theilung des Volkes in drei verschiedene Klassen das nothwendige Ergebniß der Eigenthums-Einrichtungen ist. Ursprünglich reine Sklaven, dann Leibeigene und Hörige, sowie Pfahlbürger, Schutzverwandte, Tagelöhner und Wildfänge, sind die Leute des niedern Volks — indem Leibeigenschaft und Hörigkeit abgelöst und das verknöcherte Zunftwesen durch eine Art Gewerbefreiheit und Freizügigkeit aufgelöst wurde — zuletzt schlechthin in eine dem Preisschwanken unterworfene Waare verwandelt worden.

Indeß ist volle Gewerbefreiheit und Freizügigkeit, wie schon der oberflächlichste Vergleich mit England lehrt, in Deutschland noch nicht eingeführt und durchgedrungen. Die Pässe, die Wanderbücher, die Konzessionen, die Gewerbscheine, die Aufenthaltskarten bis auf die Gesindebücher beweisen, daß der freien Verwerthung der Menschen-Waare noch gar manche Schranken seitens der Aufsichtsbehörde (Polizei) gesteckt werden. Eben so wenig ist die Hörigkeit völlig verschwunden, wie denn auch in schein-konstitutionellen Staaten z. B. die Militär-Konskription im Grunde — wenn man von Solchen absieht, welche das Kriegshandwerk als Geschäft und Versorgung betreiben — nichts Anderes, als Hörigen-Dienst, ja Leibeignen-Dienst —, ist, weßhalb die Bezeichnung Wehr-Dienst sehr gut paßt.

Betrachten wir in dieser Beziehung bloß Preußen, den eingebildetsten deutschen Staat, so sehen wir, daß die Militär-Dienstpflicht vom 17. bis zum vollendeten 49. Lebensjahre dauert, und daß laut den „Ersatz-Instruktionen" für die preußischen Staaten" vom 9. December 1858 jeder Wehrpflichtige vom 20. bis zum 39. Lebensjahre zum „Dienste" im stehenden Heere und in der Landwehr I. und II. Aufgebots, vom 17. bis zum 20. aber, sowie vom 39. bis zum 49. Lebensjahre zum „Dienst" im Landsturme verpflichtet ist. Ja selbst alle Wehrpflichtigen, welche nicht zu den Fahnen des stehenden Heeres oder der Landwehr eingezogen sind, bleiben auch für die Dauer dieser Nichteinziehung landsturmpflichtig. Die Art und Weise der Anlegung, Führung und Berichtigung der Geburtslisten, der Stammrollen, der alphabetischen und Restanten-Listen, der Loosungs- und Gestellungs-Atteste, der Rangirungs- und Loofungs-Listen, der Vorstellungs-Listen, der Ersatz-Reserve-Scheine, der Verlese-Listen, der Urlaubs-Kontrole, der Berechtigungs-scheine, der Ausstands-Bewilligungen, der Train-Scheine, Aus-musterungs-Scheine, Seewehr-Pässe, Annahme-Scheine, Rekru-ten-Pässe, der Plus- und Minus-Tabellen, des Rekruten-Ueber-weisungs-Nationals, der namentlichen Listen Unbrauchbarer, sammt der Verpflichtung der Militär-Pflichtigen, sich zur Ein-schreibung in die Stammrollen selbst zu melden, bekunden durch ihre kleinliche Genauigkeit obendrein, daß die neue Hörigkeit mit vieler bureaukratischer Plackerei verbunden ist.

Wir wollten also an Preußen zeigen, daß die Hörigkeit nicht ganz aufgehoben ist. Schon die zahlreichen Aufhebungs-gesetze beweisen, daß man nicht sofort gründlich zu Werke ging. Das erste preußische Gesetz behufs Aufhebung knechtischer Ver-hältnisse datirt vom Jahre 1708. Ihm folgen weitere Auf-hebungsgesetze in den Jahren 1807, 1811, 1816, 1823, 1827, 1829, 1831, 1832, 1835, 1836, 1837, 1838, 1839, 1840, 1841, 1845, 1846, 1848, 1849, 1850 und 1857. Bei Auf-hebung der Privat-Gerichtsbarkeit und des exzimirten Gerichts-standes wurde in der Verordnung vom 2. und 3. Januar 1849 zu Gunsten der Studirenden und der Offiziere eine Ausnahme gemacht, indem dekretirt wurde (§. 10), daß der Militär-Ge-richtsstand in Strafsachen, sowie der Gerichtsstand der Stu-direnden durch besondere Gesetze anderweitig bestimmt werden sollte, und daß ferner (§. 15), so lange in einzelnen Provinzen noch besondere Provinzial- oder statuarische Rechte beständen, welche auf die nach den seitherigen Bestimmungen vom ordent-lichen Gerichtsstande exzimirten Personen und Sachen nicht Anwendung gefunden hätten, diese Anwendung für solche Per-sonen und Sachen auch in Zukunft ausgeschlossen sein sollte. Bei der Aufhebung des Jagdvorrechts wurde im „Jagdpolizei-Gesetz" vom 7. März 1850 (nebst Bekanntmachung der könig-lichen Regierung unterm 8. April 1850) zu Gunsten der gro-ßen Grundeigenthümer verfügt, daß zur eignen Ausübung der Jagd auf seinem Grund und Boden nur befugt sei: a) wer Besitzungen habe, welche in einem oder mehreren an einander gränzenden Gemeindebezirken einen land- oder forstwirthschaft-

11*

lich benutzten Flächenraum von wenigstens dreihundert Morgen einnähmen und in ihrem Zusammenhange durch kein fremdes Grundstück unterbrochen wären; b) wer nach der Entscheidung der Landräthe dauernd und vollständig eingefriedete Grundstücke habe, und c) wer Seen oder zu Fischerei eingerichtete Teiche oder solche Inseln besäße, die ein einziges Besitzthum bildeten. Alle übrigen Grundstücke wurden in Jagd=Bezirke eingetheilt, die nur berechtigt waren, entweder die Ausübung der Jagd gänzlich ruhen, oder die letztere für Rechnung der betheiligten Grundbesitzer durch einen angestellten Jäger aus= zuüben, oder endlich sie auf längstens zwölf Jahre und auf mindestens drei Jahre an nicht mehr als höchstens drei Per= sonen zu verpachten. Besitzer von kleinen Grundstücken, welche durch einen über 3000 Morgen im Zusammenhange großen, eine einzige Besitzung bildenden Wald ganz oder nur theilweise eingeschlossen wurden, hatten die Ausübung der Jagd entweder gänzlich ruhen zu lassen und waren folglich vom Jagdrechte ganz ausgeschlossen, oder sie mußten, wenn es dem großen Waldeigenthümer beliebte, die Jagd diesem gegen eine nach dem Jagdertrage zu bemessende Entschädigung zeitpachtweise übertragen. Nur wenn der Waldeigenthümer sich auf keinen solchen Pacht einlassen wollte, durfte der kleine Besitzer auf seinem Grundstücke die Jagd ausüben. Wenn aber die vom Jagdrechte ausgeschlossenen kleinen Grundbesitzer sich gegen das ihre Felder verheerende Wild nicht erwehren konnten, so durf= ten sie die Thiere durch Zäune, durch Klappern, durch aufge= stellte Schreckbilder oder auch, wenn es Roth=, Damm= und Schwarzwild war, durch kleine und gemeine Haushunde, aber nicht durch Jagdhunde, zu vertreiben suchen und im Falle gro= ßer Beschädigungen sich um Abhülfe an den Landrath wenden, worauf dieser nach vergeblicher vorhergegangener Aufforderung an den großen Grundeigenthümer, das Wild zu schießen, und nach vorheriger Prüfung des Bedürfnisses endlich erst dem kleinen Besitzer das Recht des Fangens und Tödtens des Wil= des, das jedoch auch gefangen oder todt dem großen Enklaven= Besitzer als Eigenthum gehörte, gegen 1 Thaler einen Jagd= schein ertheilte.

Was die Landgemeinde=Verfassungen anbelangt, so wurde laut Gesetz vom 14. April 1856 in den der Westphälischen Zwischenregierung unterworfen gewesenen Landestheilen der Provinz Sachsen in Bezug auf die Aufhebung der Verbindung der dortigen Domainen= und Rittergüter mit den Gemeinden eine Ausnahme gemacht, und laut der Landgemeinde=Ordnung für die Provinz Westphalen vom 19. März 1856 durften die= jenigen landtagsfähigen Rittergüter, welche vor dem Erlaß der westphälischen Landgemeinde=Ordnung vom 31. Oktober 1841 bereits in die Ritterguts=Matrikel eingetragen worden waren, auf Antrag der Besitzer selbständige, den Gemeinden gleich zu achtende Güter bilden; wenn aber sich ein solches Gut im Gemeindeverbande befand, so konnte dessen Besitzer, ohne Rücksicht auf die Dauer seiner Besitzzeit und den Ort seines Wohnsitzes, sich behufs Ausübung des Gemeinderechts durch Beamte, Verwalter, Pächter oder einen stimmberechtigten Eingesessenen vertreten lassen. — Von der Ablösung der Real= lasten wurden im Gesetz vom 15. April 1857 die festen Ab= gaben in Körnern, sowie feste Leistungen an Holz und Brenn= material, welche an Kirchen, Pfarren, Küstereien, sonstige geist= liche Institute, fromme Stiftungen rc. zu entrichten waren, aus= genommen. Doch was bedeutete überhaupt der Umstand, daß die Real=Lasten nicht reinweg aufgehoben, sondern fast durch die Bank abgelöst wurden? Er bedeutete nichts Anderes, als die Verewigung dieser aus dem Mittelalter stammenden Lasten, Natural=Abgaben, Natural=Fruchtzehnte, Besitzveränderungs= Abgaben, Geldzinse, Leistungen an Samenvieh, Ausfütterungen von Vieh u. f. w. Weil diese mittelalterlichen Lasten nämlich sich nicht länger in der alten Weise als Natural=Geld fort= genießen ließen, wurden sie in eine durchschnittliche Metall= Geldsumme umgewandelt, die den adeligen Grundherren nur angenehm sein konnte, insofern sie ihre Grund=Rente vermehrte und vereinfachte.

Was endlich jene modernen Haus=Sklaven, welche Gesinde heißen, anbetrifft, so stand den Herrschaften immer das Züchtigungsrecht über dieselben zu. Die Dienstboten Preußens hatten es daher schlimmer,

als die Sklaven im alten Athen, die zu prügeln ein
Gesetz verbot. Lange Zeit galt die Verordnung, daß alle
jungen Leute niederer Herkunft, welche nicht klar ihre Beschäf=
tigung im älterlichen Hause oder in einem Handwerke nachzu=
weisen vermochten, gezwungen waren, einen fremden, aber in=
ländischen Dienst zu suchen, wie z. B. noch die Magdeburgische
Gesinde=Ordnung von 1789 bestimmte. Sodann waren alle
sogenannten wucherischen Lohnforderungen und jedes Abspän=
stigmachen des Gesindes verboten, wie z. B. die Gesinde=Ord=
nung des preußischen Königs Friedrich II. nicht nur die Em=
pfänger, sondern auch entsprechenden Falls die Bewilliger eines
hohen, die gewöhnliche Taxe überschreitenden Lohnes mit Zucht=
hausstrafe bedrohte, während ein zu niedriger Lohn als selbst=
verständlich erlaubt war. Ferner durfte in Preußen laut Ver=
ordnung von 1781 in den Städten kein Lehrling aus dem
Bauernstande aufgenommen werden, wenn derselbe nicht zuvor
längere Zeit seit seinem 14. Lebensjahre in der Landwirth=
schaft gedient hatte. Außerdem gab es einen Dienstzwang,
demgemäß die Guts=Unterthanen ihre Kinder entweder ganz
umsonst, oder nur um einen ganz winzigen Lohn auf dem
herrschaftlichen Hofe dienen lassen mußten. Zufolge der preu=
ßischen Gesinde=Ordnung vom 8. November 1810 mußten solche
Dienstboten, die bisher noch nicht gedient zu haben angaben,
durch ein obrigkeitliches Zeugniß darthun, daß bei ihrer An=
nehmung als Gesinde kein Bedenken obwalte. Die Weihnachts=,
Neujahrs= und andere dergleichen Geschenke, welche die Herr=
schaft bei Abschließung des Mieth=Kontrakts fest zugesichert
hatte, konnte das Gesinde auch auf Grund dieser festen Zu=
sicherung niemals einklagen. Gemeines Gesinde mußte sich
allen häuslichen Verrichtungen nach dem Willen der Herrschaft
unterziehen und war nicht nur allen zur herrschaftlichen Fa=
milie gehörenden, oder darin in bestimmten Verhältnissen
lebenden Personen, sondern auch den zu Besuch kommenden
Gästen Dienste zu leisten schuldig. Das Gesinde war ohne
Erlaubniß der Herrschaft nicht berechtigt, sich in den ihm auf=
getragenen Geschäften durch andere Leute vertreten zu lassen.
Wegen einer Entschädigung, zu welcher ein Dienstbote ver=

pflichtet gehalten wurde, konnte die Herrschaft demselben Ab=
züge am Lohne machen, und wenn der Schade weder aus rück=
ständigem Lohne, noch aus andern Habseligkeiten des Dienst=
boten ersetzt werden konnte: mußte er ihn durch unentgeltliche
Dienstleistung auf eine verhältnißmäßige Zeit vergüten. Ver=
schwieg ein Dienstbote bemerkte Untreue seines Nebengesindes,
so mußte er für allen Schaden, welcher durch die Anzeige etwa
hätte verhütet werden können, bei dem Unvermögen des Haupt=
schuldners selbst haften. Die Befehle der Herrschaft und ihre
Verweise mußte das Gesinde mit Ehrerbietung und Beschei=
denheit annehmen. Reizte das Gesinde die Herrschaft
durch ungebührliches Betragen zum Zorn, und wurde
es in selbigem von ihr mit Scheltworten oder gerin=
gen Thätlichkeiten behandelt, so konnte es dafür
keine gerichtliche Genugthuung fordern. Auch solche
Ausdrücke oder Handlungen, die sonst zwischen andern Per=
sonen als Zeichen der Geringschätzung anerkannt waren, be=
gründeten gesetzlich gegen die Herrschaft noch nicht die Vermu=
thung, daß sie die Ehre des Gesindes dadurch habe kränken
wollen. Außer dem Falle, wo das Leben oder die Gesundheit
des Dienstboten durch Mißhandlungen der Herrschaft in gegen=
wärtige und unvermeidliche Gefahr gerieth, durfte er sich der
Herrschaft nicht thätig widersetzen. Vergehungen des Gesindes
gegen die Herrschaft mußten durch Gefängniß oder öffentliche
Strafarbeit nach den Grundsätzen des Kriminal=Rechts geahn=
det werden, und die Herrschaft war befugt, auf die Zeit, wäh=
rend welcher das Gesinde durch Erleidung solcher Strafen seine
Dienste nicht verrichten konnte, letztere durch Andere auf dessen
Kosten besorgen zu lassen. Zur Vorsorge für kranke Dienst=
boten war die Herrschaft nur dann verpflichtet, wenn sie keine
Verwandten in der Nähe hatten, die sich ihrer anzunehmen
vermögend und nach den Gesetzen anzunehmen schuldig waren:
in welchem Falle diese Kranken es sich gefallen lassen mußten,
daß sie in Hospitäler geschafft und die Kurkosten von dem auf
diese Zeit fallenden Lohne abgezogen wurden. Dauerte eine
solche Krankheit über die Dienstzeit hinaus, so hörte mit dieser
die äußere Verbindlichkeit der Herrschaft auf, für die Kur und

Pflege des kranken Gesindes zu sorgen. Nur wenn ein Dienst= bote durch Mißhandlungen der Herrschaft und ohne sein „grobes Verschulden" an seiner Gesundheit beschä= digt worden war, konnte er von ihr vollständige Schadlos= haltung nach den allgemeinen Vorschriften des Landrechts for= dern. Lag dagegen ein solches „grobes Verschulden" des Dienstboten vor, so durfte er nicht klagen, auch wenn er krumm und lahm geschlagen wurde.

Noch nach der Gesinde=Ordnung vom 11. April 1845 muß= ten Personen, die noch nicht als Gesinde gedient hatten, durch ein Zeugniß der Polizeibehörde darthun, daß ihrer Vermie= thung kein Bedenken entgegenstand. Dienstboten aber, welche schon früher gedient hatten, mußten bei einer neuen Vermie= thung durch Vorzeigung des Entlassungs= oder Kündigungs= scheines nachweisen, daß das schon bestehende Dienstverhältniß der neuen Vermiethung nicht hinderlich war. Das Gesinde war verpflichtet, beim Zustandekommen des Miethvertrages der neuen Herrschaft seine Atteste zu übergeben. Auch jetzt noch war das Prügelrecht ausdrücklich gesetzlich gewähr= leistet. Denn §. 71, ein sehr zweideutig gefaßter Pa= ragraph, bestimmte wörtlich:

„Gibt das Gesinde durch ungebührliches Betragen der Herrschaft" — also selbst wenn die Herrschaft sich ungebühr= lich beträgt?! — „zu Scheltworten, Rügen oder geringen Thätlichkeiten Veranlassung, so kann es deßhalb keine ge= richtliche Genugthuung fordern."

Bei Vergehungen gegen die Herrschaft schritt, je nach Be= lieben dieser, entweder die Polizei mit einer Geldstrafe bis zu fünf Thalern ein, oder das Gesinde wurde im gerichtlichen Wege bestraft. War dagegen das Vergehen ein Kriminal= Verbrechen, so mußte die Bestrafung stets im gerichtlichen Wege erfolgen. Die Aufkündigung war sowohl bei dem städti= schen Gesinde, als auch bei dem Landgesinde auf drei Monate vor Ablauf der Dienstzeit festgesetzt.

In der Gesinde=Ordnung für die preußische Rheinprovinz unterm 19. August 1844 enthielt §. 2 die sonderbare, dem Gesinde nicht eben günstige Bestimmung:

„In der ehelichen Gesellschaft kommt es dem Manne zu, das zum Gebrauch der Familie nöthige Gesinde zu miethen. Weibliche Dienstboten kann die Frau zwar annehmen, ohne daß es dazu der ausdrücklichen Einwilligung des Mannes bedarf; doch kann dieser, wenn ihm das angenommene Gesinde nicht ansteht, die Entlassung desselben mit dem Ablauf der am Orte hergebrachten Dienstzeit, ohne Rücksicht auf die Dauer der vertragsmäßig festgesetzten Dienstzeit, jedoch nur unter vorgängiger Aufkündigung, verfügen."

Dagegen sind in der Gesinde-Ordnung von 1810 die widerspruchsvollen Bestimmungen enthalten:

„§. 2. In der ehelichen Gesellschaft kommt es dem Manne zu, das nöthige Gesinde zum Gebrauch der Familie zu miethen. — §. 3. Weibliche Dienstboten kann die Frau annehmen, ohne daß es dazu der ausdrücklichen Einwilligung des Mannes bedarf."

Von Prügelstrafe war in der rheinischen Gesinde-Ordnung nicht die Rede, sondern das Gesinde sollte nur Befehle und Verweise der Herrschaft mit Ehrerbietung und Bescheidenheit annehmen. Ebenso wenig brauchten Personen, die noch nicht gedient hatten, von der Polizei-Behörde das Zeugniß beizubringen, daß ihrer Vermiethung kein Bedenken entgegenstand. Ferner hatten die Dienstboten nicht gerade unbedingt nöthig, ihrer neuen Herrschaft ein Verhaltungs-Attest seitens der bisherigen Herrschaft einzuhändigen. Dienstboten, welche nur zu gewissen Arbeiten oder Diensten angenommen waren, mußten andere Verrichtungen mit übernehmen, wenn das andere dazu bestellte Gesinde durch Krankheit oder sonst daran verhindert wurde. Uebrigens mußte das Gesinde sich allen seiner Leibesbeschaffenheit und seinen Kräften angemessenen Verrichtungen nach Anordnung der Herrschaft unterziehen. Auch durfte es ohne Erlaubniß der Herrschaft sich in den ihm aufgetragenen Geschäften nicht durch Andere vertreten lassen. Im streitigen Falle wurde der Herrschaft auf ihren Eid geglaubt: wie viel Lohn ausbedungen, ob der Lohn des abgelaufenen Jahres gezahlt, und wie viel auf das laufende Jahr auf Abschlag gezahlt worden sei.

Die beiden letzterwähnten Gesinde-Ordnungen, nämlich jene vom 11. April 1845, gegeben für Neu-Vorpommern und das Fürstenthum Rügen, und die rheinische vom 19. August 1844, stehen noch jetzt in Kraft. Die schöne Prügelbestimmung mit ihrer zweideutigen Fassung findet also noch gegenwärtig in Preußen Anwendung. Für die sonstigen alten Provinzen der preußischen Monarchie gilt heutzutage noch die oben ausführlich geschilderte Gesinde-Ordnung vom 8. November 1810, nach welcher ebenfalls das Gesinde gerauft und geohrfeigt und nach Herzenslust ehrenrührig geschimpft, ja krumm und lahm geschlagen werden darf. Wer möchte sich in der Gesetzgebung auch des armen Gesindes annehmen?! Doch ist es hohe Zeit, daß endlich in Preußen das gesetzliche Prügeln abgeschafft wird, zumal da der eine Prügel-Paragraph eine sehr verdächtige Fassung hat. Seit beinahe zwei Menschenaltern ist in dem größten Theile der preußischen Monarchie durch die Gesetzgebung für das Gesinde Nichts gethan worden. Es ist deßhalb sehr begreiflich, daß die Zahl der männlichen gewöhnlichen Dienstboten seit 50 Jahren sehr abgenommen hat, während diejenige der Luxus-Dienstboten zunimmt.

Nicht nur ist seit beinahe sechzig Jahren Nichts für das Gesinde gethan worden, sondern unterm 24. April 1854 wurde obendrein ein Gesetz erlassen, betreffend die Dienstpflichten des Gesindes und der ländlichen Arbeiter, worin ausdrücklich das bis dahin den Dienstboten und Landarbeitern zustehende Koalitions-Recht hinweggenommen wurde, indem der dritte Paragraph des betreffendes Gesetzes bestimmte:

„Gesinde, Schiffsknechte, Dienstleute oder Handarbeiter, welche die Arbeitgeber oder die Obrigkeit zu gewissen Handlungen oder Zugeständnissen dadurch zu bestimmen suchen, daß sie die Einstellung der Arbeit oder die Verhinderung derselben bei einzelnen oder mehreren Arbeitgebern verabreden, oder zu einer solchen Verabredung Andere auffordern, haben Gefängnißstrafe bis zu Einem Jahr verwirkt."

Auf das Koalitions-Recht werden wir weiter unten zu sprechen kommen.

Die preußischen Gesinde=Ordnungen haben zwei hervorste= chende Züge. Das eine charakteristische Merkmal nämlich be= steht in dem Ertheilen der Befugniß an die Herrschaft, das Gesinde zu schimpfen, zu kränken und zu prügeln. Das an= dere hingegen wird gebildet durch die auffällige Erleichterung des Dienstaustritts, welche die Gesinde=Ordnungen den Dienst= boten gewähren, wenn diese sich verheirathen wollen. Letzteres Merkmal erklärt sich daraus, daß im vorigen Jahrhunderte der Militär=Staat Preußen auf die Vermehrung der Bevölkerung hielt, damit es ihm nicht an Soldaten fehlte. Aber auch noch in der Hardenberg'schen Gesinde=Gesetzgebung von 1810 findet sich die bis heute in Preußen gültige Bestimmung:

„§. 54. Erhält weibliches Gesinde vor dem Antritte der Dienstzeit Gelegenheit zu heirathen: so steht demselben frei, eine andere taugliche Person an seiner Statt zu stellen. — §. 147. Dienstboten können vor Ablauf der Dienstzeit, je= doch nach vorhergegangener Aufkündigung, den Dienst ver= lassen: wenn der Dienstbote durch Heirath oder auf andere Art zur Anstellung einer eignen Wirthschaft vortheilhafte Gelegenheit erhält, die er durch Ausdauerung der Miethzeit versäumen müßte." —

Ebendieselbe Bestimmung hinsichtlich der Heirath ist in die beiden erwähnten späteren Gesinde=Ordnungen, in die rheinische und neuvorpommern'sche, aufgenommen worden. Auch noch insofern hat die Konskription ein wenig den Dienstboten freier gemacht, als er nach dem Einstellen seines Bruders in den Militär=Dienst vor Ablauf der Zeit den Gesindedienst, wenn nach dem Zeugnisse seiner Kreisbehörde seine Anwesenheit zu Hause zur Ernährung und Unterstützung der Familie erforderlich ist, mit üblicher Kündigung verlassen darf. Gleichermaßen ent= hält Paragraph 108 der preußischen Militär=Ersatz=Instruktionen die Bestimmung, daß Rekruten, welche nach stattgehabtem Auf= enthaltswechsel brotlos werden, zur Vermeidung größerer Marsch= kosten dem nächsten Truppentheil ihres zeitigen Aufenthalts zur Einstellung überwiesen werden können. In Preußen dient die militärische Dressur als eine Art Volksschule. Daher kommt es auch, daß Ackerknechte, deren militärischer Dienst vorüber ift, zu ftolz find, um wieder in den Gefindebienft einzutreten. Wenn man den Menfchen gehörig dreffirt, kann man ihn faft in jede Form bringen und fogar auf feine Dreffur ftolz machen.

Vorftehende, den preußifchen Zuftänden gewidmete Betrach= tungen ergeben, daß die mittelalterliche Hörigkeit und Leibei= genfchaft unter den Angehörigen jenes großen königlichen Land= befißes, der fo viele kleinere Herrenbefißungen aufgefaugt, an fich gezogen und verfchlungen hat, troß der gepriefenen deut= fchen Bildung und Intelligenz noch nicht ganz verfchwunden ift. Wenn aber felbft in dem größten deutfchen Herrengebiete, das kleineren als Mufter, Leitftern und Tonangeber dient, die Sache fich fo verhält, fo kann man ziemlich ficher den Schluß ziehen, daß es in manchen Liliputer=Ländchen um die Men= fchen=Waare eher noch fchlechter, als beffer geftellt ift. Denn das kleine Herreneigenthum ift mit wenigen Ausnahmen hinter dem großen zurückgeblieben. Auch darf man vom großen mehr erwarten und verlangen, als vom kleinen.

. Das Fortbeftehen der Heirathserleichterung fürs Gefinde hat wohl in Preußen jeßt außer der Rückficht, die auf die Zahl der Soldaten genommen wird, noch einen andern Grund, welcher aus der Natur der Menfchen=Waare felbft folgt. Je mehr Dienftboten fich verheirathen, defto mehr entftehen Dienft= boten=Kinder, welche in Folge unferer Erbgefeße gewöhnlich ebenfalls Dienftboten werden müffen. Wenigftens werden diefe Kinder doch von armen Aeltern geboren, kommen auf diefe befte Welt als Enterbte der Gefellfchaft, als die Bufchmänner und Zigeuner des zivilifirten Lebens, und müffen folglich, fo= bald fie erwachfen find, fich vermittelft der in ihren Händen liegenden Arbeitskraft, der force manuelle, die fich im dreißig= ften Lebensjahre beim männlichen Gefchlecht im Verhältniß zur weiblichen Händekraft wie 9 zu 5 verhält, zu ernähren befliffen fein. Da ihnen weder Grund=Rente noch Kapital= Zins für ihre Zähne eine Arbeit gibt, fo müffen fie, um zu beftehen, nicht nur ihre Händekraft, fondern ihre ganze Leibes= ftärke, die force rénale, für das Leben einfeßen, und weil nicht einmal ein Recht auf Arbeit gewährleiftet ift, mit ihren eben= bürtigen Arbeitsgefährten um die Wette fich zum Dienft an=

bieten und die Lohnforderungen ermäßigen. Auch müssen sie, da noch genug Hungerleider vorhanden sind, im Dienst sich emsig, eifrig, ausdauernd, geschickt, befliffen und in jeder Beziehung arbeitsfähig, arbeitsselig, arbeitsluftig und arbeitswillig zeigen, damit sie in Brot bleiben. Sie dürfen weder Arbeitsscheu, noch Arbeitsflucht verrathen, sondern müssen ächte Arbeitsbienen sein; denn Arbeitsmangel wäre Arbeitszwang, da alsdann Arbeitslohn und Verdienst fehlen würde und Hunger wehe thut. So bleiben sie denn immer arbeitvoll und sehen die Werkeltage für die rechten Feiertage an, weil selbige Arbeitsegen einbringen. Kurz, die Arbeit bildet die Würze ihres Lebens. Dienst bedeutet hier Freiheit!

Wie hart und mühevoll das Loos solcher armen Arbeitsgenoffen ist und wie mißlich es um sie in Ermangelung des Arbeitsrechts trotz aller ihrer Arbeitbegierde steht, das hat der National=Oekonom Malthus in dürren und verständlichen Worten gemeldet, als er 1798 zur Ehre seiner Wissenschaft, Wahrhaftigkeit und — Menschlichkeit den wie ein Nichtsurtel klingenden Satz niederschrieb:

„Ein Mensch, der in einer bereits besetzten Welt geboren wird, hat, wenn seine Familie ihn nicht ernähren, noch die Gesellschaft seine Arbeit brauchen kann, nicht das mindeste Recht, irgendwelchen Antheil an den Nahrungsmitteln zu fordern. Denn bei dem großen Gastmahle der Natur ist für ihn nicht gedeckt. Die Natur heißt ihn fortgehen und vollzieht, wenn er zaudert, selber ihr Gebot.“

Die Address of the Land and Labour League to the working men and women of Great Britain and Ireland (London 1869) entwirft uns folgendes Bild von der englischen Glückseligkeit:

„Während einer Zeit von 20 Jahren stieg der erklärte Werth der jährlichen Ausfuhr britischer und irischer Erzeugnisse von 60 auf 180 Millionen Pfund Sterling. Innerhalb zwanzig Jahren wuchs das versteuerbare Einkommen der Lords und Ladies des englischen Bodens, wie selbige selbst bekannt haben, von 98 Millionen auf 140 Millionen Pfd. Strl. das Jahr; dasjenige aber der Handels= und Gewerbs=Chefs hob sich von 60 Millionen bis zu 110 Millionen. Hätten menschliche Anstrengungen etwa mehr erreichen können? Leider gibt es in Britanniens Familie Stiefkinder. Kein Finanzminister hat bis jetzt verrathen, wie sich die 140 Millionen unter den Land=Magnaten vertheilen; nur die Verhältnisse der Handelsbeflissenen sind uns ganz bekannt. Bei den Bestgestellten wuchs das Verhältniß seit 1846 von 16 auf 123 (im Jahre 1866). Ihr Jahresdurchschnitt stieg von 74,300 Pfund Sterling auf 100,600 Pfund pro Person. Sie eigneten sich von der zwanzigjährigen Zunahme den vierten Theil an. Die nächsten Sippen hoben sich von 319 auf 959 Individuen. Ihr jährliches Durchschnittseinkommen wuchs für jede Person von 17,700 Pfund auf 19,300 Pfund Sterling. Sie eigneten sich von der genannten Zunahme das zweite Viertel an. Die übrig bleibenden zwei Viertel vertheilten sich unter 346,048 Respektable (respectables), deren Jahreseinkommen zwischen 100 und 10,000 Pfund Sterling betrug. Die mühseligen Millionen Menschen, welche diesen Reichthum erzeugten, Britanniens cinderellas, erhielten statt der Pfennige Stöße und Fußtritte .... 20,000 Eisenbergwerksleute arbeiteten für 10 Bergwerkseigenthümer. Während der zehn Jahre, die mit 1861 abschlossen, verminderten sich in England und Wales die Landarbeiter um 88,147, wenngleich während des nämlichen Zeitraumes, um die Ländereien des Abels zu vergrößern, einige Hunderttausend Aecker gemeines Land eingefriedigt und in Privateigenthum verwandelt wurden."

In Indien herrscht die nämliche Glückseligkeit. Selbige schilderte der Calcutta=Korrespondent der Times in der Nummer vom 11. Oktober 1869 folgendermaßen:

„Aus den Provinzen im Zentrum, aus Deccan und dem südlichen Indien, gehen uns die erfreulichsten Nachrichten zu. Doch was sollen wir von Ajmere, vom größeren Theile Rajpootana's und den Distrikten um Delhi sagen? .... Ein unter dem Volke lebender Korrespondent, der den wiederholten Erzählungen über Verhungerungen auf den Grund kommen will, hat in drei Dörfern, deren Wohlstand über dem Durchschnitt steht, 16 solche Todesfälle innerhalb einer Bevölkerung von

2000 Köpfen festgestellt. . . . Auf die Lage des Volks im Pun=
jab=Distrikt von Hissar läßt sich schließen aus dem Berichte
des Regierungs=Kommissärs (Deputy Commissioner), wonach
selbst für den Fall, daß Regen im Ueberfluß fällt, in den
nächsten zwei Monaten das Elend stärker werden wird. Die
Volksmassen, welche am Ende des letztverflossenen Monats
um Unterstützung nachsuchten, bezeichnet er amtlich als
so ausgehungert und abgezehrt, daß sie bei leben=
bendigem Leibe fast schon verwest sind (so reduced
by starvation and want that their bodies are almost rotten);
der geringste Schlag zieht ihnen Eiterbeulen zu.
Bei ihnen physische Gewalt anzuwenden ist unmöglich
(to use physical force to such is impossible). Viele hat der
Hunger so wild gemacht, und Andere suchen dermaßen durch
Krabbschen mehr als ihren Antheil zu erhaschen, daß die Be=
fehle, sich still zu verhalten und zu warten, bis an Jeden die
Reihe kommt, gar nicht beachtet werden: weßhalb sofort, wenn
die Speise gebracht wird, ein allgemeines Drauflosstürzen ent=
steht und die Leute schubben und krabbschen gleich wilden
Thieren... Bei den Eingeborenen im ganzen Indien kann
man jetzt nicht selten die Bemerkung hören, daß neuerdings
unter dem englischen Raj, namentlich seit dem letzten Aufstande,
das Land mit Hungersnöthen und verwüstenden Windsbräuten
heimgesucht worden ist... Die Ursachen hiervon sind einleuch=
tend; — sie liegen in der seit dem Krimkriege eingetretenen
erhöhten Nachfrage nach indischen Produkten, wie zum Beispiel
nach Jute, Sämereien und Baumwolle: denn die für diese
Produkte angebotenen hohen Preise haben die Bauernschaft
dazu verleitet, das sonst auf Nahrung verwendete Land zu
schmälern. Für die Nahrung selbst sind die Preise so hoch,
daß man nicht, wie vordem, Vorräthe aufhebt.... Allein wenn
Hungersnoth eintritt, fehlen die Vorräthe, und wenn die Hun=
gersnoth lange anhält, wie in Orissa, verkauft der sonst wohl=
habende Bauer alle seine Besitzungen und kann selbst dann
nicht in abgelegenen Orten, wie Ajmere, für sein Geld sich
Nahrung verschaffen. Indeß hält er's lange aus... Ganz
anders aber steht es um die arbeitende kapitallose Klasse, die

siechen Armen und die schnell anwachsenden Paupers der Städte. Gerade mit diesen Leuten sind die Unterstützungs= arbeiten und die Armenhäuser jetzt überfüllt. Diese Leute sind es, die da, wo sie in baarem Gelde bezahlt werden, sogar in Zeiten des Ueberflusses guten Grund haben, die hohen Preise zu verwünschen; denn ihre Löhne sind nicht verhältnißmäßig gestiegen. Schon beim ersten Andrange des Mangels treiben die bäuerlichen Grundbesitzer sie von sich aus, worauf der Staat sie ernähren muß. Haben aber schon 4000 (englische) Meilen Eisenbahn und ein Ausfuhrhandel von 55 Millionen Pfund Sterling dieß zuwege gebracht: was soll erst noch kom= men, wenn wir 15,000 Meilen und viel größere Ausfuhr ha= ben werden?... Indien macht eine Uebergangszeit durch, welche für sehr große Klassen eine Zeit star= ken und unvermeidlichen Leidens sein muß. Die Frage begreift viel in sich, ist fast unerschöpflich und läßt sich bloß theilweise überschauen. Wenn man zu diesen rein ökonomischen Ursachen den Abbruch des vom Hinduismus aufgeführten ge= sellschaftlichen Gebäudes rechnet, jene sich jetzt vorbereitende Re= volution, deren Durchführung unsre Kindeskinder erst erleben werden: — so erscheinen die jetzigen stillen Veränderungen immer noch als ganz unbedeutend.“

Kehren wir nun nach England selber zurück.

In England beläuft sich die Zahl der Familien, für welche am Tische der Natur immer Frühstück, Imbiß und Morgen= brot, Mittagsmahl, Abendbrot und Nachtmahl (breakfast, lun= cheon, dinner, tea and supper) reichlich aufgetragen ist, nicht mehr als gegen 100,000. (In England ist sprüchwörtlich gar bloß von den „oberen Zehntausend“ die Rede.) Viele sind berufen, aber wenige sind auserwählt. Die übrigen zwanzig Millionen Menschen müssen sich um des knurrenden Magens willen nicht nur abhärmen und abrackern, sondern gleich dem selbst von den Hunden bemitleideten Lazarus sich mit den Bro= samen behelfen, die von der Reichen Tische fallen. In der Ewigkeit werden sie gewißlich dafür getröstet werden! Doch einen Schein des Rechts auf Arbeit gewähren in England die Arbeitshäuser, die ungeachtet des in ihnen herrschenden gräß=

lichen Regiments und Elends immer so überfüllt sind, daß
die Unterkommenslosen rudelweis vor den festverschlossenen
Thoren jammernd und wehestlagend kauern, und daß sie
schier verzweifeln, weil sie nicht hineingelassen werden. Hier
und da sieht man auch auf einer Streckbahre durch zwei
Mann Polizei einen ohnmächtigen oder schon todten Arbeits=
mann tragen, an dem die allgütige Natur ihren Befehl voll=
zogen hat.

Die Gold=Periode Englands, die Blüthezeit des Kapital=
Zinses, der Grund=Rente und des Unternehmergewinns, wirkt
so segensreich von Oben nach Unten bis hinab in die weitesten
Schichten des Volks, daß nach der Ansicht mancher unserer
deutschen National=Oekonomen, die niemals in England per=
sönlich gewesen zu sein und dasselbe nur aus rosenfarbenen
Schilderungen zu kennen scheinen, dort jeder Arbeiter eine Uhr
besitzt. Als ob ein solcher ideeller Uhren=Kommunismus von
dem guten Willen der Arbeiter abhinge! Gibt es doch in Eng=
land eine Menge Leute, welche den schäbigen Rock immer zu=
geknöpft halten, weil sie keine Weste, geschweige denn eine
Tasche haben, wohinein sie die Uhr stecken könnten. In Lon=
don erblickt man sogar Frauenzimmer, die sich die Unterbeine
mit Kaminschwärze gewichst haben, damit sie Strümpfe anzu=
haben scheinen. Das Mitleid, Adam Smith's treibendes Prin=
zip der Moral, ist dort längst durch die Größe und Mannig=
faltigkeit des Elends abgestumpft. Umsonst flehen die Armen
sonntäglich beim Herbeten der Litanei: O Lord, have mercy
upon us! (Lord, bezeige uns deine Barmherzigkeit!) Aber
der wirkliche Lord aus Fleisch und Bein, der mit normännischer
Eroberung gemästete Götze, ist nicht mehr empfänglich für die
idyllische Naturfreude des Mitleids, sein überkitzelter Gaumen
verlangt nach schärferen Reizmitteln, und außerdem gibt ein
ächter Gentleman, wenn er sich zum Ziehen der Börse rühren
läßt, nur aus Anstand oder aus Politik. Der Besitzlose heißt
in der gewählten Sprachweise der Ladies ein vagabond (Land=
streicher), der Schimpfname beggar (Bettler) ist geläufiger Volks=
ausdruck geworden, sonst faßt man die Armen zusammen mit

der Bezeichnung mob (Lumpen).*) Für die Armen ist in Eng=
land seit 300 Jahren, wie sich schon aus der übeln Armen=
pflege, die viel besser Armenschub hieße, ersichtlich wird, also
seit dem Aufblühen des „National Reichthums" so schlecht ge=
sorgt worden, daß sich die niedern Leute lange noch nach
der römisch=katholischen Zeit der Klöster sogar zurücksehnten,
als die Wohlthätigkeitsstiftungen frommadelig verprotestantirt
und geistlich verhochkircht worden waren.

So geht es in einem Lande zu, wo die Arbeiter gänzlich
in eine freie Waare verwandelt worden sind. Der freie Ar=
beiter der Neuzeit ist — welch ein Fortschritt! — eine Waare.
Was waren die Sklaven des alten Roms? Sie waren ebenfalls
Waare; doch lagen sie später wieder fest auf dem Waaren=
lager der grex und gehörten nur einem Einzigen, während
die Menschenwaare der Neuzeit von jedem schmutzigen Burschen
in die Finger genommen wird. Die freie Waare heißt deß=
halb frei, weil sie immer in Umlauf ist, von Jedermann be=
nutzt werden darf und nicht einmal die Ruhe der Sklaverei
genießen kann. Je mehr die Zivilisation indeß zunimmt, desto
rascher wird die Umlaufsfreiheit solcher menschlichen Waare —
gerade so wie bei andern Waaren — werden müssen!

Indeß die Arbeiter der Neuzeit besitzen vor den alten Skla=
ven den Vorzug, daß sie sich selbst verkaufen können, während
jene verkauft wurden! Zugegeben, doch nicht ganz zugestanden.
Was unterschied schon im Alterthum die Ehefrau von der
Hetäre? Erstere war ans Haus und an einen Einzelnen ge=

---

*) Leider steht England mit diesen und ähnlichen Ausdrücken nicht
vereinzelt da. Au sens propre, schreibt der Franzose Ch. Nodier, gueux,
misérable, etc. se disent d'un homme trés pauvre; au sens figuré,
d'un scélérat. Il paraît que cette extension est de la langue des
riches, et non pas de celle de l'humanité. (Zu deutsch: Im eigent=
lichen Sinne werden die Wörter Bettler, Elender u. s. w. von einem sehr
armen Menschen gesagt, im figürlichen Sinne von einem Verbrecher.
Diese Begriffs=Ausdehnung scheint offenbar der Sprache der Reichen, nicht
aber jener der Menschlichkeit zu entstammen.) Auch in der antiken Welt war
es ähnlich in Bezug auf die Sklaven. Ebenso haben wir in Deutschland
die Ausdrücke Meineid (d. h. gemeiner Eid), gemeiner Hallunke, Edelmuth,
unedel, armer Schlucker, armer Sünder, Pöbel, elender Mensch u. dgl. m

feſſelt, letztere dagegen, obſchon ſie ſonſt nichts Anderes that, als was die Ehefrau pflichtmäßig auch that, ſchien mit ihrem Leibe ein ſchändliches Gewerbe zu treiben, weil ſie ſich um Geld und an Viele hingab. Müſſen die freien Arbeiter der Neuzeit nicht ebenfalls ihren Leib proſtituiren? Wenn ſie aber ſich freiwillig zu verkaufen ſcheinen, ſo gleichen ſie obendrein dem Unglücklichen, der ſich dazu gezwungen ſieht, ſeinen eige= nen Dreck aufzueſſen und ihn hintendrein für indiſche Vogel= neſter zu halten.

Man könnte ſelbſt auf den Gedanken kommen, daß die freien Arbeiter etwas zu viel Freiheit des Umlaufs beſitzen. Allzuviel aber ſoll in jeder Sache ungeſund ſein. Vielleicht wäre es ihnen zuträglicher, wenn ſie als Grundeigenthümer feſtſitzen oder die behagliche Ruhe des Kapital=Zinſen=Einſtrei= chens mit ihrem umherfahrenden Leben vertauſchen könnten. Alsdann könnte ihnen auch die Enthaltſamkeit vom Genuſſe, welche zufolge der National=Oekonomie die Kapital=Zinſen als gerechte Belohnung nach ſich zieht, mit mehr Erfolg und Grund angerathen werden. Dagegen würden in ſolchem Falle Grund= eigenthümer und Kapitaliſten aus der Sklaverei ihres glän= zenden Elends einmal an die Freiheit geſetzt und ihrer ſchweren Nahrungsſorgen erleichtert werden können! Variatio delectat!

Freilich lehrt die National=Oekonomie, jedes Ding habe einen Preis, und ſie hat, wenn ſelbiges tauſchfähig iſt, nicht Unrecht. Die Metze geht um des Preiſes willen im Ding auf und heißt als ſolche Ding. Doch der Menſch ſollte, eben weil er Menſch iſt, nicht in die Kategorie der Sachen und Dinge hinabgeſetzt werden, oder ſich ſelbſt hinabzuſetzen genöthigt ſein. Noch weniger aber ſollte er zur Waare werden, da in dieſem Ausdruck der Begriff einer ſolchen Hinabſetzungsbeſtimmung liegt, denn die Waare iſt ein zum Verkauf beſtimmtes Ding. Jeder Menſch, der einen Preis hat und ſogar haben muß, trägt das Brandmal der Knechtſchaft auf der Stirn. Dazu kommt, daß die Selbſtvermiethung im freien Zuſtande das ſichere Zeichen des Lumpen iſt. Vermiethet und verkauft ſich der Zeitungsſchreiber, hat folglich er mit ſeiner öffentlichen Mei= nung einen Preis, ſo iſt er ein Lump trotz aller ſchönen Phraſen, und ebenso ist der Professor ein Lump, wenn seine öffentliche Meinung ihn preiswürdig gemacht hat. Der freie Mann verkauft sich nicht, da er durch den Kauf die Unabhängigkeit, den Kern der Freiheit, verliert. Wohl ist nicht zu läugnen, daß die Zivilisation vielen Segen gebracht, aber sie hat auch viel Ungeziefer und Geschmeiß geschaffen, welches, weil es dem „edleren Luxus" zum Zeitvertreib dient, noch heute für Zierde des Fortschritts und für unentbehrlich gilt. Die Erlösung der Arbeit wird uns auch von diesem schlechten Theile der Zivilisation erlösen. Verbildung, vorzüglich aber Einbildung, und Freiheit sind in vieler Hinsicht entgegengesetzt.

Der Selbstverkauf des Menschen ist die Selbstvernichtung der Persönlichkeit, der Mord des eigenen Ichs, der Umschlag der vernünftigen Selbstbestimmung in ihr Gegentheil, es ist der Tod bei lebendigem Leibe. Die arbeitende Bevölkerung vollzieht einen solchen Selbstmord ihres Menschenthums an sich selber, der Tod bei lebendigem Leibe trifft nicht nur eine ganze Klasse, sondern obendrein die zahlreichste Klasse jedes Landes, und zwar vollbringt diese ruchlose That die Klasse als solche unbewußt, indem die einzelnen Mitglieder derselben zersplittert und nothgedrungen sie verüben. Würden die Arbeiter ihre Klassen-Lage erkennen, dann würde alsbald das Klassen-Bewußtsein und mit ihm das Heilmittel eintreten. Die thierische Verdumpfung der Menschen-Waare verhindert ihr Freiwerden; ihre Zersplitterung zerknittert ihre Macht.

Menschen-Waare durch Gewalt und Menschen-Waare um Geld sind beide verwerflich. Aber zu entscheiden: welche von beiden verwerflicher sei? hält schwer. Der Sklave, den wir gefesselt vor uns sehen, erweckt unser Bedauern, bewegt die zarten Fibern unseres Herzens; allein der Sklave mit unsichtbaren Fesseln, der sich für frei hält, weil er den Herrn wechseln und aus dem Regen in die Traufe kommen kann, ein solcher frei scheinender Sklave erregt ob seines zwieschlächtigen Wesens zugleich unsern Unwillen. Denn der Tausch dieser Menschen-Waare ist offenbare Täuschung. Der gewaltsam gefesselte Sklave läßt doch auf Widerstand, auf Ingrimm, auf Kampf der Verzweiflung schließen, und das Fesseln selbst setzt bei sei-

nem Zwingherrn Muth und Tapferkeit voraus: dahingegen
wir bei den freien Sklaven nur Tücke und Heuchelei, nur Un-
terwürfigkeit und Feilheit, nur Verkommenheit und knechtische
Gewohnheit, bei seinen Herren aber Feigheit und Verschmitztheit, Uebermuth und Geldstolz, Ränkesucht und gewohnte An-
maßung erblicken. Der Löwe im eisernen Käfig zeigt uns
immer noch die ursprüngliche Unabhängigkeit und Macht des
Wüstenkönigs, hingegen die Hauskatze und der Hofhund bereits
durch das Futter kirre gemacht scheinen.

Der erste Schritt, den die arbeitende Klasse nöthig hat,
um allmählich zu ihrem Klassenbewußtsein zu gelangen, ist die
Koalition, die truppweise Einigung und Berathung, die gemeinsame Verabredung. Das Koalitionsrecht ist den Arbeitern in
Deutschland noch nicht gestattet. Uns genügen nicht die schwa-
chen Anläufe in Preußen, und wir erinnern daran, daß durch
das obenerwähnte, bezüglich des Gesindes, der Schiffsknechte,
der Dienstleute und Handarbeiter im Jahre 1854 erlassene
Gesetz jede Vereinigung, Verabredung und Aufforderung zum
Zwecke der Lohnerhöhung, mit Androhung einer starken Strafe
untersagt ward. Demnach sollen die Arbeiter zersplittert bleiben,
als einzelne atomisirte Menschen-Waare aus einer wucherischen
Hand in die andere gehen und nicht die Spur von Selbstbestimmung zeigen. Dieß ist wiederum ein Beweis, daß wir in
Deutschland noch nicht völlig aus der Hörigkeit und Leibeigenschaft herausgerückt sind.

Die Verwehrung der Koalition ist wenigstens noch gleichbedeutend mit dem Merkantil-System, wie wir sofort sehen werden.

Der Grundbesitzer, der Kapitalist, der Produktions-Unternehmer sind keine Waare. Jeder von ihnen bildet einzeln und
an sich selber in Folge seines Besitzes gegenüber den Arbeitern
eine Koalition und kann beliebig den Lohnpreis bestimmen.
Ja selbigen ist es obendrein durch die Gesetze gestattet, sich
über die Lohnhöhe unter einander zu verabreden, und wollte
selbst das Gesetz ihnen solche Freiheit verwehren, würden sie
sich doch leicht aller gesetzlichen Kontrole entziehen können. Nur
die Arbeiter sollen die alte hörige Waare bleiben. Wo bleibt
da die gerühmte Unparteilichkeit des Rechts? Wo die Bestim-

mung der preußischen Verfassung, daß alle Preußen vor dem Gesetz gleich sind?

Aber es gab eine Zeit, da auch der Grundbesitzer, der Kapitalist, der Produktions=Unternehmer vom Staate beschränkt waren. Sie waren besonders in der Bestimmung der Preise beschränkt, und diese Preisbeschränkung enthielt, weil jeder einzelne von ihnen gegenüber seinen Arbeitern eine Koalition an sich bildet, im Grunde nichts Anderes, als Koalitions=Beschränkung, Untersagung der gemeinsamen Verabredung und Abhaltung von einseitiger Aufschraubung der Preise. Einige Beispiele werden das verdeutlichen.

Was die Kapitalisten anbelangt, so bestand für sie eine gesetzliche Feststellung des Zins=Maximums bis auf die neue Zeit. Es bestanden die Wuchergesetze. Der Sinn derselben war folgender. Weil der Kapitalist vermöge seines Kapitals die aufgespeicherte Arbeit Vieler besaß und zu seiner Verfügung hatte, also eine gesellschaftliche Kollektiv=Macht darstellte, vermöge deren er gegenüber den bedürftigen Einzelnen einen Druck auszuüben und wie eine Koalitions=Macht auch übertrieben scheinende Forderungen häufig durchzusetzen vermochte: so steckte das Gesetz, indem es der Ausartung dieser Kapital=Koalition durch Aufstellung des Zins=Maximums zu Gunsten des Publikums vorbeugte, der Macht und Freiheit des Kapitalisten feste Schranken, über die sie, ohne straffällig zu werden, nicht hinausgehen durfte. Darf aber jetzt nach dem Wegfall der Wuchergesetze der Kapitalist ungestraft und unbehindert Kapital=Koalition begehen und den höchsten Zins zu erlangen suchen: warum sollten da auch die Arbeiter als Kollektiv=Macht nicht ebenfalls von ihrem einzigen Kapital, das in ihrem Körper steckt, den höchsten Zins, beziehentlich den höchsten Arbeitslohn, zu erzielen trachten? Was dem Einen Recht ist, ist doch auch dem Andern billig! Ja, der Staat verfuhr früher gegen die Kapitalisten noch viel strenger, als er es in den gewöhnlichen Wuchergesetzen that. So z. B. wurde durch den von 1522 bis 1523 versammelten deutschen Reichstag jede Gesellschaft, die über 50,000 Gulden Kapital hatte, verboten, um alles Monopol zu verhindern. Selbst reichsstädtische Beschlüsse in diesem Sinne liegen vor.

Ferner schritt der Staat, um Einzelne gegen die Kollektiv-Macht des Kapitals zu schützen, seit dem 14. Jahrhunderte zu Gunsten der Schuldner durch Spezial-Moratorien ein, wovon die deutsche Reichs-Polizei-Ordnung des Jahres 1577 ausdrückliches Zeugniß ablegt. Natürlich haben die Kapitalisten solche Eingriffe des Staates in die Kapital-Freiheit hart empfunden und sind endlich glücklich dahin gelangt, daß sie mit ihrer aufgespeicherten Arbeit frei schalten und walten können. Indeß für die arbeitende Klasse, für die lebendige Arbeit, die durch ihre Lebenswärme die aufgespeicherte starre Arbeit der Kapital-Eigenthümer erst in Fluß bringen kann, ist die alte Beschränkung geblieben. Kein Wunder also, daß die Arbeiter den Kapitalisten ganz preisgegeben sind und daß für sie das Wort „Preis" noch immer die Bedeutung von praeda und prise, mit welchen Ausdrücken es verwandt ist, hat. Sie sind, um mit Johann Christoph Adelung zu reden, „eine Sache, welche der Willkür eines Jeden überlassen ist".

Für die Grundbesitzer gab es damals noch eine größere Beschränkung seitens des Staats, als für die Kapitalisten. Denn weil ursprünglich alles Grundeigenthum aus der Gemeinsamkeit des Reiches herrührt und sich nur stufenweise vom Lehen zum römischen Eigenthum und zur unbeschränkten Erblichkeit loszuringen vermochte: bewahrte der Staat lange die oberste Kontrole dieses Eigenthums und betrachtete selbst die Erblichkeit nur als Familien-Erblichkeit. Noch jetzt verwehrt es meist der Staat den Eigenthümern, ohne seine besondere Erlaubniß Dämme abzutragen oder Holz auszuroden, und er hat in manchen Gegenden die Einzelnen genöthigt, sich dem Mehrheitsbeschlusse der Gemeinden zu fügen, wenn die vom Staat in Angriff genommene Zusammenlegung der Felder vor sich gehen sollte. Doch ging früher hierin der Staat viel weiter. Er beschränkte z. B. die Wein-Produktion zu Gunsten der Getreide-Produktion, schrieb die Märkte vor, auf denen Getreide verkauft werden sollte, und setzte die Getreidepreise selbst fest, bestimmte den Preis des Viehes und Schmalzes, verbot die Ausfuhr von Holz, Kupfer und Eisen in's Ausland und dgl. mehr. Freilich behandelte der Staat bei solchen Regelungen den großen Grundeigenthümer gemeiniglich viel zärtlicher, als den gewöhnlichen Landmann; immerhin aber hatten selbige den Sinn, daß die armen Leute gegen die Koalitions-Macht der reichen beschützt werden sollten. Diese Bedeutung wird hin und wieder gradezu namhaft gemacht, wenn es z. B. ausdrücklich heißt: „Wenn dadurch ein gantz Unchristliche, mutwillige Theuerung geursacht — insonderheit auch das Armuth höchlichen gedruckt, vnd beschweeret, vnd umb etlicher weniger Leute Unchristlichen Gewins, Wuchers und Eigennützes willen, das gantze Landt in eußerstes Verderben gesetzt wird, so können wir tragenden hohen Ampts und hohen Obrigkeit halben nicht zugeben, solchen Hochschädlichen, Wucherischen, Unchristlichem Beginnen nochmals mit besonderem Ernst zu begegnen, darweil den armen Unterthanen gerathen vnd geholffen, vnd diese Landesverderbliche Handthierung abgeschafft werde." — In Oesterreich und Sachsen untersagte der Staat das Brenntweinbrennen aus Getreide, damit die Vertheuerung des letztern verhindert werde. Auch wurde in Oesterreich das Bierbrauen aus Weizen 1551 für alle jene Orte verboten, in deren Umkreis auf drei bis vier Meilen kein Weinbau vorhanden war. Hier in Oesterreich wurde desgleichen die Steigerung der Weinpreise gesetzlich verboten, weil selbige „nicht nur Reisende, sondern auch den gemeinen und arbeitsamen Mann drücken." In den übrigen deutschen Ländern schritt der Staat ganz ebenso kräftig zu Gunsten der Armen gegen die Koalition der Reichen ein. So wurde 1622 in Würtemberg die Vertheurung des Eisens untersagt: „welches der arme Bawrsmann, Weingartner, wie nicht weniger alle Velbarbeiter vnd Taglohner, die des Eisens, vnd davon zugerichten Werckzeugs unentbehrlich vonnöthen haben", und deßhalb dann den „groben übersatz auff die Arbeit, Taglohn vnd Früchten schlagen." — Verordnungen ähnlicher Sinnes sind in Baiern, Hessen, Preußen, Sachsen u. s. w. in Hülle und Fülle vorhanden. Wenn also damals den Arbeitern die Koalition untersagt war, wurden doch wenigstens auch seitens des Staates Maßregeln gegen die Koalition der Reichen getroffen und für billigen Preis des Nothbürftigen gesorgt. Nachdem jedoch den Grundeigenthümern die Koalition freigegeben wor= den ist, glaubt man dennoch für die Arbeiter die alte Strenge des Merkantil=Systems festhalten und ihre Koalition dauernd verhindern zu sollen. Man übersieht dabei ganz, wie schlimm dadurch der ohnehin ganz erb= und eigenthumslos auf die Welt kommende Arbeiter gestellt werden muß. Um hier Luft und Licht einigermaßen gleich zu machen, haben entweder die Arbeiter das Koalitions=Recht zu bekommen, oder der Staat muß das Merkantil=System ganz und voll wiederherstellen. Einseitige Aufhebung, die nur den Reichen nützt, schadet der großen Mehrheit des Volkes. Die jetzige Zwitterstellung der lebenden Arbeit kann sich nicht lange mehr aufrecht er= halten.

Am meisten aber traf früher der Staat seine Maßregeln gegen den Wucher der Produktions=Unternehmer. Für jedes einzelne Produkt fast, wie auch für die Löhne, wurde eine be= sondere Verkaufsvorschrift und Taxe aufgestellt, so namentlich Brot= und Fleisch=Taxe. Zwischenhändler wurden damals häufig gar nicht geduldet; denn der Staat rechnete sie nicht, wie un= sere National=Oekonomen thun, zu den Produzenten des Pro= dukts, sondern hielt sie für die Produzenten hohen Preises. Um Vorkauf zu verhüten, wurden in Sachsen 1622 eigens Markt=Inspektoren angestellt, und in Oesterreich (laut Verord= nung von 1569) sowie in Würtemberg gestattete man den Vor= kauf nur während bestimmter Stunden. Kauf behufs Wie= derverkaufs war untersagt, wie eine Menge Verordnungen darthun. Jetzt dagegen steht den Händlern und Produktions= Unternehmern die Koalition ganz frei: — warum soll nun gerade den Arbeitern, die doch zu ihrem nothdürftigsten Schutze gegen Uebergriffe der Reichen die Koalition höchst nöthig haben, die Koalitions=Freiheit verwehrt bleiben? — Werden aber die Ueberreste des Merkantil=Systems nur auf der einen Seite fest= gehalten, so muß diese letztere von der Freiheit der andern leiden und wird zum Nachtheile des ganzen Gemeinwesens, zumal sie die Mehrzahl des Volkes ausmacht, abgeschwächt und ausgezehrt.

Wohl ist die Rückkehr zum vollen einstigen Merkantil-System nicht mehr möglich, da wir aus der Staatswirthschaft über die internationale Wirthschaft bereits in die Welt-Oekonomie eingerückt sind. Um so dringender aber ist die Gestattung der Koalitions-Freiheit für die Arbeiter.

Selbige wäre indeß schon eingetreten, wenn sie nicht aus politischen Motiven verhindert worden wäre: wie schon daraus hervorgeht, daß die unbedingte Koalitions-Freiheit der Arbeiter die unbeschränkte Vereins-, Versammlungs-, Rede- und Preßfreiheit zu ihrer Voraussetzung hat. Doch wird es dem alten Polizei-Staate schwer fallen, auf die Dauer wider den Stachel zu löcken. Die Beweglichkeit des Eigenthums in Verbindung mit der Wucht des Großbesitzes gebiert seine Früchte, und wenn einmal die geschichtlichen neun Monate um sind, dann läßt sich das Zutagetreten der Schwangerschaft durch keine Behörde mehr aufhalten.

Freilich werden die Arbeiter noch wenig errungen haben oder erringen können, wenn sie das Koalitons-Recht besitzen. Allein von ihnen ist doch dann bis zu einem gewissen Grade ein Kennzeichen jener der Willkür eines Jeden überlassenen Waare abgestreift. Sie gelten dann wenigstens einigermaßen als sich selbst bestimmende Wesen und können auch in einzelnen Fällen kurze Siege feiern. Der Eintritt in die Epoche, wo die Sache, das Ding und alle Waare vom Menschen beherrscht wird, weil der Mensch als solcher frei geworden ist, und wo das Ueberlieferte dem Willen der Lebenden sich fügen muß, anstatt umgekehrt, folgt später, wird aber theilweise hiervon bedingt.

Einstweilen gilt noch der Ausspruch des Malthus, den wir hier wiederholen:

„Ein Mensch, der in einer bereits besetzten Welt geboren wird, hat, wenn seine Familie ihn nicht ernähren, noch die Gesellschaft seine Arbeit brauchen kann, nicht das mindeste Recht, irgend welchen Antheil an den Nahrungsmitteln zu fordern. Denn bei dem großen Gastmahle der Natur ist für ihn nicht gedeckt. Die Natur heißt ihn fortgehen und vollzieht, wenn er zaudert, selber ihr Gebot."

Die alten Sklaven Roms verhinderte, als sie bei ihren Auf=
ständen Siege errungen hatten, die Rohheit der großen Mehr=
zahl an der Siegesbenutzung und Selbstbefreiung. Auch an
unsern Arbeitern kleben leider viele Laster und Gebrechen, die
Folgen der langen Bedrückung der Arbeit. Indeß zeigen unsere
Arbeiter im Ganzen nicht sowohl Rohheit, als Verbildung,
knechtische Dressur, Unbeständigkeit und Charakterlosigkeit, Klei=
nigkeitskrämerei und Falschheit. Nur nach und nach werden
sie sich ihrer Klassenfehler entledigen und dafür die Tugenden
Gleichberechtigter sich aneignen. Gerade darum geht die Ar=
beiter=Emanzipation so langsamen Schrittes. Niemand kann
den Armen helfen, wenn sie sich nicht selber helfen, sich von
ihren Schlacken reinigen, und sich von Innen heraus befreien
und verjüngen. Fangen sie erst an, sich vor einander und vor
sich selber ihrer Waaren=Natur zu schämen, dann dürfen wir
sicher sein, daß aus ihrer Zerknirschung und Buße auch ihr
Heil und ihre völlige Befreiung entspringt. Mit den Tugen=
den des freien Mannes und mit Intelligenz geziert, wird das
Arbeitsvolk mit den wirksamsten Waffen ausgerüstet und ge=
radezu allmächtig sein!

VIII. Abschnitt.

Ursprung und Natur des Arbeitslohnes.

Die Welt stammt weder aus dem Nichts, noch vergeht sie
in Nichts. Ihre Ursachen sind vom Stoffe unzertrennbar. Sie
ist folglich ewig und hat also weder einen Anfang, noch nimmt
sie je ein Ende. Die Erde, ein Theil der ewigen Welt, ist
ewig mit Pflanzen und Geschöpfen bedeckt. Unter den Ge=
schöpfen nimmt der Mensch den ersten Rang ein. Weil das
Menschengeschlecht somit gleichfalls ewig ist, verliert sich seine
Geschichte im Dunkel der Zeiten. Das Menschengeschlecht ist
über die ganze Erde verbreitet. Es bildet eine Einheit und

ift zusammengehörig. Auch haben die einzelnen Theile deſſel=
ben, die freilich wegen des vom Boden und Klima erlittenen
Einfluſſes als verſchiedenartige Nationen erſcheinen, immer auf
der Erdoberfläche umhergewogt und ſich mit einander vermiſcht.
Von Natur gehört die Erde Niemandem; von Natur gibt es,
wenn man von den geiſtigen und körperlichen Sonderheiten
jedes Einzelnen abſieht, kein Eigenthum und keine menſchliche
Rangordnung. Inſofern hat jener Dichter des Mittelalters
Recht, der da verkündet:

> „Wir wahsen ze gelîchem Dinge;
> Wer kan den Hêrren von dem Knechte scheiden,
> Swä er ir Gebeine blôzez fünde?“ (Walth. 22.)

In Bezug auf die alte Bevölkerung Europa's ſchreibt Ca=
ſimir Henrich:

„Ehe Europa mehrmals zum großen Theile von den Ge=
wäſſern des Ozeans wieder bedeckt wurde, alſo vor den großen
Waſſerfluthen, welche die Untertauchung der Atlantis bewirkten
und ihm (Europa) ſeine jetzige Geſtalt gaben, dehnte es ſich
viel weiter weſtlich aus und war ferner viel beſſer als gegen=
wärtig von Aſien geſchieden, inſofern als das Kaspiſche Meer
und der Uralſee bloß ein einziges Meer ausmachten. Europa
war ein Mittelpunkt der Schöpfung, Bildung und Ausbrütung,
wie Aſien, Afrika, Amerika und Auſtralien, und folglich hatte
es auch ſeine beſonderen menſchlichen, thieriſchen und pflanz=
lichen Arten. Seine menſchlichen Arten unterſchieden ſich von
denen der übrigen Feſtlande oder Schöpfungsſitze weſentlich
durch ihren Charakter oder ihre Anlagen. Zur Unterſtützung
dieſer ganz neuen Anſicht in Betreff des hohen Alters der
Autochtonen Europa's ſind in Höhlen des mittägigen Frank=
reichs menſchliche verſteinerte Gebeine, vermiſcht mit vorfluth=
lichen Thiertrümmern, aufgefunden worden: Spuren, gemengt
und geſellt mit einem Zeitraume, der zehnmal weiter zurück=
reicht als der Urſprung der Welt nach der Bibel. Nachgra=
bungen in der Gegend von Abbeville und im Untergrunde von
Paris förderten kieſelſteinerne Werkzeuge zu Tage, lauter un=
widerlegliche Zeugen der embryoniſchen Geſittung des
Steinzeitalters, welche durch die Natur oder das hohe Alter

der sie in sich bergenden Erdreiche uns weit über die Zeiträume
zurückversetzen, die von den Gottentstehungssagen den Uraltern
der Erde angewiesen werden. Daher darf man nicht erstau-
nen, wenn die Basken fünfzehntausendjährige Ueberlieferungen
besaßen; wenn ein Priester von Saïs in Unterägypten zu Plato
sagte: „„Vor neuntausend Jahren schickten wir unsere Kinder
nach der Atlantis, um sie als Priester weihen zu lassen""";
wenn Strabo den Iberiern sechstausendjährige Gesittung zu-
schreibt; wenn Plinius sagt: „„Die Druiden sind die Magier
(die schwarzkünstelnden Pfaffen) der Gallier, und zwar sind es
so gescheidte Magier, daß sie als die Meister der morgenlän-
dischen gelten könnten; kurzum, man darf nicht darüber er-
staunen, wenn die ältesten Ueberlieferungen der Chinesen, der
Brahmanen (oder Pfaffen Indiens), der Magier Persiens, der
Aegypter und der Griechen sammt und sonders die Sprache und
die ersten Grundzüge der Wissenschaften, die ersten Keime der Gesittung, aus dem Westen herleiten. Andererseits hat die Wissenschaft erkannt, daß der Thierkreis von Denderah nicht für
Aegypten gemacht worden ist, sondern für das Klima, die Jah-
reszeiten und die Zentrums-Breite Galliens, einen Theil der
Erde, auf welchen gleicherweise die astronomischen Berechnun-
gen der heiligen Bücher Indiens passen. Hieraus muß man
nothgezwungen folgern, daß Europa, nachdem es mehrmals
gesittigt worden, durch schwer bestimmbare Ursachen wiederum
in Rohheit zurückgesunken ist. Demnach hätte, zufolge dieser
Ueberlieferungen, uns Asien nur schwache Wiederscheine von dem
schon vorher aus Europa empfangenen Lichte zurückgeworfen.
Nähern wir uns der geschichtlichen Periode, so kann man nicht
läugnen, daß die Gallier, gleich den benachbarten Iberern und
Etruskern, vor der Existenz Roms nochmals auf einem gewissen
Gesittungsgrade angelangt waren. Sieht dagegen die Geschichte die Völker Asiens für die ältesten des Menschengeschlechts
und der Gesittung an, so rührt das einzig daher, daß man
gerade im westlichen Asien zuerst die Schrift gebraucht, und
daß die geschriebenen Ueberlieferungen, weil sie sich leichter
forterhalten ließen, die älteren mündlichen Ueberlieferungen
über die Ursprünge aller Dinge verwischt, verdrängt und ver-

dunkelt haben. Man darf schließlich mit Gewißheit annehmen, daß Europa — ausgenommen in seinen Momenten der Verfinsterung und Ermattung — jederzeit das Schauspiel geliefert hat, welches es noch heutzutage bietet, und daß seine Kinder jederzeit Indien, das äußerste Morgenland, Japan und Ozeanien ausgeforscht, ausgebeutet und beherrscht haben."

Angesichts der unendlichen Geschichtszeugung des Menschengeschlechts ist es einleuchtend, daß nicht nur der uns durch Ueberlieferung bekannt gewordene Zeitraum einen verschwindend kleinen Theil der ewigen Verkettung ausmacht, sondern daß auch die in demselben sich gestaltende Eigenthumsentfaltung, die uns noch in ihren Maschen hält, bloß als eine unter den unabsehbar vielen Gesittungsoffenbarungen betrachtet werden muß. Weit davon entfernt, als Norm der Menschheit für alle Zeit und allen Raum gelten zu können, bildet somit die Eigenthums-Epoche nur eine geschichtliche Kategorie innerhalb der unzähligen menschheitlebigen Reihen. Noch weniger aber ist es statthaft, die moderne Unterepoche bürgerlichen Eigenthums, welche den National-Oekonomen das ewige Musterbild zu sein dünkt, für die höchste Höhe aller Gesittung und für das Normalleben der Menschheit anzusehen. Im All der Zeit gibt es ebensowenig ein absolutes Unten oder Oben, wie im All des Raumes, da die Zeit nur beweglicher Raum oder das Rollen, Aufsprießen und Zusammenschrumpfen der Oertlichkeiten ist. Die großen Gesittungsabschnitte der Menschheit stehen wohl in inniger Beziehung zu den Wechseln der klimatlichen Verhältnisse oder zu den Revolutionen der Erdrinde. Eine solche bedeutende klimatliche Veränderung mag in Europa vor sich gegangen sein, als vor etwa zehntausend Jahren England, Schottland und Irland durch das Meer vom Festlande getrennt wurden. Andererseits wurden das Klima und der Bodenwuchs durch den menschlichen Anbau beeinflußt.

Europa war also seit undenklichen Zeiten bevölkert. Doch änderte sich fortwährend seine Bevölkerung, wie die anderer Erdstriche, durch Aus- und Einwanderung. Diese Aus- und Einwanderung geschah friedlich und fast unmerklich, wenn sie in kleinen Schaaren, vereinzelt und als Ansiedelung stattfand, oder sie vollzog sich gewaltsam, wenn sie in zahlreichen Horden sich als Eroberung und Unterwerfung Bahn brach. Unter den Auswanderungen sind geschichtlich bekannt die Eroberungszüge der alten Römer und Alexanders des Großen, die Kreuzzüge, sowie die Europäisirung Amerika's, Indiens, Australiens und verschiedener Strecken Afrika's. Unter den friedlichen Einwanderungen sind ebenfalls geschichtlich bekannt die Zerstreuung der zelotischen Juden beim Beginn des römischen Kaiserreichs und die schon an die Sagenzeit streifende Besiedelung Griechenlands, Italiens, Spaniens und Irlands seitens der Afrikaner und Asiaten. Endlich ist auch die erst im fünfzehnten Jahrhunderte der christlichen Zeitrechnung vor sich gegangene friedliche Einwanderung der Zigeuner zu erwähnen: eines Volkes, das sich, von Indien oder Persien kommend, über ganz Europa zerstreute und dessen Kinder in England Gypsies (Aegypter), in Frankreich Bohémiens (Böhmen), in Holland Hiednen (Heiden), in Schweden und Dänemark Tartaren, in Spanien Gitanos, in Italien Zingari, in Ungarn Pharaoniten, in der Türkei und Walachei Tschinganen heißen, während sie sich selber Rômichal und Zingali nennen. Nicht so friedlich, wie die der Zigeuner und Juden, war die Einwanderung der Araber oder Mauren in Spanien und die der tartarischen Türken und Magyaren im griechischen Kaiserreiche.

Noch unfriedlicher war die lange Völkerwanderung jener kriegerischen Horden, die von den Römern Germanen genannt wurden. Selbige begann wohl schon lange, ehe noch die Teutonen, Ambronen und Cimbern, die durch Ueberschwemmung der Nord- und Ostsee aus ihren seitherigen Wohnsitzen aufgescheucht sein sollen, 114 vor der Rechnung des Christen ins römische Reich einbrachen. Sie dauerte also weit über ein halbes Jahrtausend und endete erst im fünften Jahrhunderte der christlichen Aera. Indem sie den Eroberungskrieg über das ganze Europa trug, legte sie den Grund zu den heutigen Eigenthumszuständen; weshalb letztere sich überall in Europa gleichen. Durch sie wurden die seitherigen Einwohner, die sich auf dem Boden eingenistet und wirthschaftlich ein-

gerichtet hatten, theils in die Enge getrieben und in Abhän=
gigkeit gebracht, theils durch das Schwert aufgerieben. Die
seitherigen Einheimischen hatten den Boden eigenthümlich in
Beschlag genommen; die in gewaltigen Schaaren hereinbrechen=
den bewaffneten Eindringlinge dagegen machten, da die Erde
von Natur Niemandem gehört und da sie selber Wohnsitze und
Nahrung brauchten, das Uebergewicht der Stärkeren geltend. Es
war ein großer Nahrungskrieg, ein viehischer Kampf ums
Menschenthierfutter. Wer den Andern besiegte, beraubte ihn
und machte den Gefangenen, wofern er ihn nicht tödten wollte,
zu seinem Leibeigenen, der für ihn lebenslang arbeiten mußte
und dessen Nachkommenschaft zufolge dem hieraus entspringen=
den Erb= und Eigenthumsrechte gleichfalls in Leibeigenschaft
gerieth.

„Na rechter warheit", sagt der Sachsenspiegel 3, 45.
„so hevet egenscap begin van gedvange unde von veng-
nisse".

Durch die Einwanderung der Asiaten unter die Europäer
entstand neue Gesittung, neue Religion, neues Recht, neue
Boden=Kultur und dazu neue Sprachen: letztere durch die Mi=
schung des Fremden mit dem Einheimischen begreiflicherweise
auch in Deutschland. Kurzum, es erfolgte eine ganz neue hi=
storische Entwickelung.

Weil aus dem in Rede stehenden Eroberungs=Prozesse un=
ter Anderm auch der Arbeitslohn hervorgegangen ist, betrach=
ten wir ihn hier des Näheren.

Wie der Eroberer mit dem gefangenen Feinde im Allge=
meinen verfuhr, läßt sich schon daraus folgern, daß es lange
Zeit hindurch gebräuchlich war, dem Gefangenen einen Adler,
eine Eule und dergl. in die Rückenhaut zu schneiden. Noch im
Mittelalter bestand die Strafe des Riemenschneidens aus der
Haut. Daher wird im „Reinecke der Fuchs" Braun dem Bär
geschnitten:

van sinen rugghe ên velspot af (aus seinem Rücken ein
                                          Fleck Fell von
voets lanc en voets brêt.   Fußlänge und eines Fußes
                                          breit.)

Nachdem Varus geschlagen worden war, wurden die gefangenen Römer nicht nur getödtet, sondern auch gemartert.
Florus 4, 12 schreibt: Dem Einen rissen sie die Augen aus,
dem Andern hackten sie die Hände ab, wieder einem Andern
vernähten sie den Mund, nachdem sie vorher die Zunge heraus-
geschnitten hatten, die Zunge, welche dann der Barbar in der
Hand emporhielt, indem er ausrief: „Höre nun zu zischen auf,
du Natter!" — Der Gefangene wurde an eine Halfter angelegt, erhielt von seinem Herrn zum Gruß einen Nackenstreich,
mußte sich zäumen und scheeren lassen. Damit er nicht entrin-
nen könne, wurde ihm die Nase geschlitzt. „Denn die geschlitzte
Nase", sagt das Urbotamal, „ist das Kennzeichen des Knechts,
nicht aber das des freien Mannes." Als daher Odin Schweden erobert hatte, schrieb er zufolge der Sage eine allgemeine
Nasensteuer aus.

Bei den Volksversammlungen, welche die Erobererkaste regelmäßig abhielt, wurden den Göttern Opfer dargebracht.
Diese Opfer bestanden hauptsächlich aus sogenannten Misse-
thätern, aus Knechten und Gefangenen, aus weißen Pferden,
Hunden und Falken.

Alte arbeitsunfähige Knechte wurden jedenfalls todtgeschlagen, da bei den deutschen Stämmen, wie solches in Betreff der
Heruler und Vandalen ausdrücklich bezeugt ist, selbst die eigenen bejahrten Eltern entweder von den Kindern selber oder
doch auf Befehl der Kinder todtgeschlagen wurden. Aehnlich
wird ja auch in Betreff slawischer Stämme berichtet. So waren
die Wilze (Weletabi) der Ansicht, daß sie ein größeres Anrecht, als die Würmer darauf hätten, ihre Eltern zu essen.
Von den alten Preußen meldet Prätorius, daß alte schwache
Eltern der Sohn; blinde, schielende und verwachsene Kinder
der Vater; lahme blinde Knechte aber der Herr tödtete. Ein
solcher ausgedienter Knecht nämlich wurde vom Hausherrn an
einen als Halswide benutzten Zweig eines Baumes gehenkt,
den er mit Mühe niederbog, um ihn mit dem daran baumeln-
den Knechte dann emporschnellen zu lassen. Arme Kranke tödtete man ohne Weiteres. Tacitus berichtet über die deutschen
Sklavenbesitzer, über die sogenannten Freien:

„Daß der Knecht geschlagen, gefesselt und gequält wird, ist selten. Man pflegt ihn vielmehr gleich todtzuschlagen, und zwar nicht um der guten Zucht und Dienstbarkeit willen, sondern im Ungestüm und Zorn wie einen Feind, was erlaubt ist."

Starb der Herr, so wurden bei seinem Leichenbegängnisse Hunde, Falken, Pferde und Knechte geschlachtet, damit er sich dieses Viehes alsbald in der andern Welt bedienen könnte. Sonst wanderten die Knechte nach dem Tode zu Thor, während die Freien von Odin in der Walhalla bewirthet wurden.

Daß diese Knechte die Unterworfenen des Landes waren, ergibt sich theils, weil ihnen die Arbeitsprodukte nebst dem besessenen Boden geraubt wurden, aus der natürlichen Sachlage, sobald man nur einräumen will, daß vor Ankunft der Eroberer Europa nicht bloß in Griechenland, Italien, Spanien und England, sondern auch anderwärts schon bevölkert war, theils wird es durch etymologische Gründe und schriftliche Ueberlieferung bezeugt. So leiteten die Deutschen nach dem Berichte des Tacitus ihren Ursprung von Mann (Mensch) her. Mann bedeutet im männlichen Geschlecht einen Knecht, die Mann eine Magd oder Sklavin, und endlich hat das Mensch (manisco) bis in die neuere Zeit (als Dienstmensch, Küchenmensch u. s. w.) immer einen weiblichen Dienstboten bezeichnet. Die „menschliche" Nachkommenschaft, das Volk der Mannen, war in Dienstbarkeit versunken. Ebenso deutlich spricht das Rigsmal, wo selbiges die Verschiedenheit der Stände aus den verwandtschaftlichen Abstammungsstufen herleitet. Demgemäß kommen alle Edlen (iarlar) von fadir (Vater) und môdir (Mutter), alle Gemeinfreien (karlar) von afi (Großvater) und amma (Großmutter), alle thraelar (Knechte) aber von ai (Urgroßvater) und edda (Urgroßmutter) her. Afi und ai haben indeß ursprünglich auch einfach nur Vater; amma und edda Mutter bedeutet. Der Ursprung der Sklaven, der Knechte und Mägde, reicht also, weil sie von den unterjochten Eingesessenen des Landes herstammen, weiter zurück, als derjenige der Freien, und dieser wiederum weiter, als der des Adels, welcher letztere aus den jüngsten Emporkömmlingen besteht.

Cäsar (de bello Gallico 6, 22) und Tacitus (de Germania 26) berichten übereinstimmend, daß die freien Deutschen den Boden gütergemeinschaftlich besaßen und ihn gauweise oder blutsverwandtschaftlich abwechselnd auf je ein Jahr durch ihre Sklaven bewirthschafteten. Es schreibt Tacitus:

„Die Sklaven (die Knechte, die sie behalten), benutzen sie nicht nach unserer (der Römer) Weise; denn sie reihen ihr Gesinde nicht in Familien ein. Jeder Sklave hat vielmehr seinen eigenen Wohnsitz, sein eigenes Haus, und der Herr (oder freie Sklavenbesitzer) schreibt demselben, wie einem an die Scholle gefesselten Ansiedler, das Maß der Getreide= und Viehlieferung vor.“

Weil das Eigenthum gemeinsam war, gibt es in der alten deutschen Sprache keinen einzigen Ausdruck für das Wort Eigenthümer. Man sprach nie von dem Herrn eines Ackers oder sonstigen Grundeigenthums. Der Sklave produzirte also für den Herrn, welcher ihm aufgab, wie viel er erzielen mußte. Begreiflicherweise legte der Herr dem Sklaven das Arbeitsquantum so hoch als möglich auf, so daß in den meisten Fällen der Knecht es nicht fertig bringen konnte. Aus diesem Grunde entsprang die Sitte, den Sklaven einen Faulen (laz, englisch lazy; litus, wovon unser Wort Leute) und einen Taugenichts oder Spitzbuben (skâlkr, skalk, Schalk, Schelm) zu heißen. Produzirte wider Erwarten der Sklave mehr, als das auferlegte Arbeitsquantum, so gehörte der Ueberschuß, wie der Knecht ja selber, ebenfalls dem Herrn, doch konnte dieser, um jenen durch einen Arbeitslohn aufzumuntern, dem Fleißigen und Geschickten ein Geschenk damit machen. Der Lohn oder laun hat bei Ulfilas die Bedeutung Geschenk. Als Gnaden=geschenk haben die Arbeiter die ganze deutsche Geschichte hindurch die Arbeitslöhne anzusehen gehabt.

Zur Zeit des Cäsar und Tacitus gab es bereits unter den deutschen Sklavenbesitzern einen Adel. Der Adel zeichnete sich unter Anderm vor den übrigen Freien dadurch aus, daß er mehrere rechtmäßige Frauen besaß. Aehnlich ist es bei den Türken. Denn wenngleich der Koran allen Gläubigen die Frauen als ihr Ackerwerk preist und sie ermahnt, daß sie brav

13*

pflügen und ihre Seelen erquicken sollen, leben doch die Män=
ner des Volks in Einehe, da nur begüterte Leute mehrere
Frauen unterhalten können. Ariovist, den Cäsar im Jahre 58
vor der christlichen Zeitrechnung schlug, besaß zwei Frauen.
Da Tacitus, wenn er bei seinen abgestumpften Lesern durch
den grellen Gegensatz Eindruck machen und Interesse erregen
wollte, die alten Deutschen den ausgemergelten Römern als
keusche Tugendhelden zur Nacheiferung vorhalten mußte, theilt
er nicht bloß über die Natürlichkeit der Sitten die prickelnde
Mähr mit, daß sich deutsche Jünglinge und Jungfrauen zu=
sammen badeten, ohne Schwangerschaften dadurch herbeizufüh=
ren, sondern er bemerkt obendrein über die Vielweiberei des
Adels daß selbige nicht etwa der aristokratischen Lüsternheit und
Geilheit zuzuschreiben sei. Er sagt nämlich:

„Denn sie sind unter den Barbaren fast die Einzigen, die
sich mit einer Frau begnügen. Nur Wenige machen hiervon
eine Ausnahme; aber diese gehen nicht aus Wollust, sondern
ihres Adels wegen recht viele Ehen ein.“

Es darf hier nicht unerwähnt bleiben, daß die Frau schon
zu Tacitus Zeit ihr ganzes Leben hindurch Sklavin war. Als
Mädchen stand sie unter der Vormundschaft, oder besser, unter
der Gewalt, des Vaters oder Bruders; war sie hierauf mann=
bar geworden, wurde sie an einen Mann verkauft, dem sie gleich=
falls Sklavendienste verrichten mußte. Sie durfte vom Mann
getödtet, verkauft und verschenkt, begreiflich auch geprügelt wer=
den. In ältester Zeit am Grabe ihres Mannes verbrannt, mußte
sie dem Herrn in den Tod nachfolgen. Der Konkubinat oder die
Vielweiberei des Adels bestand rechtlich viele Jahrhunderte.
Als endlich im 14. und 15. Jahrhunderte für die Ehe der
Kirchgang allgemein verbindlich wurde, wenn sie bei Gericht
rechtmäßige Wirkung haben sollte, drang zwar die Kirche mit
der Einehe durch, doch dauerte auch nach Einführung der kirch=
lichen Trauung die Vielweiberei im Fürstenstande als morga=
natische Ehe, als mit feierlicher „Morgengabe“ eingegangene
Heirath, rechtlich fort. Daß es immer Pflicht der Mägde war,
ihren Herren als Kebse mit Liebesdienst unterwürfig zu sein,

ist selbstverständlich. Tacitus drückt den Kauf der Frauen so aus:

„Die Mitgift bietet nicht dem Manne die Frau, sondern der Frau der Mann. Hierbei sind die Eltern und Verwandten anwesend und begutachten das Dargebot (munera), welches nicht nach weiblichem Geschmack ist und auch nicht zur Ausschmückung der Vermählten dient, sondern Ochsen und Geschirre, Pferde und Schild, nebst Lanze und Schwert. Um diesen Preis wird die Frau eingehandelt (in haec munera uxor accipitur)."

Wie wir weiterhin ersehen werden, war später, als es mehr Münze gab, der Kaufpreis der Ehefrau mehrere Jahrhunderte lang genau in Metallgeld gesetzlich geregelt. Es kann sonach über diesen durch viele Gesetzesstellen verbürgten Punkt nicht der mindeste Zweifel walten. Ist etwa gegenwärtig die Ehe der herrschenden Klassen nicht ebenfalls ein Handel?

Tacitus berichtet schon von Hörigen, die er im Unterschied zu den Leibeigenen, „Freigelassene" nennt. Indeß sagt er ausdrücklich:

„Die Freigelassenen sind nicht viel besser daran als die Knechte, ausgenommen nur jene Völkerschaften, welche von Königen regiert werden. Denn daselbst steigen die Freigelassenen sowohl über die Freien als auch über die Adeligen empor." Wie sehr häufig war wohl auch damals das Königthum mit Willkür und Günstlingswirthschaft eng verknüpft. Deßhalb befanden sich die „Königsleute" in vortheilhafter Stellung. Da, wo es ein Priesterthum gab mit heiligen Hainen, die Niemand außer den Pfaffen betreten durfte, und wo die Priester auf Gerichts- oder Volksversammlungen die Macht zu binden und zu schlagen hatten, da mußte der verführerische Mißbrauch des religiösen Aberglaubens bald zur Entstehung eines Adels und Königs geführt haben. Nimmt man Adel in der Bedeutung Aristokratie, so stellt das Pfaffenthum an sich schon einen gewissen Adel vor und der Oberpriester war schon König, noch bevor er so genannt wurde. Eine Religion und Pfaffen brauchte man, um die Sklaven in Gehorsam zu erhalten. Die

Priesterklasse ihrerseits mästete sich nach uralter Regel auf Kosten der Gemeinfreiheit.

Was war also der Unterschied zwischen Gemeinfreien und Edlen?

Gemeinfreie waren alle diejenigen deutschen Sklavenbesitzer, die am Gesammt= und Gemeineigenthum des den seitherigen Landbesitzern gewaltsam abgenommenen Grundes und Bodens gleichen Mitgenuß hatten. Adelige dagegen waren von den Göttern bevorzugte und mit den Götzen näher bekannte Skla= venbesitzer, die aus Mißbrauch des religiösen Aberglaubens sich neben ihrem Antheil an der Gütergemeinschaft noch Stamm= güter zu verschaffen verstanden. Daher bedeutet Uodal (das Edele, das Feudale und Adelige) sowohl die vornehme Geburt des fortlaufenden Geschlechts, als auch den zum Stammgut gewordenen Grundbesitz. Oben im Norden wurde ein Land= gut als edel, feudal oder adelig betrachtet, wenn es sechzig Jahre von einer und derselben Familie besessen worden war. Eine Familie konnte also durch sechzigjährigen Besitz adelig werden. Somit machten die Familie oder Geburt und das langbesessene Landgut vereint den Adel aus. Die Verjährung bewirkte die Erschleichung des Besitzes. Aus dieser Zeit der Adelsbildung stammen die „Sonnenlehen". Das Wort König bedeutet gleich dem Worte Adel ebenfalls das Geschlecht, doch ohne die Nebenbedeutung des Stammbesitzes. Königin ist ge= radezu das weibliche Geschlecht, letzteres jetzt englisch cunt. Außer der Religion mußte zur Entstehung des Geburts= und Grundadels die Eintheilung der Deutschen nach Blutsverwandt= schaftsstämmen und die an dieselben geknüpfte Sklavenwirth= schaft beitragen. Darum erhöhte, wie Tacitus meldet, die Vielehe und Vielweiberei den Adel. Die beweglichen Güter, bestehend hauptsächlich in Waffen und Kleidern, erbten vom Va= ter auf den Sohn, wo aber dieser letztere nicht vorhanden war, auf den Vatersbruder oder Großvater. Testamente gab es noch nicht. Auch waren Frauen, weil sie ja selber zu den besesse= nen Dingen gehörten, von der Erbfolge ausgeschlossen.

Demgemäß war ein Adel und Königthum, beide aus der Priesterherrschaft des germanischen Glaubens hervorgehend,

entstanden, ehe die christliche Lehre unter den Barbaren Eingang fand. Die Annahme des Christenthums bezeichnet den
Fortschritt auf der betretenen Bahn. So lange noch der alte
germanische Glaube dauerte, fanden an diesem Glauben das
Königthum und der Adel Schranken; denn trotz ihrer Uebergriffe mußten sie die Pietät der Gemeinfreien schonen. Das
Christenthum dagegen bot ihnen ein willkommenes Mittel, sich
auf Kosten der Gemeinfreiheit zu bereichern. Die nächste Veranlassung zur Annahme des Christenthums gab die Eroberung
von Provinzen des römischen Kaiserreichs. Sie war ein Akt
der Politik, durch welchen die Eroberer sich die Priester geneigt
machten und vermittelst derselben mehr Einfluß auf die Unterworfenen gewannen. Indem hier der Barbarenkönig an die
Stelle des seitherigen Kaisers trat, erhob er die seitherigen
Steuern fort und erlaubte seinerseits der Geistlichkeit die üb-
liche Forterhebung des Zehnten. Der Adel aber ahmte der
christlichen Geistlichkeit nach und fügte dem geistlichen Zehent
einen weltlichen Zehent hinzu. So verwandelte sich das Christenthum immer mehr in ein Ausbeutungs- und Unterdrü-
ckungsmittel. Als sich das Christenthum unter den Barbaren
derjenigen Länder verbreitete, in welchen die Römer nicht festen
Fuß gefaßt hatten, benutzte der König die Ausrottung des
alten Glaubens, um sich in den Besitz der heiligen Haine zu
setzen und Liegenschaften zu gewinnen, auf welche er seine
Ministerialen als Verwalter setzte. Indem letztere erblich wurden, nahm der Adel immer mehr überhand. Bald wurden die
christlichen Apostel die Vorläufer und Tirailleurs für die ihnen
auf dem Fuße nachfolgende Eroberung und Unterdrückung.
So diente denn das Christenthum bald als Vorwand für den
Eroberungskrieg. Der Adel und die christliche Geistlichkeit
reichten sich hierbei die Hände und es entstand der Bund zwischen geistlicher und weltlicher Macht. In dieser Beziehung
sind die Glaubenskriege gegen die heidnischen Sachsen und
Slawen hervorzuheben. Slawe oder Sklave wurde gleichbedeutend mit Knecht und ging in dieser Bedeutung in alle
Sprachen Europa's über. Wende oder Winde war gleichfalls
lange ein Schimpfwort.

Wie sehr das Christenthum dazu diente, die Gemeinfreien in die Klasse der Leute und Knechte hinabzudrücken, erhellt daraus, daß die Geistlichen auch für sie den absoluten Gehorsam gegen die Obrigkeit predigten, daß sie das Unterthanenverhältniß des römischen Kaiserreichs unter die germanischen Stämme trugen und daß sie auch von den Gemeinfreien den Zehnten beanspruchten. Sowie ein Stück Land urbar gemacht wurde, erhob die nimmersatte Geistlichkeit von demselben den Rottzehent. Unter den fränkischen Herrschern wurde das Land um der zu erhebenden Steuern willen nach Mansen eingetheilt und die Steuern unbefragt auch von den Gemeinfreien erhoben, während die freien Volksversammlungen beschränkt und aus der freien Luft in bedachte und geschlossene Räume verlegt wurden. Das Christenthum bahnte der Gewaltherrschaft die Wege, bis endlich durch das römische Recht das alte deutsche Recht der Gemeinfreiheit fast ganz verdrängt ward. Nun flüchtete sich die Freiheit in die aufblühenden Städte und es entstand jene Rivalität zwischen Stadt und Land, zwischen Werk und Arbeit, die oben beschrieben worden ist. Wir haben oben gesehen, daß der Begriff knechtischer Dienstbarkeit überall obsiegte.

Um das Loos der Arbeiter unter der doppelten Herrschaft des Adels und der Geistlichkeit kennen zu lernen, müssen wir kurz die Lage der Unfreien während des Mittelalters betrachten.

Schalk hieß der Unfreie in allen deutschen Mundarten. Später wurde dafür das Wort Knecht gewöhnlich. Das Hausgesinde wurde im Norden Hion genannt, welchem Worte in Deutschland die Benennungen Hie, Heie, Hiemann, Heuer, Hauer und Heumann entsprechen. Weil bei den Ehen die Sklaven als Ausstattung dienten, kamen für Ehe die Wörter Heirath oder Heurath auf. Hiu faßt die zur Familie gehörigen Knechte zusammen. Sonst hieß der Knecht eigen, halseigen, bluteigen, leibeigenhörig, Eigenmann, Eigenknecht, und die Magd war ein Eigenwip. Ein anderer Ausdruck für Landknecht ist Enke oder Anke. Gleichwie die Arbeiter jetzt von ihren Herren Hände genannt werden, so galt im Mittelalter für sie die Bezeichnung Arme. Sie waren eigen arme Leute.

Weil sie gehorchen mußten, hießen sie auch hörig, oder gihörig. Indem sie zum Schaarwerken oder Fröhnen verbunden waren, führten sie den Namen Schaarmänner. Außerdem hießen sie schuldig, hofschuldig und vollhofschuldig. Ferner waren sie Vogtleute, Vogtbare, Vogtzinsige oder Faatleute und Fautleute. Sonnenkinker (Kinkel = Bauer oder Flegel) bezeichnet ihre Verpflichtung, während des Scheinens der Sonne zu dienen. Da sie nicht sich verehelichen durften, nannte man sie Einzelne, Sonderleute, Einlustige, Einläufige, einlopen lüde, solivagi, singulares, dispersi. Manchmal hießen sie auch Hagestolze, obschon hagustalt meistens den Freien bezeichnet, der sich bis zum 51. Jahre nicht verehelicht hat oder auch — je nach den Gegenden — bis zum 63. Jahre unbeweibt geblieben ist. Das Gesinde heißt in einer Urkunde von 903 sindmanni; es sind Brötlinge, die in eines Herren Kost und Brot stehen, gebrotten dinner oder gebrotne Gesinde, deren Arbeitslohn eben in der Kost besteht. Die Tagelöhner heißen Dagewerchten oder Dagewarden. Auch der Taglöhner ist ein „Brötling“ oder Asneis, ein Miethling, Löhnling und „gebroter Ehhalte“. Wer bloß in einer lehmigen Wohnhütte (kot) sitzt und somit kein freier „Achtfußiger“ ist, heißt Kotsate oder Kotsasse (Kossathe).

Der Knecht wird häufig auch Mannhaupt (altdeutsch manahoubit) und in den Gesetzen lateinisch capitale genannt, wie zum Beispiel: capitale domino restituat; capitale in locum restituat etc. Unter diese Kapitalien wurden nicht nur die Frauen gerechnet, sondern auch das Vieh pflegte nach Häuptern gezählt zu werden. Endlich wurde Kapital auch für jede andere werthvolle Sache gebraucht.

Die Knechte galten für unehrliche Leute und wurden mit vielen Schimpfnamen belegt, die für Hurkinder gebräuchlich waren. Auch Wildfang und Bachstelze gehören hierher.

Schon äußerlich war der Unfreie vom Freien unterscheidbar. Denn während der Freie langes, oft kranzumwundenes Haar, weites Gewand und Waffen trug, zeigte sich der Unfreie waffenlos, in engen Kleidern und mit geschorenem Kopfe. Meistens waren ihm die Nase und die Ohren verstümmelt. Noch die Maler des Sachsenspiegels zeichnen die Unfreien mit ver= unstalteter Nase und häßlichem Gesicht.

‑ War ein Freier getödtet worden, so mußte vom Thäter seinen Verwandten Wergeld entrichtet werden. Were (Waare) heißt Gut oder Werth. Der Freie war also ein „bewerter Mann“, und das Wergeld diente zur Vergeltung als „Edgild“ oder „Widerlohn“. In der Folge unterschied man den vul= warigen (Vollwerthen) von dem halfwarigen (Halbwerthen). Einzelne Leute dagegen ohne Haus und Hof waren unwerige und wurden nicht in die Gemeinschaft Freier zugelassen. Nach dem salischen Gesetz betrug der Werth eines Gemeinfreien 200 solidi (Schillinge), letzterer galt doppelt so viel wie ein Lite; ein Adeliger dagegen galt soviel wie 1½ Freie oder 3 Liten (Leute von gelinderer Dienstbarkeit). Der leibeigene Knecht war zu 25 solidi angeschlagen, und wurde er getödtet, so durften seine Verwandten kein Wergeld fordern, sondern sein Herr ließ sich seinen Werth oder gesetzlichen Preis vom Thä= ter wie den einer anderen Sache ersetzen*). Es verhielt sich mit dem Knechte, wie mit Pferden, Falken und Hunden, deren Wergeld oder Preis ebenfalls gesetzlich bestimmt war und dem Herrn zufiel. Wurde der Knecht von Jemandem gestohlen oder verhalf ihm Jemand zur Flucht, so mußte dieser das Eigenthum zurückliefern oder dem Herrn einen Knecht von glei= chem Werthe stellen. Tödtete der Herr seinen Knecht oder kastrirte ihn, so krähte kein Hahn danach; denn der Knecht war völlig rechtlos. Daher galt derselbe auch nicht vor Ge= richt als glaubwürdiger Zeuge, und hatte er Jemandem Nach= theil zugefügt, mußte den Schaden sein Herr ersetzen. Das westgothische Gesetz bestimmte nur, daß die Herren ihre Knechte nicht tödten sollten, wenn diese unschuldig wären (ne domini extra culpam servos suos occidant), und als die Sitten et= was milder wurden, empfahlen die Kapitularien an, daß der Herr seine Sklaven nicht so schlagen sollte, daß sie ihm sofort

---

*) Weil seit alter Zeit die Preise unter den Germanen durch gesetz= liche Regelung festgestellt worden sind, läßt sich aus den Gesetzen eine Geschichte der Preise zusammenstellen. Geld heißt jedes Zahlungsmittel.

unter den Händen ſtürben. Starb dagegen das Mannhaupt erſt einen Tag nach dem Empfang der Schläge, ſo ging der Herr ſchuldlos aus, nämlich: „wenn es aber einen oder zwei Tage noch gelebt hat, ſo ſoll ihn keine Strafe treffen, weil es ſein Viehgeld iſt (wörtlich: si autem uno die supervixerit vel duobus, non subjacebit poenae, quia pecunia ejus est. Capitul. 6, 11. Georg.). Indeß wurde dieſe humane Beſtimmung noch oft nutzlos wiederholt. Die letzte bekannt gewordene Kaſtration vollzog ein Edelmann der Wetterau an ſeinem Knechte im Jahre 1545.

Natürlich konnte der Herr ſeine Knechte und Mägde auch jederzeit verkaufen oder verſchenken. Weil die Wergelder oder Preiſe aller werthvollen Dinge geſetzlich feſtgeſtellt waren, ſo konnte derlei Handel genau abgemeſſen werden. Die Leibeignen kurſirten wie jetzt das Metallgeld, und Menſchenverkäufe waren ſehr häufig. Wenn ein Freier ein Wergeld nicht zahlen konnte, mußte er Frauen und Kinder und zuletzt ſich ſelber in Knechtſchaft geben. Schuldner wurden als Sklaven den Gläubigern überliefert. Verkäufe außer Landes wurden mit der Zeit verboten, damit das Kapital nicht aus dem Land wandre. Nur wenn ein Knecht ſich der Zauberei ſchuldig gemacht hatte, oder wenn der Fürſt es geſtattete, durfte nach weſtgothiſchem und alemanniſchem Geſetz der Knecht in überſeeiſche Länder und unter die Heiden verkauft werden. Wie beim Verkauf der Thiere wurde auch beim Verkauf des Knechtes auf eine gewiſſe Zeit Garantie geleiſtet, hin und wieder auf ein Jahr und einen Tag (garantir an et jour), manchmal bloß auf dreißig Tage. Namentlich wurde dem Käufer dafür eingeſtanden, daß der Knecht kein Dieb, kein Ausreißer und kein mit der Fallſucht behafteter Mann wäre (servum non furem, non fugitivum, neque cadivum).

In Bezug auf die Verſchenkung der Unfreien ſagt Jakob Grimm in ſeinen Deutſchen Rechtsalterthümern:

„Die Zahl der Unfreien muß inzwiſchen bereits vor der Zeit, in welcher ich ſolche Mißbräuche annehme, groß geweſen ſein. Eine Menge von Traditionen während des achten, neunten und zehnten Jahrhunderts läßt daran nicht zweifeln. Einzelne reiche Leute vergeben häufig 10, 20, 30, 40 und mehr Manzipien (Sklaven). ... Und doch blieb wohl eine überwiegende Masse unverschenkt, unvertauscht ruhig in den Händen ihrer Herren. Zählungen der Freien aus diesen Zeiten stehen uns nicht zu Gebot; auch wissen wir nicht, wie viel Freilassungen erfolgten; dennoch scheint man hinreichend befugt, **wenigstens** die Hälfte aller deutschen Landbewohner im Durchschnitt unter die Unfreien zu rechnen.“

Der Knecht mußte dem Herrn blinden Gehorsam leisten. Es kam daher oft vor, daß er auf Befehl des Herrn, wie jetzt bei uns im Kriege der Soldat, einen ihm völlig unbekannten und gleichgültigen Menschen umzubringen hatte. Jornandes schreibt: „Auch wenn der Herr sich genöthigt sieht, dem Knechte einen Verwandtenmord anzubefehlen, muß der Befehl vollzogen werden“ (necessitas domini etiam si parricidium jubet, implendum est).

Beleidigte der Knecht seinen Herrn, zog ihn dieser nicht etwa vor Gericht, sondern strafte ihn selber ab. Unter die solchergestalt verhängten Strafen gehörte die Entmannung und Tortur. Der alte Ausdruck für Entmannen lautet arwiran und arsiuran (altnordisch gelda, englisch geld, daher noch jetzt in Thüringen der Ausdruck: „gelbe Kuh“). Die Entmannung wurde namentlich über den Knecht verhängt wegen Diebstahls, wegen Vermischung mit Thieren und wegen Liebschaft mit den Mägden. Sie war, gleich anderen körperlichen Strafen, in Geld angesetzt, und zwar auf 240 Pfennige angeschlagen, nämlich, wie es im salischen Gesetz heißt: si servus cum ancilla moechatus fuerit et de ipso crimine ancilla mortua fuerit, servus ipse aut castretur, aut 240 den. culp. judicetur. Auch die Juden, des Reiches Kammerknechte, wurden kastrirt, wenn sie mit Christenmädchen oder Christenfrauen ihr Müthchen gekühlt hatten. Zufolge Ruprechts Rechtsbuch von 1332 darf ein Herr seinen untreuen Knecht, wofern er nicht vorzieht, ihn in eiserne Bande zu schlagen, unter ein Faß stürzen und ihn bis zum dritten Tage darunter liegen lassen. Dem flüchtigen Knechte oder Hörigen reiste der Herr nach und durfte sie, wenn er sie erwischte, mit dem Ohr an ein Thor nageln. Sonst stand auf die Flucht die Todesstrafe, wie es ausdrücklich in einer gesetzlichen Bestimmung vom Jahre 1455 heißt:

„Me ist beret, das kein eigenman odir undersesse sich nirgen wenden adir keren sal mit libe adir gude under keinen andirn hern; wer das virbreche, sulte virfallin sin mit libe und gude.“

Weil die Herren ihre Knechte beliebig peinigen und tödten durften, und Solches auch wirklich häufig zu thun pflegten: deßhalb entstand im Volksmunde das Sprüchwort: „Er ist mein Eigen; ich mag ihn sieden oder braten!“ Es ist keineswegs ganz unwahrscheinlich, daß hier und da ein Knecht als Feiertagsbraten verspeist worden ist.

Wie vom Gericht, waren die Knechte von der Volksversammlung ausgeschlossen, so lange überhaupt Volksversammlungen abgehalten wurden. Nach Einführung des Christenthums nahm die Zahl der Freien in so erschreckendem Maße ab, daß in Folge der allgemeinen Dienstbarkeit die alte heilige Sitte, dreimal jährlich große Volksgerichte im Freien abzuhalten, abkam und ganz in Vergessenheit gerieth.

Der Unfreie war, streng genommen, gar keines Eigenthumes fähig. Folglich brauchte er keine gesetzlichen Leibeserben und durfte also keine Ehe abschließen. Jeder Knecht war folglich ein Hurkind und „unehrlich“, weil nicht aus rechtmäßiger Ehe entsprossen. Das uneheliche Kind hieß Bankart, Bankert oder Bänkling, weil es nicht im herrschaftlichen Ehebett, sondern auf der Bank erzeugt war; ferner: Hornungr, weil im Horn oder Winkel erzeugt, Winkelkind, Unflathkind, Gauch oder Gauchling, Bastard (von bastardo, bâtard, fils de bast, de bas, Kind niedrigen Ursprungs), Kegelsohn (daher die Redensart: Kind und Kegel), Kotzensohn (Kotze nennt man noch jetzt in Oesterreich einen groben Zeuch), Rebskind, Liebeskind, Pfaffenkind. Auch die Zwitter, hier und da Zwiedorn und Zwiedarm genannt, galten für unfrei. So heißt es im Eisenhauser Eigenbuch aus dem Anfange des sechszehnten Jahrhunderts im 16. Paragraphen: „Item alle pfaffenkinde, münchskinde, hur-

kinde, zwitterne, gehören mit Hühnern und Bede auf das Ge=
richt Blankenstein." — Zwillinge und Drillinge wurden eben=
falls für Hurkinder angesehen, da man glaubte, daß sie von
mehreren Männern erzeugt wären. — Die Ehe war derartig
ausschließliche Sache der Freien, daß die Brautwerbung und
Verehelichung F r e i e n heißt, und daß F r e i e r mit Werber
gleichbedeutend ist.

Somit hatte der Unfreie kein Geschlecht und führte vor
dem 12. und 13. Jahrhunderte, das heißt, ehe die Städte auf
das Land einwirkten, keinen Familiennamen. Die in den Ur=
kunden aufbewahrten Namen der Knechte und Mägde sind mit
unbeträchtlichen Ausnahmen alle deutsch, woraus sich mit Si=
cherheit schließen läßt, daß die deutschen Sklaven des Mittel=
alters fast durchgängig deutsche Landsleute waren. Wollte
sich der Unfreie verheirathen, so hatte er seinem Herrn die
Erlaubniß dazu abzukaufen. Eine eigentliche Ehe konnte er
nicht eingehen, aber er durfte mit Erlaubniß des Herrn wilde
Wirthschaft (conjugium) treiben. Wie schon bemerkt, gab es
vor dem 14. Jahrhunderte keine kirchliche Trauung. Höchstens
ließ man am Morgen nach vollzogenem Beischlaf und Hemde=
wechsel die Heirath in der Kirche von einem Pfaffen nachträg=
lich noch einsegnen, damit sie fruchtbringend und heilvoll werde.
Der Unfreie durfte nur eine Unfreie heirathen, und ihre un=
gesetzlichen Kinder wurden wieder unfrei. Auf die Vermischung
eines Knechts mit einer freien Frau stand, wie Schiller's Gang
nach dem Eisenhammer richtig zeigt, die Strafe des Feuertods,
sodann die der Kastration und des Lebendigbegrabens, nachdem
vorher der Knecht erst geprügelt worden war. Die Zahl der
Prügel belief sich in solchem Falle gewöhnlich auf 240 Hiebe.
Die Eigenweiber oder Mägde gehörten von Rechtswegen dem
Herrn und mußten ihm unter andern Diensten auch Liebes=
dienste erweisen, welche in alemännischer Mundart Chwiltiwerch
(Kindarbeit oder Kindermachen, englisch child = Kind) hießen.
Aus jener Zeit stammt die im Kanton Bern auf dem Lande
noch herrschende Sitte des Chilt= oder Chwiltgehens. Nach
und nach wurde die Heirathserlaubniß in einen festen Zins
verwandelt, den die Hörigen jährlich an einem bestimmten Tage,

besonders am Thomastage (21. Dezember) und in der Wal=
purgisnacht, zu bezahlen·hatten. Dieser Zins führte verschie=
bene Namen, wie: Bumede oder Burmede (Bauernmiethe),
Nagelgeld, Bunzengeld, Bunzengroschen, Schürzenzins. Im
Erfurtischen hieß er Sonnengelt, im Braunschweigischen Mai=
gassenzins. Auch das Wort Kuttenzins bedeutet das Näm=
liche, da Kutte das weibliche Glied bezeichnet, ähnlich dem
cunt. Ueber den Kuttenzins berichtet Jakob Grimm:

„Dreizehn Häuser des mansfeldischen Dorfes Stangen=
robe zahlten bis ins Jahr 1785 einen Kuttenzins an das
Amt Endorf jährlich auf Thomastag, aber noch ehe er an=
brach, vor 12 Uhr mitternachts. Jeden 20. Dezember abends
8 Uhr ging der Stangenröder Bauermeister aus seinem
Haus und rief vor jedem der zinsschuldigen dreizehn Häu=
ser: Gebt unserm Herrn den Thomaspfenning, den Kutten=
zins! — Der Hausbesitzer stand schon vor der Thür und
gab einen silbernen Pfennig. Unter der Hebung verstärkte
sich der Zug, die Schaar durchzog das Dorf und rief unab=
lässig: Wir bringen unserm gnädigen Herrn den Thomas=
pfenning, den Kuttenzins! — Um 11 Uhr wurde der Amts=
ort Endorf erreicht, gegen Mitternacht standen die Bauern
im Amthaus, zahlten 13 Silberpfennige, der Amtmann quit=
tirte eilends und gab dem Bauermeister ein den Werth des
Zinses übersteigendes Trinkgeld mit der Warnung, noch vor
Schlag 12 Uhr aus dem Orte weg zu sein. Dann erhoben
sie vom Neuen ihr Geschrei: Wir haben gebracht unserm
gnädigen Herrn den Thomaspfenning, den Kuttenzins! und
zogen heim, das Geschenk zu vertrinken. In derselben Stunde
mußte aber auch der Beamte den Zins auf die Post senden,
widrigenfalls für jeden Pfennig eine Tonne fri=
scher Heringe zu entrichten war. Fand sich bei der
Abtragung die Amtsstube uneröffnet, so hatte das Amt der
Stangenröder Gemeinde zu geben eine weiße Gluckhenne
mit zwölf weißen Küchlein.“

Grimm vereint oft mit rühmenswerther Gelehrsamkeit eine
kindliche Einfalt, weil ihm das Verständniß des sozialen Un=
tergrundes seiner Rechtsalterthümer fast gänzlich abgeht. Darum

kann er auch nicht wohl glauben, daß in Deutschland das Recht der ersten Nacht wirklich geübt worden ist.

In der ersten Zeit des deutschen Mittelalters stand auf die Heirath zwischen Freien und Unfreien gesetzliche Strafe. Späterhin ging nur die Freiheit des freien Theiles dadurch verloren; denn es galt dann die Regel: „Trittst du meine Henne, so wirst du mein Hahn; unfreie Hand zieht die freie nach sich; en formariage le pire emporte le bon."

Es ist oben schon angedeutet worden, daß der Konkubinat das ganze Mittelalter hindurch üblich war. Ehe bedeutet ge= setzliches Band; ehelich oder echt heißt gesetzlich. Die Ehefrau oder echte, gesetzliche Frau, die immer die Tochter eines Freien sein sollte, wurde nur deshalb vom Freien geheirathet, um mit ihr gesetzliche Leibeserben zu erzeugen. Die Unfruchtbar= keit war darum ein triftiger Grund zur Trennung der Ehe. Lag die Schuld der Unfruchtbarkeit am Manne, so durfte er sich von seinen Nachbarn aushelfen lassen. Diese Aushülfe war, wie in Sparta und Athen, gesetzlich vorgeschrieben. So bestimmte das Bockumer Landrecht, §. 52:

„Item, ein man, der ein echtes weib hat und ihr an ihren freulichen rechten nicht genug helfen kan, der sol sie seinem nachbar bringen, und könte derselbe ihr dan nicht genug helfen, sol er sie sachte und sanft aufnehmen und thun ihr nicht wehe und tragen sie über neun erbtüne (Erb= zäune) und setzen sie sanft nieder und thun ihr nicht wehe und halten sie daselbst fünf uhren (Stunden) lang und ru= fen wapen! (Zu Hülfe!) das ime die leute zu hülfe komen; und kan man ihr dennoch nichts helfen, so sol er sie sachte und sanft aufnehmen und setzen sie sachte darnieder und thun ihr nicht wehe und geben ihr ein neu kleid und einen beutel mit Zehrgeld und senden sie auf einen jahrmarkt, und kan man ihr alsdan noch nicht genug helfen, so helfe ihr tausend düfel."

Bricht die Frau die Ehe, so muß sie mit ihrer Kunkel (Spindel) und mit vier Pfennigen das Haus verlassen. Die Ehefrau unterscheidet sich von den Kebsfrauen oder Flekefrithen dadurch, daß sie im Hause die Schlüssel führt und das Gesinde

aufnimmt. Sie war die „Wirthin" des Hauses. Ihr neuge=
borenes Kind wurde auf den Boden gelegt und blieb daselbst
liegen, bis der Vater erklärte, ob er es leben lassen wollte oder
nicht. Erklärte sich der Vater zu Gunsten des Kindes, so hob
die Hebemagd oder Hebamme (althochdeutsch hevanna) es auf,
worauf es mit Wasser besprengt und mit einem Namen belegt
wurde. Wollte dagegen der Vater das auf der Erde liegende
Kind nicht aufziehen, so hieß er es aussetzen (ût bera, ût kasta),
und es wurde dann im Walde unter einem Baum, namentlich
unter einer Linde, oder auf einem Kirchhofe oder aufs Wasser
in einer Kiste niedergelegt. Nachdem die Deutschen das Chri=
stenthum angenommen hatten, legte man neben das ausgesetzte
Kind Salz zum Zeichen, daß ihm noch nicht der Teufel durch
die Taufe ausgetrieben worden war. Der Hausherr durfte
seine Kinder tödten. Er durfte sie folglich auch in die Knecht=
schaft verkaufen. Karl der Große und Karl der Kahle (Capit.
vom Jahre 864) suchten den Kinderverkauf gesetzlich zu regeln.
Noch im späten Mittelalter findet sich in dieser Hinsicht die
gesetzliche Bestimmung:

„Wo ein mann sein kind verkauft durch noth, das thut
er wol mit recht, er sol es aber nicht verkaufen, das man
es thäte ins hurenhaus, er mag es einem herrn wol
zu eigen geben."

Im Norden wurden die von armen Freigelassenen hinter=
bliebenen Kinder in eine Gruft gesetzt, damit sie daselbst ver=
hungerten. Recht naiv nannte man sie Grabkinder. Das
längstlebende, stärkste und kräftigste nahm der Herr aus dem
Grabe wieder heraus, um es als seinen Knecht oder als seine
Magd aufzuziehen. Auch die sonstigen ausgesetzten und adop=
tirten Kinder wurden, nachdem sie auferzogen worden waren,
von ihren Pflegeeltern häufig um einige Schillinge in die Knecht=
schaft verkauft.

Wie seine Kinder und Knechte, durfte auch seine Frau der
Herr prügeln, fesseln und verkaufen. Weil die Frau Sklavin
war, wurde sie ganz wie eine Waare behandelt. „Wenn ein
freier Mann," heißt es in der lex Aethelb. 32, „der Ehefrau
eines andern freien Mannes beiwohnt, soll er dessen Kapital

(b. h. Sklavin) erſetzen, und ihm ein anderes Weib mit ſeinem
eignen Geld kaufen und es ihm bringen" (si liber homo cum
liberi hominis uxore concuberit, ejus capitale redimat et
aliam uxorem propria pecunia mercetur et illi alteri ad-
ducat). In andern Geſetzen finden ſich ähnliche Stellen. An-
geſichts ſolcher Thatſachen muß der holde Minnedienſt der
Ritter ins ſchöne Traumreich der Balladen und Romanzen
verwieſen und die gerühmte ſtrenge Keuſchheit der alten deutſchen Sklavenbeſitzer wie ein Hohn auf die Wahrheit betrachtet
werden. Nach altem ſächſiſchen Geſetz war der Preis für weibliche Waare auf 300 Schillinge feſtgeſetzt; dieſen Preis mußte
man dem Vater, Bruder oder ſonſtigen Vormund von der
Jungfrau oder Witwe bezahlen, die man ehelichen wollte.
Auch das weſtgothiſche, burgundiſche u. ſ. w. Geſetz ſuchten
den Frauenpreis zu ordnen. Der Ehevertrag hieß Brautkauf
(brûdkaup, brudköp, kaupmâli). In Betreff der Ditmarſen
ſchreibt Neocorus: „De gebruk is noch bi den Ditmerſchen,
dat ſe öhre döchter ahne bruttſchaft vorlaven und beehlichen,
und ſchenket und betalet der brudegam Den, in welcher gewalt be brutt is, ſo vehle to, als under ehnen
bewilligt und belevet worden."

Am Morgen nach dem erſten Beiſchlaf erhielt die Neuver-
mählte vom Manne das nöthige Geld zum Betreiben der Wirth-
ſchaft. Dieſes hieß die Morgengabe oder Linſê. Da Fê (Vieh)
Geld oder Vermögen im Allgemeinen bedeutet, ſo mag das
Linſê urſprünglich in der Zeit, wo die Münze noch ſelten war,
einfach, wie durch lin ausgedrückt wird, in Leinwand beſtan-
den haben.

Die junge Frau kam am Morgen nach dem erſten Beiſchlaf unter die Haube, das heißt: ſie ließ ihr Haar nicht mehr
im Winde flattern, ſondern ſchürzte es, weil ſie jetzt an einen
Mann gebunden war, in Knoten, ſchlang es ums Haupt und
trug nun die Haube. Das lange fliegende Haar war alſo
auch bei ihr Zeichen des freien Zuſtandes geweſen. Der Fin-
gerreif als Symbol der Gebundenheit kommt von den Franken
und ſcheint mit der Abſchließung des Kaufes in Verbindung
geſtanden zu haben. Wenn der Vater ſeine Tochter nicht un-

beschenkt und ungeschmückt aus dem Hause entließ, erhielt sie
eine Mitgift. Indeß wurde eine solche nicht als nothwendig
vorausgesetzt, da sonst nicht der Bräutigam am Morgen nach
der ersten Nacht das zum Beginnen der Wirthschaft erforder=
liche Geld dargeboten oder, mit andern Worten, die Morgen=
gabe der jungen Frau geschenkt hätte. Alle wichtigen Käufe
der Franken wurden in der Volksversammlung — im Mal —
abgeschlossen; daher die Bezeichnung Gemahl für Gatte, Ver=
mählung für Verehelichung und gemählte Kinder für Leibeserben.
Demoiselle zeigt den Halbsitz (demi-selle) des Mädchens an.

Die leibeignen Frauen und Mädchen mußten mit gescho=
renem Kopfe einhergehen. Keine derselben wurde ungeschoren
gelassen. Gerieth eine bisher freie Jungfrau in Gefangenschaft
und Dienstbarkeit, wurde ihr alsbald das Haar gekürzt, und
es will sogar scheinen, als ob aus den abgeschnittenen Locken
Staubwedel gemacht wurden, mit denen sie die Schemel, Bänke
und Tische ihrer Herren abzustäuben hatten. Gleich den Knech=
ten wohnten und arbeiteten die Mägde oder Eigenweiber ent=
weder auf dem Gehöfte des Herrn, wo sie in Werkgaden und
Frauenzimmer eingereiht waren, oder auswärts in anliegenden
Dörfern. Seinen draußen wohnenden Eigenhörigen legte der
Herr oft seine Hunde ins Futter. Ueber die zur Hand befind=
lichen Eigenleute mochte er jederzeit verfügen; den draußen
wohnenden wurde hingegen gewöhnlich die Dienstzeit zugemes=
sen, so daß denselben freie Zeit übrig blieb. Indessen hatten
auch manchmal die auf dem Hofe wohnenden nur drei oder
vier Tage in der Woche zu dienen. Diese freie Zeit wurde
in der Folge für die Eigenhörigen sehr wichtig, denn sie diente
zu ihrer freilich äußerst langsam sich herausbildenden Selb=
ständigkeit.

Wenn Charles Dunoyer gesagt hat: „Die Geschichte der
Zivilisation seit dem Sturze des römischen Kaiserreichs ist ge=
nau genommen nur die Geschichte des Fortschrittes der arbei=
tenden Klassen,“ so trifft dieser Ausspruch nur theilweise zu,
da sich in der ersten Zeit des Mittelalters nach Einführung
des Christenthums, wenigstens auf dem Lande, die Lage der
arbeitenden Klassen verschlechterte. Man hat häufig die fade

Behauptung aufgestellt, daß das Christenthum die Sklaverei abgeschafft habe; allein Nichts ist falscher, als eine solche Aufstellung. Selbige ist gerade so unsinnig, als wenn man behaupten wollte, daß in unseren Tagen das Christenthum die Negersklaverei nicht habe aufkommen lassen und daß es schließlich auch den Krieg behufs Abschaffung derselben in der nordamerikanischen Union herbeigeführt habe. Wohl hat auch das Christenthum einigermaßen zur Abschaffung der Sklaverei im Mittelalter mitgewirkt, aber ohne daß die Kirche es wollte. Indem nämlich ein neuer Priesteradel durch die Annahme des Christenthums dem aus der alten heidnischen Religion stammenden Adel hinzutrat, entstand zwischen diesen beiden Hierarchien, die im Allgemeinen einander in die Hände arbeiteten, eine den Unterdrückten zu Gute kommende Rivalität. Das Christenthum nützte den Sklaven auch dadurch, daß es die Dienstbarkeit verallgemeinerte. Im Uebrigen jedoch förderte das Evangelium die Knechtschaft. Wie ungünstig die Lehre des Christenthums der arbeitenden Bevölkerung war, leuchtet, um nur einen Punkt anzuführen, schon aus jener Parabel vom Miethen der Arbeiter für den Weinberg hervor, wo der asiatische Hausdespot, indem er den Arbeitslohn als pures Gnadengeschenk behandelt, zu den unzufriedenen Arbeitern sagt: Habe ich nicht Macht, mit dem Meinen zu thun, was ich will? Kurz, das Christenthum athmete durchaus den asiatischen Despotismus; denn sein wühlerisches Element war schon unter dem römischen Kaiserreiche unschädlich gemacht worden. Von den frühern sechzig Evangelien waren nur vier offizielle übrig gelassen worden.

Die christliche Geistlichkeit brachte den Zehnten der jüdischen Priester und das Recht des römischen Kaiserreichs mit sich. Die Kirche schmälerte das Gemeinland, indem sie so viel als möglich Boden an sich riß. Aus diesem Grunde schob sie ihre Vorposten unter die heidnischen Slawen; aus dem nämlichen Grunde nahm sie die aufspringenden Städte unter ihre Flügel. Sie wollte ihre Macht begründen und erweitern. Wenn sie die Freilassungen der Knechte und Mägde betrieb, so geschah es bloß, um dieselben zu Hörigen und Leibeignen der Kirche zu machen. Auch die Freien, die sich ihr ergaben, mußten zum Zeichen der beginnenden Knechtschaft das Haupt unter das Glockenseil legen. Ferner hat man einen viel zu günstigen Begriff von den Freilassungen des Mittelalters. Ein Freige= lassener wurde nie ganz frei, sondern blieb nach erfolgter Frei= lassung immer in Hörigkeit von seinem früheren Herren. Letz= terer gab seine Leibeignen aus Habsucht frei und verwandelte sie meist darum in Hörige, weil er aus ihnen auf diese Weise mehr erpressen zu können hoffte. In dieser Beziehung galt das Gesetz, daß der Freigelassene, welcher sich nicht dankbar genug gegen seinen Herrn erwies, von diesem ohne Weiteres wieder in den früheren Knecht verwandelt werden könnte. War die Freilassung in der Kirche durch den Bischof vollzogen wor= den, so mußte der unglückliche Freigelassene, welcher in diesem Falle ein tabularius hieß (zum Unterschiede von dem ohne kirchliche Feierlichkeit freigelassenen chartularius), sowohl gegen seinen bisherigen Herrn als auch gegen die Kirche dankbar sein. Wenn somit mancher Leibeigne vorziehen mochte, zu bleiben was er war, wurde ihm doch nicht oft die Wahl gelassen. Bei den Angelsachsen gab es ein Gesetz, wonach dem Leibeig= nen, der sich der Annahme der Freilassung weigerte, das Ohr mit einer Pfrieme durchstochen wurde. Gleichwie sich die Kirche Ländereien schenken ließ, brauchte sie auch geschenkte Sklaven, welche die Ländereien bewirthschafteten. Selbige waren fromme Knechte im Dienste der Kirche, denn wenn sie auch Kolonisten genannt wurden, waren sie doch bloß Hörige des Pfaffenthums. Die Mutter Kirche war so hungrig, wie eines Wolfs Magen. Daher bildete die Säumniß bezüglich der Entrichtung der Zehn= ten in den alten Beichtformeln eine Art Todsünde. Um den Blutzehenten kontrolliren zu können und in nähere Beziehung zu den Mägden zu kommen, hielten die geistlichen Herren das Faselvieh, nämlich: den Neuboll, Farne oder Stieren, der auch Bulle, Brummer oder Spielochs heißt; den Wedel, Widder, Star= oder Schafsbock, bisweilen einen weißen und einen schwar= zen; ferner den Beren, Eber, Hacksch oder Hauer; endlich neben Hahn und Kater auch den Schel, Hengst oder das Rynspferd; und die geistlichen Herren hielten strenge Wache, wenn diese

Thiere faselten und abspielten. In manchen Ortschaften Bai=
erns hat der Blut= und Faselzehent bis zum Jahre 1848 fort=
bestanden, wo er dann hat abgelöst, das heißt, in das moderne
Geldverhältniß übertragen werden müssen. Die geistlichen
Herren besaßen auch das Recht der ersten Nacht, um so mehr,
als ihnen die Beichtgeheimnisse das weibliche Geschlecht alle
Tage in die Hände lieferten. Besonders mußten auch die Teiche
gepeitscht werden, damit in der Nacht der Herr Abt oder Bi=
schof nicht vom Schreien der Frösche gestört würde. In dieser
Beziehung ist das lothringische Dorf Montureux wegen des
Reimchens, das beim Fröschepeitschen hergesagt wurde, bekannt
geworden. Wenn nämlich der gnädige Herr Abt von Luxeuil
daselbst übernachtete, schlugen die guten Leute den Weiher im
Takte zu dem Verse:

Pâ, pâ, renotte, pâ!
Veci monsieur l'abbé, que dieu gâ*)!

zu deutsch:

Friede, Friede, Frosch, halte Friede:
Der Herr Abt ist da, den Gott behüte!

Die Geistlichkeit war so habgierig, daß sie unter dem Titel
des „Besthaupts" selbst noch die todten Bettler ausplünderte.
Wenn ein Bettler auf Hegergütern starb, wurde ihm sein Stab
und Bettelsack aufs Grab gesteckt, worauf von diesen beiden
Reliquien der Vogt des Klosters entweder den Stab oder den
Bettelsack nahm. Hiermit erklärte sich das Kloster für zufrie=
den gestellt. Mochte sich aber immerhin des Klosters Vogt
mit dem Bettelsack begnügen: verfiel doch von Rechtswegen
auch des Bettlers Stab und Mantel der Geistlichkeit!

Auch das Wergeld der Pfaffen zeigt an, daß die Kirche der
Gleichheit, das heißt der Abschaffung der Sklaverei, wenig
günstig war:

Swer einem pfaffen nimt den lîp,
Ez tuo man oder wîp,

---

*) Auf gut französisch:
Paix, paix, grenouille, paix!
Voici mr. l'abbé, que Dieu garde!

Der sol die buoze dar tragen,
Sam er siben leien habe erslagen.

Laut bairiſchem und alemanniſchem Geſetz waren die Mönche mit dem doppelten Wergeld ihres Geburtsſtandes angeſetzt. Ein getödteter Biſchof war mit Gold aufzuwiegen.

Nachdem das Chriſtenthum unter den deutſchen Stämmen verbreitet worden war, ſanken die Gemeinfreien ſchaarenweis in das Proletariat hinab. Das von den Pfaffen ins Land gebrachte römiſche Recht, gegen das ſich die Gemeinfreien mit Händen und Füßen geſträubt hatten, gewann — Dank den Bemühungen der Geiſtlichkeit und des Adels — endlich die Oberhand. Dieſer Sieg des römiſchen übers deutſche Recht vollendete ſich natürlich zu der Zeit, als die Pfaffenmacht am ſtärkſten war, zur Zeit der Kreuzzüge. Somit fällt die Vollen= dung des Sieges der Römlinge um die Zeit des langen In= terregnums und der Hohenſtaufenherrſchaft, da ein aufgeweck= ter Kopf das Buch über die drei Betrüger (De tribus impo- storibus) ſchrieb. Um dieſe Zeit war auch die allgemeine Dienſtbarkeit auf ihrem Gipfelpunkte angelangt. Wie damals ſich der große Adel auf Koſten der Gemeinfreiheit bereicherte, das meldet uns der Dichter des 13. Jahrhunderts, wenn er alſo klagend ſeine Stimme ertönen läſſet:

Die fürsten twingent mit gewalt
Velt, stein, wazzer und walt,
Darzuo beide wilt und zam;
Si taeten luft gerne alsam,
Der muoz uns doch gemeine sin.
Möhten si uns den sunnen schin
Verbieten, ouch wint und regen:
Man müest in zins mit golde wegen. (Freiged.)

Ein anderer Dichter dieſer Zeit ſpottet ſo über die Um= griffe des großen Adels.

„Nû merket, waere diu sunne mîn,
Ir müestet zinsen alle ir schîn;
Wazzer und luft ist uns gemeine,
Swer die sollte erkoufen gar,
Der müeste dingen kleine.“

Vorzüglich wird, was man von der zivilifirenden Macht des Christenthums gefabelt hat, durch die Gottesgerichte widerlegt. Den offenbaren, augenscheinlichen und erfahrungsmäßigen Naturgesetzen zum Trotz wurden selbige durch die Macht des christlichen Aberglaubens eine gar lange Zeit aufrecht erhalten. Sie bestanden weit weniger für den Adel, der sich nur duellirte, als vielmehr fürs arbeitende Volk, für die vor Gericht keiner Zeugenschaft fähigen Knechte, für die Eigenhörigen und die gemeinen Leute, die außerdem auch nicht im Stande waren, die vielen Eideshelfer, welche man in manchen Fällen von ihnen verlangte, aufzubringen*). Das Gottesurtheil für die Knechte und die gemeinen Leute bestand darin, daß sie es verstehen mußten, barfuß, ohne sich zu verbrennen, über glühende Pflugschaaren zu gehen oder aus einem tiefen Kessel voll siedenden Wassers einen Ring oder Stein mit bloßem nackten Arm herauszulangen, wenn sie unschuldig gekürt werden wollten. Das war die gewöhnliche Feuerprobe. Die Wasserprobe galt namentlich für Hexen, das heißt, für die durch Pfaffenwahnwitz unschuldig angeklagten Töchter des arbeitenden Volks. Somit bestand vor Gericht die Regel, daß die Arbeiter immer schuldig befunden werden mußten. „Denn der die Gericht beseßet, sol sein ein rechter Frei mit zwei gülden Sporn!" Nicht umsonst hieß für den Unterjochten Urtheil und Gesetz die Kür (bei den Friesen Kere) oder die Willkür! Durch die Pfaffen und die knechtische Arbeit war das unterworfene Volk so viehmäßig verdummt, daß die armen Leute viele Jahrhunderte lang den Gottesurtheilen sich unterzogen und sich auf diese Weise immer schuldig finden ließen. Und welche barbarische Strafen trafen sie dann, nachdem sie

---

*) Die Gesetze über die Eideshelfer sind sehr verschieden. Bei den Friesen hatte der sich von einem Morde rein schwörende Adelige 11, der Gemeinfreie 17, der Hörige (litus) aber 35 Eideshelfer aufzubringen, welche beschworen, daß sie glaubten, er sage die Wahrheit. — Bei den Ditmarsen mußte, wer gegen einen Mörder klagte, 360 Eideshelfer aufführen. Auch in England betrug die Zahl der Eideshelfer, je nach der Höhe der Buße, 100, 200 und sogar 300. Der Arme war hierdurch sehr im Nachtheile. Meineid ist der geringe Eid gemeiner Leute.

schuldig gekürt worden waren! Denn vor Gericht wurden zweierlei Strafen ausgetheilt: gelinde für die Hohen und Reichen, und schreckliche für die Niederen und Armen. Wo ein Freier mit bloßem Verweis oder mit einer leichten Buße davon kam, ging es dem Armen schon an den Leib und Kragen. Während der Freie, wenn er zum Tode verurtheilt war, mit dem Schwerte hingerichtet wurde, legte man dem Armen einen Schlupf, bestehend in einer eichenen Wide und einem Hagedornknebel, später einfach einen Hanfstrick, um den Hals, und er mußte, dem Erdreich entflößnt, den dürren Baum reiten und den grünen Ast bauen, sodaß die Luft über und unter ihm zusammenschlug und ein Reiter mit aufrechtem Glen unten durchreiten konnte. Das Abschneiden der Nase sammt der Oberlippe, das Durchbrennen der Wangen, das Durchstechen und Durchnageln der Hand, das Abhacken des Daumens oder der Hand und das Abziehen der Kopfhaut zusammt dem Haar (woher noch unsere Redensart: mit Haut und Haare), waren im Vergleich zu der Ausbärmung, zum Braten in einer zusammengenähten Ochsenhaut, zur Selbstentmannung u. s. w. immer noch gelinde Strafen, die den Armen trafen! Man denke doch an die schreckliche Tortur, der er sich unterziehen mußte! Alle diese schauderhaften, an den eigen armen Leuten verübten Gerichtsfrevel haben das ganze Mittelalter hindurch bis gegen das Ende des siebenzehnten Jahrhunderts und theilweise noch viel weiter heraufgebaut. Wenn man also den zivilisatorischen Einfluß des Christenthums hochpreist, schwätzt man papageimäßig den Pfaffen nach und weiß nicht, was man redet. Das Christenthum hat die Sklaverei nicht abgeschafft, sondern hat sie begünstigt und befördert. Das ist so wahr, daß der Papst, das Haupt der katholischen Christenheit, noch im 16. Jahrhundert die ihn vertheidigenden Fürsten ermahnt und ermächtigt, ihre Kriegsgefangenen in die Sklaverei zu verkaufen. Hoffentlich hört nun endlich einmal der Lobgesang auf die befreiende Wunderwirkung des Christenthums auf!

Die reine Sklaverei oder die Leibeigenschaft hat also bis an die neue Zeit herauf bestanden. Als der Kurfürst von Hessen im vorigen Jahrhunderte seine Unterthanen nach Amerika zum Todtschießen verkaufte, handelte dieser dem großen Adel angehörige Sklavenbesitzer ganz im Geiste seines Standes, doch verletzte er bereits, weil er die Menschenverkäufe zu großartig betrieb, das öffentliche Gewissen der schon demokratisch geschwängerten Zeit. Die Leibeigenschaft ging in Deutschland durchschnittlich im vorigen Jahrhunderte zu Ende.

Nur äußerst wenige Gemeinfreie hatten während der deutschen Fehdezeit, namentlich während des elften, zwölften, dreizehnten und vierzehnten Jahrhunderts, ihre alte Selbständigkeit behaupten können. Durch Einschüchterung und Gewalt, durch List und Trug wurden sie zu Hörigen gemacht. Der Hörige unterscheidet sich vom ungeschminkten Leibeigenen dadurch, daß seine Knechtschaft gelinder scheint. Er hat jährlichen Zins zu entrichten, muß zu einer gemessenen Zeit Frohndienste verrichten und verliert bei Todesfällen das Besthaupt, sowie er auch unter der Gerichtsbarkeit seines Lehnsherrn steht. Er ist von dem Grundeigenthum worauf er wohnt nur Nutznießer und lebenslänglicher Besitzer; dem Eigenthumsrecht nach gehört sein Hab und Gut dem Lehnsherrn. Wird dieses Besitzthum übertragen, so muß Lehn-, Kaufgeld rc. an den Herrn gezahlt werden. Der Zinsen gab es die Hülle und Fülle. Durch den Zins, welcher der Geistlichkeit gezahlt werden mußte, wurde es üblich, auch die weltlichen Zinsen an gewissen Heiligentagen zu erheben. Denn die Geistlichen waren lange die Lenker und Tonangeber bei der Bedrückung des Volks.

Wir haben schon oben gesehen, daß der Herr Leibeigne aus Habsucht und Eigennutz freiließ, wodurch er dieselben in Hörige verwandelte. Zu dieser Verwandlung der Leibeignen in Hörige war bereits in alter Zeit dadurch der Grund gelegt worden, daß die Sklaven, wie Tacitus erwähnt, nicht nach Römer-Art in Familie eingereiht waren, sondern daß dieselben in eignen Hütten wohnten und hier dem Herrn den auferlegten Tribut zu entrichten hatten. Zwischen Leibeignen und Freigelassenen oder Hörigen war lange kein erwähnenswerther Unterschied. Als jedoch die Gemeinfreien ebenfalls in das Hörigenverhältniß hinabgedrückt wurden, da besserte sich die Lage der Hörigen insofern, als jetzt verhältnißmäßig gebildete Ele=

mente, die sich nicht aus thierischer Verdumpfung Alles gefal=
len ließen, in ihre Mitte kamen. Diesen Elementen ist ohne
Zweifel auch der Ausbruch des Bauernkrieges zuzuschreiben.
Die Hörigkeit dauerte in Deutschland bis zum Jahre 1848,
wofern man nicht etwa in den staatlichen Unterthanenverhält=
nissen die Fortdauer der Hörigkeit bis auf die unmittelbare
Gegenwart erblicken will. Dazu ist auch das Lohnverhältniß
zwischen Arbeitgebern und Arbeitnehmern sicher ein Zins= und
Hörigkeitsverhältniß, fußend auf dem alten Arbeitsbegriff.

Indem die Hörigen, weil ihren Diensten ein festes Maß
gesetzt war, freie Zeit erübrigten, konnten sie sich für diese freie
Zeit einem Herrn verdingen. Auf diese Weise entstand inmit=
ten der Hörigkeit das Gesinde= oder Dienstbotenverhältniß.
Das Gesinde diente um Brot, erhielt aber gleich den Dienst=
mannen des Königs, zur Aufmunterung und Belohnung Ge=
schenke oder Gaben, aus denen sich der spätere Arbeitslohn
entwickelte. Auch wenn mit der Zeit die betreffenden Geschenke
im Voraus fest zugesagt wurden, beruhten sie doch immerhin
in Anbetracht der gedrückten Lage der Arbeitsuchenden auf
einem sehr einseitigen Vertrage, zumal da auch die Staatsge=
setze beflissen waren, den Arbeitslohn fortwährend niedrig zu
halten. Als z. B. der schwarze Tod um 1348 in Europa
gehaust hatte, schritten fast alle Gesetzgebungen Europa's ge=
gen die aus Menschenmangel eingetretene Erhöhung des Ar=
beitslohnes ein und zwangen ihn auf sein früheres niedriges
Niveau hinab. An dem Arbeitslohne konnte man fortwährend
sehen, daß die Beziehungen zwischen den Herren und ihren „Leu=
ten" nicht freiem Vertragsverhältniß, sondern der Unterdrückung,
Unterwerfung und Gefangenschaft entsprungen waren. Der
Arbeitslohn bleibt dem Trink= und Stecknadelgelde vergleichbar,
obschon er ausbedungen wird. So ist er auch in den Gesetzen
behandelt worden. Zum Beispiel steht in Bezug auf ihn im
Bochumer Landrecht:

„Item, der eine baumagd (Bauernmagd) bedarf, der soll
ihr geben zwei beienmauen (Gesindeärmel, das heißt: leinene
„Koller" oder Wämser) und ein natel, mit welcher sie die Di=
steln utgravet; item darzue so viel, daß sie es gerne thuet."

Man sieht übrigens auch aus vorstehendem Beispiel, daß bis gegen das Ende des Mittelalters das Naturalgeld in den Dienstverhältnissen bleibt, und daß der Preis der menschlichen Arbeit vom Staate festgesetzt worden ist. Ich selbst weiß aus meiner Kindheit, daß mein eigener Vater seinen Knechten und meine Mutter ihren Mägden einen Theil des Lohnes in Naturalgeld, bestehend in Schürzen, Hemden, Kleidern und dem „Christwecken", gaben. Wie im fünften Abschnitte bei der Behandlung der Begriffe von Arbeit und Werk gezeigt wurde, hielt der ländliche Arbeitsbegriff seinen siegreichen Einzug in den Schoos der Städte, wo die Zünfte*) ihre Burschen, Gesellen und Knechte nach Art der ländlichen Dienstboten behandelten. „Die Lehrlingschaft", sagt Rossi, „wurde nicht zum Vortheil der Arbeiter errichtet, sondern ganz zu Gunsten der Meister; sie war eine Art zeitweiliger Dienstbarkeit." Rossi hätte, obschon er dieses inbegreift, ausdrücklich hinzufügen können, daß auch das Gesellenthum ein Verhältniß zeitweiliger Dienstbarkeit begründete. Der Arbeitslohn blieb Almosen, Gnadengabe und Trinkgeld; denn im Grunde hatten die Gesellen für Kost und Schlafstelle zu arbeiten.

Die Hörigkeit hat sich lange am Leben halten können, weil die träge Macht der Gewohnheit, welche die Leute am Denken verhindert, bewirkte, daß sich eine zahme Betäubung über das Volk lagerte. Die National=Oekonomen zeigen den Arbeitern den richtigen Weg zur Hebung ihrer gedrückten Lage an, wenn sie sagen, daß die Arbeiter als Klasse kostbarere Gewohnheiten sich aneignen müssen. Mit andern Worten will das so viel heißen, daß die Arbeiter als Klasse nicht mehr mit den bisherigen Lohnverhältnissen zufrieden sein, sondern viel höhere Ansprüche ans Leben erheben müssen. Allein, damit sich die Klasse hebe: dazu bedarf es geistiger Arbeit. Die ganze Klasse muß mehr denken lernen; sie muß viel gescheidter werden. In Anbetracht ihrer großen Zahl muß man bekennen, daß sie allein

---

*) Gizumpht heißt Einigung oder Uebereinkunft. Man hat vermuthet, daß sich die Zünfte aus den kommunistischen Genossenschaften der Mönchsklöster entwickelt haben.

durch ihre bedauernswerthe Dummheit in den alten Lohnver=
hältnissen forterhalten wird. Mögen also die Männer der kör=
perlichen Arbeit ja nicht die Bedeutung der geistigen Arbeit
unterschätzen! Mögen unter ihnen namentlich diejenigen, die sich
mit Hebung ihrer Klasse beschäftigen, sich nicht mit einer
flachen, im Hersagen einiger phrasenreichen Agitationsreden
bestehenden Ausbildung begnügen. Je tiefer sie denken lernen,
desto gründlicher werden sie ihren Mißständen abhelfen. So=
wie die Vorurtheile der Arbeiterklasse fallen, fällt auch die alte
Welt in Trümmer und über den Ruinen erhebt sich dann so=
fort der Neubau des sozial=demokratischen Prinzips. Alsdann
werden, um speziell auf den Gegenstand gegenwärtiger Schrift
zurückzukommen, die Werthe aller Dinge von der auf sozial=
demokratischen Einrichtungen fußenden Gesetzgebung je nach Pro=
duktionszeit, Nutzen, Nothwendigkeit und Thunlichkeit bemessen
und gestützt auf die Weltstatistik werden sozusagen neue, d. h.
demokratische, „Wergelder“ geschaffen werden. Freilich will
jedes gute Ding Weile haben; allein die Hörigkeit hat, sollte
man meinen, nun lange genug gedauert, um endlich einmal
durch sozial=demokratische Einrichtungen abgelöst zu werden.

Die staatliche Einheit Europa's muß hergestellt und die
Proletarier sämmtlicher zivilisirten Länder in eine einzige große
Arbeiter=Nation verschmolzen werden.

Auf diese Weise verwandelt sich die soziale Frage in eine
politische ersten Ranges. Dem erstrebten Ziele aber rücken
wir nicht bloß durch friedliche Schurzfell=Arbeit zu, sondern das=
selbe wird auch, wie schon Professor Wilhelm Roscher bemerkt
hat, durch häufig wiederkehrende Kriege und Revolutionen
mächtig gefördert.